·兰州大学教材建设基金资助·

管理信息系统教程

Management Information System Tutorial

—— 张庆来　张　军　苏　云　编著 ——

兰州大学出版社
LANZHOU UNIVERSITY PRESS

图书在版编目（CIP）数据

管理信息系统教程 / 张庆来，张军，苏云编著. --
兰州 : 兰州大学出版社，2024.3
ISBN 978-7-311-06303-0

Ⅰ. ①管… Ⅱ. ①张… ②张… ③苏… Ⅲ. ①管理信息系统－教材 Ⅳ. ①C931.6

中国版本图书馆CIP数据核字(2022)第253887号

责任编辑 包秀娟 陈红升
封面设计 汪如祥

书　　名 管理信息系统教程
作　　者 张庆来 张 军 苏 云 编著
出版发行 兰州大学出版社 （地址:兰州市天水南路222号 730000）
电　　话 0931-8912613(总编办公室) 0931-8617156(营销中心)
网　　址 http://press.lzu.edu.cn
电子信箱 press@lzu.edu.cn
印　　刷 西安日报社印务中心
开　　本 787 mm×1092 mm 1/16
印　　张 18(插页2)
字　　数 404千
版　　次 2024年3月第1版
印　　次 2024年3月第1次印刷
书　　号 ISBN 978-7-311-06303-0
定　　价 58.00元

前 言

管理信息系统作为一门新兴学科，主要研究企业内部信息系统的开发、管理与应用。管理信息系统综合了管理科学与工程、信息科学、行为科学、计算机科学、决策科学、系统科学等多个学科的概念和方法，经过多年的发展，形成了比较完整的体系和领域，是实现有效管理、正确决策和管理现代化的重要手段。近年来随着信息技术的不断进步和信息系统建设实践活动的不断深入，管理信息系统的概念、理论、内容、技术和方法有了很大的发展，这就要求我们不断利用新技术，充实和完善这门新兴的学科。正是出于这一目的，本书除继续保留在管理信息系统中已经被广泛使用的、成熟的技术和方法外，还补充了近几年来新兴的技术和方法，并根据目前管理信息系统应用普遍存在的重技术、轻管理，重开发、轻维护，重应用、轻用户的状况，强调了人在管理信息系统中的作用，以及组织行为对管理信息系统建设的影响。

本书详细地讲述了管理信息系统的基本概念、原理、技术、方法与应用，比较全面、系统地介绍了如何运用这些原理、方法和技术完成管理信息系统的系统规划、系统分析、系统设计、系统实施和系统运维，从理论和实践两方面探讨管理信息系统整个生命周期的实现过程，重点讲述了结构化方法与技术的应用，并在此基础上阐述了管理信息系统的项目管理和安全。

本书强调实用，注重理论指导下的实际操作，注重实际问题的解决。每章配有简介、学习目标、小结、思考题，目的在于引导读者系统学习本章内容。

学习管理信息系统应结合本学科自身的性质和特点，把握基本概念，重视多学科综合方法的应用，了解各种理论、方法和工具的适用范围，注重理论联系实际，并在实践中不断提高自己。

本书共10章。第1章和第2章介绍了管理信息系统的概念、理论基础及相关学科之间的关系；第3章介绍了管理信息系统的常用开发方法与开发策略；第4章至第7章分别介绍了管理信息系统的系统规划、系统分析、系统设计、系统实施和系统运维；第8章介绍了管理信息系统的项目管理；第9章介绍了管理信息系统的安全控制；第10章介绍了管理信息系统的应用。

本书适用于高等院校信息系统与信息管理专业本科的教学，同时可作为本科财经信息管理专业、管理科学与工程专业、计算机及应用专业、工商管理专业、财务管理专业的教学用书，以及企事业管理人员、管理信息系统开发人员的参考书。

本书由张庆来、张军和苏云编著。张庆来承担了第1章至第8章的编写，张军承担了第9章和第10章的编写，苏云审阅全书并提出了诸多修改建议。由于作者水平有限，不足之处，恳请读者指正。

编　者

2022年11月12日

目 录

第一章 信息系统和管理

信息化时代的组织机构，面临着信息化和数字化转型的任务，管理信息系统的建设，是信息化的基石，是数字化转型的必经之路。本章首先介绍了时代背景中的信息化与数字化转型、信息化战略与企业架构方面的知识，接下来介绍了信息的基本概念、特点及其度量，在此基础上介绍了系统和信息系统概念，并着重介绍了信息系统对管理的支持功能。

学习目标

1. 了解信息化与数字化转型、信息化战略、企业架构的内容。
2. 掌握信息的基本概念及内涵，信息的分类及特征。
3. 熟悉信息的度量方法及其价值。
4. 熟悉系统的概念及系统观。
5. 掌握信息系统的概念及内涵。
6. 熟悉信息系统对管理的支持作用。

第一节 时代背景

自从信息技术出现以来，其应用范围不断拓展，应用程度不断深化，推动着各种组织机构的变革，让人类社会进入了信息时代。从信息化这条主线来看，组织管理经历了传统管理、信息化、数字化三个阶段，并正在向智能化方向演进。在这个过程中，管理信息系统作为管理与IT的桥梁，扮演了重要的角色。在现代企业中，管理信息系统建设要服从整体信息化规划，而信息化规划需要制定信息化战略，完成企业架构设计。可以推测，管理信息系统的开发与管理，仍将在信息社会中起到至关重要的作用。本书致力于介绍管理系统的开发、应用和项目管理，以此推动管理信息系统的深化应用。

一、信息化与数字化转型

信息化在国家、社会等宏观层面进行，而企业信息化和企业数字化转型在微观层面进行，它们的共同之处在于都离开不管理信息系统的建设与支持。

1.信息化

从国家与社会宏观层面看，信息化包括六方面的内容：信息资源、信息系统建设、信息意识和信息观念、教育水平、信息技术和信息法规建设。

（1）信息资源

信息资源，即信息本身以及支持信息活动的各种条件、手段的集合。从狭义角度来看，信息资源就是信息及载体。从广义角度来看，还包括与信息处理有关的有形资源和无形资源。

（2）信息系统建设

信息系统是实现信息处理功能，提供各类信息产品与服务的应用软件。信息系统根据事先设定的目标，将信息资源加工成组织机构所需的信息产品，或者提供所需的信息服务，以发挥信息的价值。信息资源与信息系统的关系，类似于原料、工厂与产品的关系。

（3）信息意识和信息观念

信息意识是指在面临问题的时候，会不会应用可获得的信息解决问题。信息观念是看待信息化的态度，观念不同，行为和结果也会不同。

（4）教育水平

信息资源的开发、信息系统的应用与人的信息素质息息相关，而教育是提高一个国家或社会人口素质的核心渠道。

（5）信息技术

信息技术（Information Technology，IT）是指与信息系统相关的一组技术，如硬件技术、软件技术、数据库技术、网络与通信技术等，信息技术对于信息资源与信息系统的应用来说，是一种使能器（enabler）。

（6）信息法规建设

信息社会中与信息有关的活动，需要与信息化有关的法律、法规来规范参与主体的权利与义务，保证一个国家或社会信息化活动的顺利开展。

信息化六方面的内容在信息化进程中发挥着不同的作用。人是信息化的工作主体，也是信息化的服务对象。信息系统建设需要信息资源加工与处理的工具、手段。信息资源则是信息系统加工与处理的对象。信息技术在信息化进程中发挥了基础性的使能器作用，离开了信息技术的支撑，信息化进程就不可能完成。信息法规建设提供了社会环境中的制度保障，让各种信息化工作得以有序开展。

2.企业信息化

企业是社会经济活动的细胞，很多信息系统应用都是由企业开始，逐步扩展到其他社会组织中的。因此，在说明管理信息系统开发与应用时，本书通常以企业作为组织背景。企业信息化是指在企业经营管理各环节应用信息技术，对企业的相关信息进行处理，从而有效支持企业的决策与运营。

企业信息化主要有三个层次：

第一层：生产自动化。在生产中广泛运用信息技术，实现生产自动化。如生产设计自动化（Computer Aided Design ，CAD）、自动化控制、智能仪表等。

第二层：管理信息化。它主要指企业数据的自动化管理，用信息技术对生产、销售、财务等数据进行处理。

第三层：决策信息化。这是更高层次的辅助管理、辅助决策。决策支持系统（Decision Support System，DSS）、主管信息系统（Executive Information System ，EIS）、商务智能（Business Intelligence，BI）等都是用来辅助管理和辅助决策的，这是更高层次的信息化。

企业信息化的三个层次刚好对应了企业内部的三个管理层级，即作业层、战术层和战略层。作业层主要完成各项业务工作，用到的信息系统主要是各类技术维度的系统，如C4P（CAD/CAPP/CAM/CAE/PDM）、产品生命周期管理（Product Lifecycle Management，PLM）、计算机集成制造系统（Computer Integrated Manufacturing System，CIMS）等。战术层主要实现企业的运营职能，如采购与仓储、生产与制造、营销与销售、财务与会计、人力资源管理等，涉及的信息系统主要是上述各类职能管理系统和企业资源计划（Enterprise Resource Planning，ERP）。战略层主要负责企业的未来规划和重大问题决策，采用的信息系统基本都与高层决策有关，如决策支持系统、主管信息系统、商务智能等。

生产自动化是管理信息化的基础，管理信息化是决策信息化的基础。一般来讲，企业的信息化过程中，首先解决生产问题，它决定企业的直接效益；然后解决管理问题，它决定企业的短期效益；最后解决决策问题，它决定企业的长期效益。

企业信息化一般从管理角度和技术角度同时着手。提高企业管理规范化的程度，可以从制度、组织、流程、标准等方面开展工作，让企业的运作尽可能流程化、规范化。对涉及信息化工作的信息系统要素如硬件、软件、数据库、网络与通信，以及相关人员，要给出足够的重视。

3.数字化转型

企业数字化转型（Enterprise Digital Transformation）是一个在过去二十年中持续升温的概念。根据Gartner的定义，企业数字化转型指利用数字技术及其支撑能力来创建有活力的新业务模型的过程。

数字化转型发展可以分为三个阶段：

①数字化转换：信息数字化，模拟数据转换到0/1二进制。

②数字化升级：流程数字化，典型是各类应用系统的使用。

③数字化转型：业务数字化，典型代表如亚马逊、苹果等企业。

波士顿咨询给出了数字化战略路线图，以数字化驱动的业务战略为指引，制定跟业务战略一致的数字化战略，从优先级关键举措入手，并以组织变革、数字资产、生态体系和业务管控为支撑。“数字化业务战略”和“业务化数字战略”的终极目标是迎接或创造对行业的数字化影响：产品、运营和业务模式，如图1.1所示。

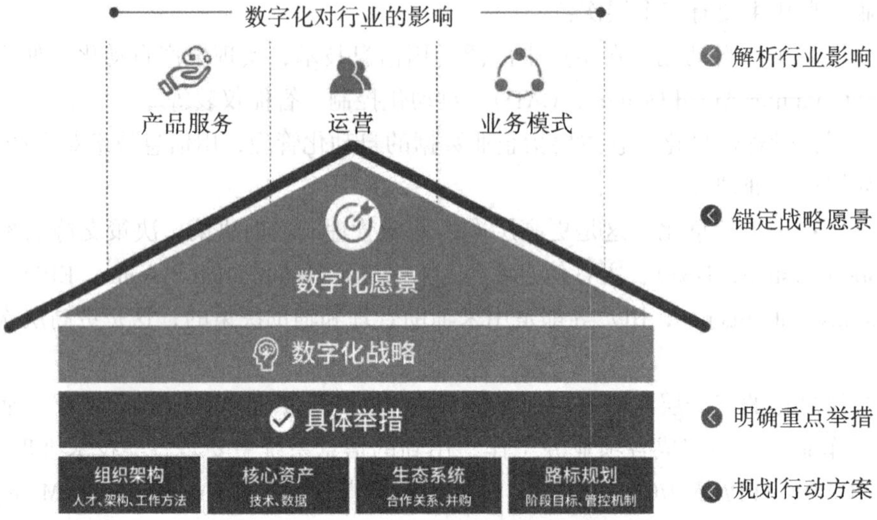

图1.1　波士顿咨询数字化战略路线图

二、企业战略与信息化战略

伴随社会信息化程度的加深，管理信息系统建设不再是单一系统的开发，而是在服从企业战略的前提下，制定企业信息化战略，并完成企业架构设计。企业信息化战略是企业战略的一部分。

1.战略内容

企业战略指企业在竞争中取胜的谋略，是对企业发展整体性、长期性、根本性的谋划。它是由企业的远景和使命、环境政策、长期和短期目标及确定实现目标的策略等组成的总体概念。

企业信息化战略从企业全局出发，为了实现企业的长期发展战略，规划一个基本的信息体系结构，统一规划和利用企业的信息资源，利用信息控制企业行为，辅助企业进行决策，帮助企业实现战略目标。企业信息化战略是企业信息化建设要实现的任务、目标及实现这些目标的方法、策略与措施的总称。

虽然仍存在一些争议，但多数人认为企业信息化战略是企业的一项职能战略。企业战略包括总体战略、业务战略和职能战略，而信息化战略一般由信息化部门制定。但信息化战略的内容却是涉及企业整体的，作为企业职能战略之一的企业信息化战略，应该从企业战略出发并服务于企业战略。

2.战略一致性模型

为了对信息化战略进行系统规划从而实现其价值，1994年哈佛商学院的John Handerson提出了一整套进行信息系统战略规划的思考框架，帮助企业检查企业战略与企业信息架构（企业架构）之间的一致性，称为战略一致性模型（Strategic Alignment Model，SAM），如图1.2所示。

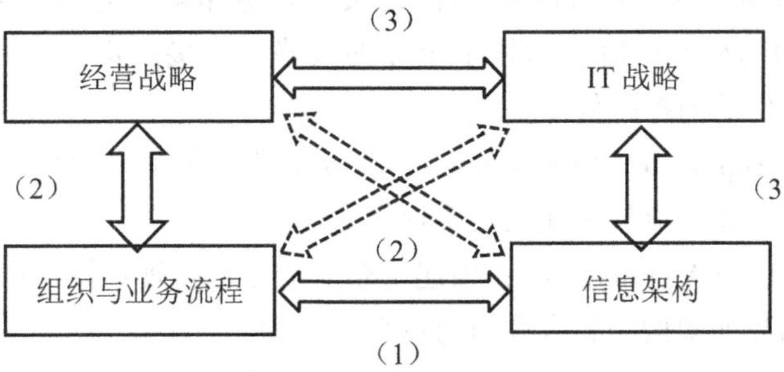

图1.2 战略一致性模型

与战略一致性模型相对应，企业信息化战略路径就有三条，见下表1.1。

表1.1 企业信息化战略路径

路径 / 重要因素	路径1：组织与业务流程→企业架构	路径2：经营战略→组织与业务流程→企业架构	路径3：经营战略→信息化战略→企业架构
信息系统投资与战略的一致	未考虑	有所考虑	考虑
业务流程与组织的优化	未考虑	考虑	考虑
企业架构的集成	未考虑	未考虑	考虑
企业架构的应变能力	未考虑	未考虑	考虑

其中路径3能很好地兼顾企业战略和信息化战略，并考虑到企业架构的进一步展开，为相对较优的路径。

三、企业架构

1.概述

企业架构（Enterprise Architecture，EA）又称企业信息架构、信息系统架构，是指针对企业日常事务管理系统中具有体系的、普遍性的问题而提供的通用解决方案。企业架构是指基于业务导向和驱动的架构来理解、分析、设计、构建、集成、扩展、运行和管理信息系统。

1987年，John Zachman就提出："为了避免企业分崩离析，信息系统架构已经不再是一个可有可无的选择，而是企业的必需"。Zachman的企业架构理论开始逐渐发展起来，为企业现在的以及未来的信息基础设施建设提供了蓝图和架构。随后TOGAF（The Open

Group Architecture Framework）出现并逐渐成为主流企业架构规范。

2.企业架构内容

TOGAF企业架构如图1.3所示，具体包括以下内容：

①业务架构（Business Architecture）：定义了业务策略、治理、组织和关键业务过程。它是企业架构的核心内容，承接了企业的战略，直接决定了企业战略的实现能力，是其他架构领域工作的前提条件。

②应用架构（Application Architecture）：为要部署的单个应用系统、它们之间的交互和它们与组织的核心业务流程之间的关系提供蓝图。

③数据架构（Data Architecture）：描述了企业的逻辑物理数据资产和数据管理资源的结构。应用架构和数据架构一起合称为信息系统架构。

④技术架构（Technology Architecture）：描述了需要支持业务、应用服务和数据部署的逻辑软硬件能力，包括IT基础设施、中间件、网络、通信、流程、标准等。

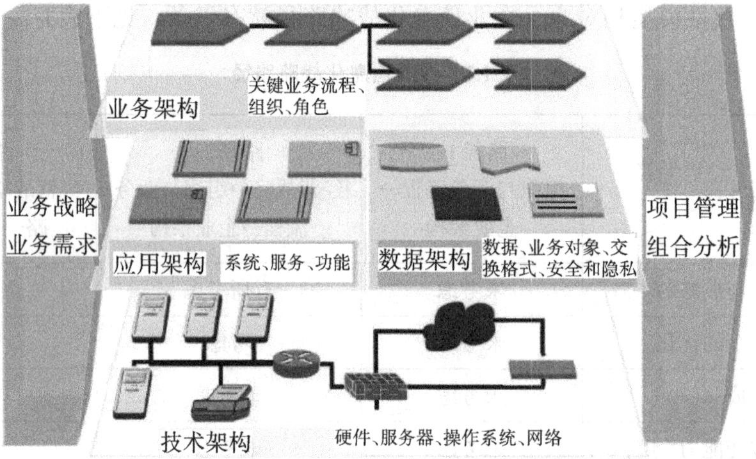

图1.3 企业架构组成

无论是信息化建设还是数字化转型，都要涉及管理信息系统的建设。管理信息系统的建设，是信息化的基石，是数字化转型的起点与必经之路，因此在信息化时代，必须高度重视管理信息系统的开发与应用。

第二节 信息概述

在人类社会从工业社会向信息社会过渡的过程中，人们越来越清楚地意识到：知识就是力量，信息就是财富。信息作为一种极其重要的资源，与物质和能量一起，构成现代社会的三大支柱。随着信息技术的快速发展，信息本身也以惊人的速度增长。从资源的角度而言，信息自身需要合理地组织和管理，否则企业将在信息的海洋中迷失方向。

信息是信息系统最重要的成分。信息系统能起多大作用，对管理能做出多大贡献，都取决于有没有足够的和高质量的信息，而能否得到高质量的信息又取决于管理者对信息的认知。

一、信息的基本概念

1.信息的定义

“信息”对应的英文单词是“information”，它源于拉丁字“informatio”，原意是解释、陈述。在中国香港和台湾地区，“information”常被译为“资讯”。在人类社会的早期，人们对信息的认识是比较粗糙的，直到二十世纪中期以后，随着信息技术的广泛应用及其对人类社会的深刻影响，人们对信息的认识才不断加深，信息的含义也在不断发展。

目前，要为信息下一个完整的定义，却十分困难。查阅文献不难发现，有关信息的表达不下几十种之多。正是由于信息的含义十分广泛，所以，不同学科对其有不同的解释。一般而言，众多的表达只是由于观察信息的角度不同、研究信息的目的不同而产生的，本质上差异不大。综合各种表达，能比较准确反映信息本质特征的定义是：

信息反映着事物运动的状态、状态改变的方式以及事物间的相互联系，是关于客观事物可通信的数据，能够为主体消除或减少某种不确定性。

上述定义解释如下：

①信息是客观世界运动的状态以及对它的状态改变的反映。客观世界中任何事物都在不停地运动和变化，呈现出不同的特征。人们通常所说的消息、情况、资料、情报等都属于信息范畴，因为它们都是对客观世界运动的状态以及它的状态改变的反映。

②信息是可以传递的。信息是构成事物联系的基础，信息可以通过一定的传输工具和载体进行传递，从而形成信息联系，被人们感受和接收。

③信息是有用的。对特定的接收者，信息能够消除或减少某种不确定性。同样是天气预报，对于本地居民可能十分关心，但是对于异地居民可能无所谓。

2.数据、信息、知识、智能与信息链

在理解信息时，我们必须把几个有联系但又有区别的概念区分开，如数据、信息、知识、智能、信息链等。

（1）数据

数据是对客观事实进行记录的物理符号或是这些物理符号的组合。数据通常用三个属性表示：数据名称、数据类型和数据长度。常见的简单数据类型有：数值型数据，用数字表示；字符型数据，用字母和其他字符来表示；图形数据，用各种符号组成的图形表示；图像数据，用关于像素的灰度值表示；音频数据，用声音或音调表示；视频数据，用动画或图片表示。复杂数据类型可以由基本数据类型构造复合而成，如地图数据、多媒体数据等。

数据本身无特定含义，只是记录事物的性质、形态、数量特征的抽象符号。数据是人类对现实世界中事实观测的结果，是人类社会与客观世界的接口。

（2）信息

信息是经过描述后的数据，使它对人类的某种行为具有意义。通常数据变换为信息的过程，是给数据加上描述的部分，通过这种描述来限定数据的语义，从而让数据变得对人来说是可以理解的。

现实世界、数据和信息之间的关系见图1.4。

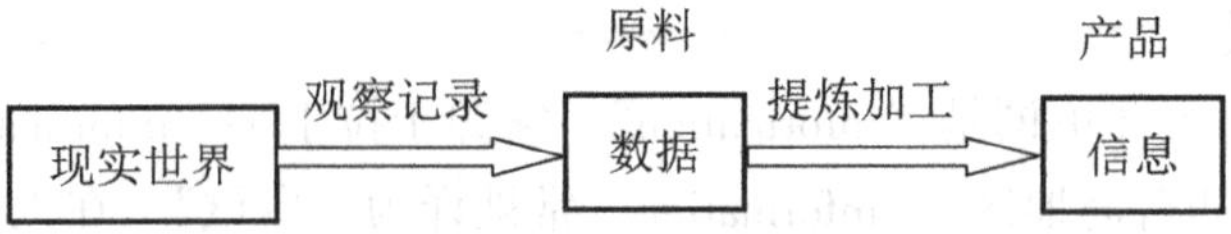

图1.4　数据与信息的关系

（3）知识

知识是信息的进一步加工和浓缩，它是以应用目的为导向的。因此，知识相对于信息，一是量上的压缩，二是质上的提升。数据、信息与知识三者的关系是：数据是信息的基础，知识是信息发展的高级形式。

（4）智能

智能又称情报，它是对数据、信息和知识的深度分析，可以获得关于描述对象的本质运动规律，并基于得到的规律做出预测。

（5）信息链

“信息链”（information chain）由事实（facts）、数据（data）、信息（information）、知识（knowledge）、智能（intelligence）五个链环构成。

简单地说，“事实”是现实世界、人类思想和社会活动的客观存在。“数据”是事实的数字化、编码化、序列化和结构化。“信息”是数据在某一应用领域的含义描述。“知识”是对信息的加工、吸收、提取、评价的浓缩。“智能”则是通过对数据、信息、知识的加工处理，获得的对事物本质规律的认识。

信息链中数据、信息、知识、智能四个概念的关系如下图1.5所示：

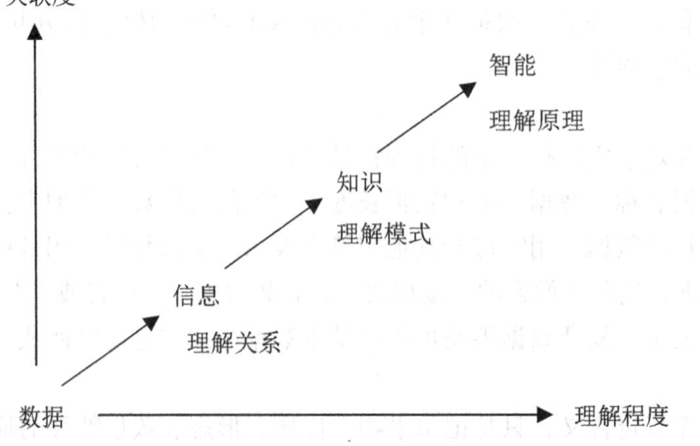

图1.5　数据、信息、知识、智能概念关系图

二、信息的分类与性质

1.信息的分类

分类是人们认识事物的一种有效方法。不同学科领域的研究人员依据不同的分类标准，可对信息进行不同的划分。

（1）按管理的层次划分

按照管理的层次来划分，可以将信息分为作业信息、战术信息和战略信息。作业信息是有关基层业务处理的信息，战术信息是有关企业中层和基层运营管理的信息，而战略信息则是企业高层关于决策的信息。

（2）按应用领域划分

如果按应用领域划分，则可将信息分为经济信息、政务信息、文教信息、科技信息、管理信息、军事信息等。

（3）按加工处理程度划分

如果按信息加工处理的程度划分，可将信息分为一次信息、二次信息、三次信息等。一次信息是关于客观事物的原始信息，二次信息是对原始信息初步加工后的信息，三次信息是对二次信息进一步地加工，是对原始信息的深度加工。举例来说，一本图书或一篇论文就是一次信息，关于图书或论文的篇名、摘要、关键词等描述，就是二次信息，对某一个研究领域中相关图书与论文等进行梳理后，给出的述评（或评述）就是三次信息。

（4）按信息的表现形式来划分

按信息的表现形式，可以将信息划分为数字信息、文字信息、图形信息、音频信息等。

2.信息的性质

信息的定义所揭示的是信息的本质属性，除了普遍、客观和可传递性以外，还包括以下基本特性：

（1）事实性

事实性是信息的根本属性。如果信息不能反映目标事物的客观状态与规律，它就是无效信息或失真信息。

（2）时效性和时滞性

信息的时效性是指具体信息都有时效。信息的时效是指信息从生产、发出、接收到利用的时间间隔及效率。信息价值和作用体现在一定的时空范围内，它不仅取决于信息内容本身，还取决于该信息是否能够被人们及时获得。信息只有在得到及时利用的情况下才会有理想的使用价值。

时滞性指的是信息内容对客观事物反映的滞后情况。信息在加工处理和传递过程中，阶段之间的转换均需要时间，这种因转换客观产生的时间延迟即信息的滞后性。滞后对于时效来讲是不利的，在信息系统中要控制好信息的这两种特性。

（3）不完全性

人们在认识客观事物时，需要一个过程，不可能一下子认识完整。这就要求我们在某个阶段获取客观事物的信息时，发挥主观能动性，运用已有的知识和经验，进行分析和判断，去芜取精，提取出有用信息。

（4）共享性

信息源发出的信息可被众多信息接收者（信宿）接收。信息共享是信息的运动规律之一，也是信息的一个重要性质，同时还是它同物质和能量的一个重要区别。信息在交换过程中，其原有信息一般不会丢失，还可能会同时获得新的信息。正是由于信息可以被共享，所以它在管理中的作用巨大。但信息共享也有其两面性，一方面它利于信息资源的充分利用，另一方面也可能造成信息的泄露和贬值。

（5）依附性和可存储性

载体是信息存在的必要条件。信息的存储、传递和交流必须依附在一定的物质载体之上，并以一定的形式再现出来。信息在传输中可以变换载体而不影响信息内容。信息的积累表现为信息存储，信息存储为信息进一步加工处理提供了可能。

三、信息的度量

1.信息量的度量

（1）基于数据量的信息度量

在计算机信息处理中，常用的信息度量方法是按反映信息内容的数据所占用的存储空间大小衡量信息量的大小，这是一种基于数据量的信息度量方法。

在计算机系统中，数据库或信息存储介质的信息存储量单位有bit（译为“比特”或者“位”，是在计算机中能够处理的最小数据单位），byte（译为“字节”，记为B，是计算机中的基本处理单位），KB（Kilobyte，译为千字节），MB（MegaByte，译为兆字节），GB（GigaByte，译为千兆字节），TB（TetaByte），PB（PetaByte）和EB（ExaByte）等。

它们之间的换算关系如下：

1B=8bit

$1KB=1024B=2^{10}B\approx10^{3}B$

$1MB=1024KB=1048576B=2^{20}B\approx10^{6}B$

$1GB=1024MB=1073741824B=2^{30}B\approx10^{9}B$

$1TB=1024GB=1099511627776B=2^{40}B\approx10^{12}B$

$1PB=1024TB=1125899906842624B=2^{50}B\approx10^{15}B$

$1EB=1024PB=1152921504606846976B=2^{60}B\approx10^{18}B$

（2）基于概率的信息度量

信息量的大小取决于信息内容消除人们认识的不确定程度，我们可以利用概率来度量信息。由于客观事物及其相互联系、相互作用的状态的复杂性，一个事物可能会呈现多种状态。换言之，某个信息源发出的信息可能反映各种可能出现的结果。设某个事物可能出现的几种状态为：S_1，S_2，…，S_n；每种状态出现的概率为P_1，P_2，…，P_n，当第i种状态出现时，对应状态的信息量为：

$$I_i=-\log P_i\ (i=1,\ 2,\ \cdots,\ n)$$

实际上信息中出现的不一定是第i种状态。第i种状态的信息量也是随机的，其出现的概率也是P_i，消息中出现其他状态时的信息量为$-\log P_j$（$j\neq i$，$j=1$，2，…，$i-1$，$i+1$，…，n）。因此，这个信息源发出的信息的信息量（平均）定义为：

$$\bar{I}=\sum_{i=1}^{n} P_i\log P_j$$

在公式中，若对数的底数为2，则所得信息量的单位为比特（bit）；若以e=2.7182818为底数，则所得的单位为奈特（nat）；若以10为底数，则所得信息量的单位为哈特（Hart）。

例如，投掷均匀正方体骰子，每一面朝上共有六种状态，每种状态出现的概率都是1/6，代入公式可得：

$$\bar{I}=2.6\text{bit}$$

需要注意的是，计算信息量的公式恰好与热力学第二定律中熵的公式相一致，但是符号相反，因此，信息在运动过程中可看作负熵。从分子运动论的观点来看，在没有外界干预的条件下，一个系统总是自发地从有序到无序，在此过程中，系统的熵不断增加。因此熵是系统的无序状态的度量，即系统不确定性的度量。而信息量的增加表明不确定性的减少，有序化程度增加。由此我们可以给出更广泛的信息含义：信息是任意一个系统的组织性、复杂性的度量，是有序化程度的标志。

2.信息价值的度量

信息价值的度量，我们关注两种方法：一是传统的社会必要劳动量，二是使用价值。前者可以解释信息的成本，而后者可以解释对不同的消费者的信息价值问题。

（1）社会必要劳动量

按照社会必要劳动量计算信息产品的价值，其方法和计算其他一般产品价值的方法是一样的。即

信息产品的价值=生产该信息所花成本+利润

（2）使用价值

使用价值的方法认为信息的价值是在决策过程中用了该信息所增加的收益减去获取该信息所花费用。这里所说的收益是指，如果在设计选择方案时，由于用了信息进行方案比较，在多个方案中选择一个最优的，比不用信息随机选择一个方案，两种方案所获取经济效益的差值叫收益。

$$P=P_{max}-P_i$$

P_{max}——最好方案的收益；

P_i——任选某个方案的收益。

比较合理的是用几种方案的期望收益代替P_i，即

$$P = \max\left[P_1, P_2, \cdots, P_n\right] - \sum_{n=1}^{n} \frac{1}{n} P_i$$

如果不是在多个方案中选一个，而是直接利用信息和模型选得最优方案，那么上式就为：

$$P = P_{\text{opt}} - \sum_{n=1}^{n} \frac{1}{n} P_i$$

P_{opt}——最优方案的收益。

值不值得收集信息，或值不值得使用新的信息系统，要用“全信息价值”来衡量。所谓全信息价值是指获得全部信息，或对客观环境完全了解，得到最优决策，与不收集信息所得最好收益之差。

四、管理活动中的信息

1.管理信息的概念

管理信息是信息按使用领域划分下的重要组成部分，也是管理信息系统加工处理的对象。它是组织在生产经营等活动过程中收集的，经过加工处理后，对企业管理和决策产生影响的各种数据的总称。它通过数字、表格、图表等形式反映组织的生产经营等活动状况，为管理者对整个企业实现有效的管理提供决策依据。

2.管理信息的内容及分类

为了科学管理和合理利用信息，必须对管理信息进行科学的分类。由于管理信息来源复杂、用途广泛，因而其分类方法繁多。

（1）按信息的稳定程度划分

按信息的稳定程度划分，管理信息可分为固定信息和流动信息。固定信息是指在一定时期内具有相对稳定性且可以重复利用的信息，如企业中员工的个人档案，设备档案，各种定额、技术标准、工艺流程、规章制度和国家政策法规等。流动信息是指在生产经营活动中不断产生和变化的信息，它的时效性很强，往往只有一次性利用的价值，例如反映企业“人、财、物”“产、供、销”状态及其他相关环境状况的各种原始记录、单据、报表、情报等。

（2）按信息的作用划分

按信息的作用划分，管理信息可分为决策信息、控制信息和作业信息。决策信息是指企业在制定发展战略、经营决策时所依据的信息，主要包括企业自身的经营要素（经济要素、技术要素、人力要素）、产供销现状与变化趋势，以及企业外部的政治经济环境、自然资源状况、人文环境、市场供求状况、竞争对手情况、政策法规等信息。控制信息是指组织与控制生产经营过程所依据的信息，主要包括各种计划指令、定额、标准、规章制度、动态统计数据、报表等。绝大部分控制信息来源于企业内部职能部门和生产

部门。作业信息是指反映企业生产经营活动过程动态状况的信息，主要包括原始记录、台账、凭证、基层报表等，主要用于考核评价作业岗位、基层部门的工作成果，并为控制信息和决策信息提供基础性依据。

（3）按信息的来源划分

按信息的来源划分，管理信息可分为内部信息和外部信息。内部信息主要包括计划指令信息、质量信息、核算信息（统计核算、会计核算）、业务管理信息等。外部信息主要包括政治信息、经济信息、法律信息、供求关系信息、竞争对手信息、本企业的市场地位信息、资源供应信息、客户信息等。

3.企业中的物流和信息流

在工业企业中，产品的生产和销售是最基本的活动，以机械制造业为例，原材料的采购→毛坯加工→零件加工→装配→产品销售，反映了企业中“物”的变换和流动，由此形成的实物流动称为物流。这是企业中人们最关心的且最显著的过程，物流过程体现了生产、采购、销售各个环节的相互联系，它是工业企业统一的生产销售系统中的核心过程。伴随着物流，工业企业中还有大量的信息流动，如生产计划、供应计划、销售计划，还有作业计划、调度指令及各种技术文件、消耗定额和标准以及种类统计报表等，这些信息都在有规律地运动。企业中信息的定向流动称为信息流。信息流的运动表示了企业中各项管理活动的内容和节奏，如下图1.6所示。

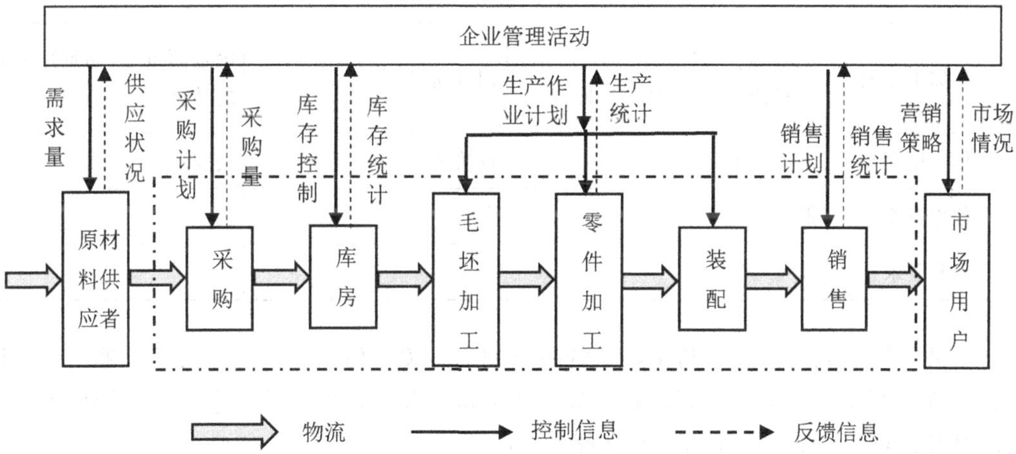

图1.6 工业企业中的物流与信息流

从图中可以看出，企业中的物流是单向的，从原材料的投入到产品销售至用户，整个过程是不可逆的。而信息流是双向的，控制物流的信息输入到某个受控过程后，有关受控结果的信息（如各种统计数据）再返回到形成控制信息的环节，这一过程就是信息反馈。上述受控结果的信息，相对于控制信息来说，称为反馈信息。由于受控过程不仅受管理信息的控制，而且受环境的影响，并且随着时间而变化，管理者必须随时了解各种计划、指标、定额、标准的执行情况，发现差异和问题，及时采取措施，以保证管理目标的实现。因此反馈信息是管理活动的重要依据，可以说，没有信息反馈，就没有真正的管理活动。

4.管理信息的性质

管理信息除了具备信息的基本特性外，还具有以下明显特性：

（1）层次性

管理系统在客观上是有层次的，处在不同层次的管理者有不同的职责。处理的决策类型不同，需要的信息也不同，因而管理信息按照管理系统的层次通常可分为作业级、战术级和战略级三个层次。表1.2分别从信息的来源、寿命、加工方法、精确度等方面分析了处于不同管理层次的信息的特征。

表1.2　不同管理层次信息的特征

管理层次	战略层	战术层	作业层
信息来源	信息大都来自组织外部	既有来自外部也有来自内部的信息	主要来自内部
信息寿命	一般是企业发展战略和长远规划，考虑的时间尺度比较长，如五年规划	所涉及的信息一般比较短，如年度计划	信息所涉及时间更短。有的只使用一次即失去价值，如考勤表
信息加工方法	灵活多变，计算过程和使用工具复杂，涉及多种管理模型	相对固定	固定而重复，如每月工资的计算
信息精度	不需要十分精确	较精确	精确
使用频率	低	中	高
保密要求	高	中	低

①战略层。战略信息是与本组织的战略制定有关的信息，如产品投产、停产，新厂厂址选择，开拓新市场等。制定企业战略要大量获取来自外部的信息，高层管理人员需要将外部信息与内部信息结合起来才能做出决策。

②战术层。这是管理控制信息，是使管理人员能掌握资源利用情况，并将实际结果与计划相比较，从而了解是否达到预定目的，并指导其采取必要措施更有效地利用资源的信息。例如，月度计划与完成情况的比较，库存控制等。管理控制信息一般来自所属各部门，并跨越于各部门之间。

③作业层。作业信息用来解决经常性的问题，它与组织日常活动有关，用以保证彻底地完成具体任务。例如，每天统计的产量、质量数据，打印工资单等。

（2）价值性

管理信息的价值体现在管理活动的各个方面、各个层次上。信息的使用价值必须经过转换（包括处理）才能得到，在转换过程中还要特别注意信息的准确和时效，否则就会失去其价值。因此一个管理者要善于结合环境，发挥主观能动性，对信息进行转换，实现信息的价值。

5.管理信息的处理要求

管理信息的处理应满足以下要求：

（1）及时

“及时”包含两层含义：一是原始数据采集要及时，市场中的大量信息转瞬即逝，若不及时收集将永远无法弥补；二是对信息的加工、存储、传递、检索、输出与利用要快速，任何一个信息管理环节出现问题，信息的价值都无法实现。

由于信息的时滞性，信息接收者、使用者对信源发出信息的反应有一定的滞后，因此在信息的处理和传输上尽可能缩短从信源到信宿的时间，及时控制、反馈，实现对生产经营活动的实时控制。这也体现了现代管理中变事后控制为事中控制的思想。

（2）准确

正确的决策首先是取决于准确的信息。信息不准确直接的结果是导致决策者做出错误决策而使生产经营活动蒙受损失，因此，准确是信息的生命。为了实现信息处理的准确性，必须做到：原始信息的收集要准确，信息收集者不能随意变动或歪曲被加工信息中包含的内容；信息的传输、加工、存储必须可靠；信息处理要力求规范化、标准化。

（3）适用

不同管理层对信息的需求，在范围、内容、详细程度和使用频率等方面都是有差别的，信息处理部门必须给各层次的管理者提供适用的信息，以支持各级管理决策。如果管理者得到的信息过于繁琐或简化，都会影响决策的效率和决策的质量。

（4）经济

组织的各项工作都要考虑经济效果，信息处理工作也不例外。首先，对信息进行处理的主要目的是支持各级管理决策，在满足管理决策所必需的信息处理的前提下，应采用尽可能经济的方法和手段。其次，要提高信息的利用率和管理者识别、利用信息的水平，只有这样才能真正实现信息的价值。

第三节 信息系统概述

一、系统的概念

系统的观点最早可以追溯到20世纪30年代。当时人们在一些学科的科学研究中，尤其是在生物学、心理学和社会科学中，发现作为整体系统的一些固有性质与组成整体的个别部件的特性无关。1952年，美籍奥地利人、理论生物学家路德维希·冯·贝塔朗菲（Luduig Von Bertalanffy）发表“抗体系统论”，首次提出了系统论思想。1973年他进一步提出了一般系统概念和一般系统理论，奠定了管理信息系统这门科学的理论基础。1957年美国人古德写的“系统工程”一书的公开出版，使系统工程一词又被广泛地确认下来。系统工程是用一般系统理论的概念和方法解决许多社会、经济、工程中的共同问题。到了20世纪70年代，随着计算机的应用，系统工程的思想有了充分实现的可能性，因而在更多的领域中得到应用。

系统科学进入20世纪90年代以后有了长足的进步，尤其是在“老三论”（系统论、信息论和控制论）的基础上发展起来了“新三论”（耗散结构理论、协同论和突变论），以及超循环理论和混沌理论，这些系统理论的新进展对企业系统管理理论的发展有着新的促进作用。

1.系统的定义

英文中系统（system）来源于古代希腊文（systεmα），意为部分组成的整体。古希腊哲学家德谟克利特所著《世界大系统》是最早采用该词的书。

一般意义上的系统定义如下：系统是处于一定环境中，为达到某种目的，由相互联系、相互作用的要素（部分）组成的具有一定结构和功能的有机整体。

系统是在一定的环境之下存在的，区别系统内、外部的是系统的边界。系统通过边界与环境之间存在的物质、能量与信息进行交换。

系统是一个相对的概念，在一个系统的内、外部仍然有系统存在。我们把系统内部的系统称为子系统。子系统同样有它的目的、元素和边界。子系统之间存在相互连接和相互作用，我们把系统和环境之间，以及子系统之间的连接部分称为接口。

2.系统的特征

系统的特征可归纳为以下几点：

（1）整体性

系统是由相互依赖的若干部分组成，各部分之间存在着有机的联系，构成一个综合的整体，以实现一定的功能。这表现为系统具有集合性，即构成系统的各个部分可以具有不同的功能，但要实现系统的整体功能。因此，系统不是各部分的简单组合，而是要有统一性和整体性，要充分注意各组成部分或各层次的协调和连接，从而提高系统的有序性和整体的运行效果。

（2）相关性

系统中相互关联的部分或部件形成“部件集”，“部件集”中各部件的特性和行为相互制约和相互影响，这种相关性确定了系统的性质和形态。

（3）目的性和功能性

大多数系统的活动或行为可以完成一定的功能，但不一定所有系统都有目的，例如太阳系或某些生物系统。人造系统或复合系统都是根据系统的目的来设定其功能，这类系统也是系统工程研究的主要对象。

（4）层次性

任何复杂系统都有一定的层次结构。一方面，系统是由子系统（元素）构成，而子系统又由下一级子系统构成；另一方面，系统可以进一步分解成若干个子系统。依次类推，可将一个系统逐层分解，体现出系统的层次性。由于系统的层次性，使得人们在实现一个系统时可以采用分解的方法，先把一个系统合理、正确地划分为若干层次。从较高层次进行分析，可以宏观了解一个系统的全貌；从较低层分析，则可深入了解一个系统每个部分的细节。

（5）环境适应性

一个系统和环境之间通常都有物质、能量和信息的交换，外界环境的变化会引起系统特性的改变，相应地引起系统内各部分相互关系和功能的改变。为了保持和恢复系统原有特性，系统必须具有环境适应能力，例如反馈系统、自适应系统和自主学习系统等。

（6）动态性

物质和运动是密不可分的，各种物质的特性、形态、结构、功能及其规律性，都是通过运动表现出来的，系统的动态性使其具有生命周期。不仅开放系统与外界环境有物质、能量和信息的交换，系统内部结构也可以随时间变化。一般来讲，系统的发展是一个有方向性的动态过程。

（7）有序性

由于系统的结构、功能和层次的动态演变有某种方向性，因而使系统呈现有序性的特点。系统论的一个重要成果是把生物和生命现象的有序性和目的性同系统的结构稳定性联系起来，也就是说，有序能使系统趋于稳定，有目的才能使系统走向期望的稳定结构。

3.系统的分类

常见的分类方法有以下几种：

（1）按照系统的抽象程度分类

按照系统的抽象程度分类，可把系统分为三类，即概念系统、逻辑系统和物理系统。

①概念系统。概念系统是一个抽象的系统。人们根据所要达到的目标以及自己的知

识体系初步构思出系统的抽象雏形，表述了系统的主要功能，描绘了系统的大致轮廓，而对于这些功能能否实现、如何实现不是很清楚。这种抽象雏形在很多方面并不完善，有许多地方也很含糊，但它决定系统的发展方向。

②逻辑系统。逻辑系统是在概念系统的基础上进一步构造出的原理上可行的系统，它考虑到总体的合理性、结构的合理性和程序的合理性，并确信现有的技术设备一定能实现该系统所规定的要求，但它没有给出实现的具体元件。所以逻辑系统是摆脱了具体实现细节的合理的系统。

③物理系统。物理系统是完全确定的系统，是由客观物质组成的。如果是计算机系统，那么机器是什么型号，用多少终端，如何布局，采用何种操作系统等，都应当完全确定。这时系统已从物质上完全实现。

系统这样的分法，帮助我们从概念上由浅入深，条理清楚，步骤扼要地构造系统。

（2）按组成系统的要素性质分

按组成系统的要素性质，系统可分为自然系统、人工系统、复合系统。

①自然系统。自然系统指由自然力而非人力所形成的系统。如天体系统、气象系统、生态系统等。凡是自然界中本身就存在的系统均属于此类系统。

②人工系统。人工系统指经过人的劳动而建立起来的系统。一般人工系统应包含以下三种类型：

第一，由人们通过对自然物质加工而获得的人造物质系统，如工具、设施、建筑物、材料、交通网络等系统；

第二，由人们的认识和理解而制定的制度、组织、程序、规则等构成的系统，如社会系统、经济系统、管理系统、信息系统、军队系统等；

第三，人造抽象系统，即概念系统。

③复合系统。复合系统指由自然系统和人工系统相结合而产生的系统。它主要表现在人类征服自然、驾驭自然的力量上，象征着人类征服自然的结果，如农业系统、畜牧系统、水利工程系统、生态环境系统等。

（3）按系统与环境的关系分

按系统与环境的关系，系统可分为封闭系统和开放系统。

①封闭系统。封闭系统指系统的运行与外界环境完全无关的系统。事实上完全封闭的系统并不存在，因此我们把一些系统与外界环境联系甚少，外界对系统的影响可以忽略不计的系统看成封闭系统。如封闭的教育系统、军营管理系统、自给自足的小农经济系统、闭关自守的国家系统、原始部落系统等。

②开放系统。开放系统指与外界环境存在着各种各样的物质、能量与信息交换的系统。从动态性角度来看，存于世间万物的系统都是开放系统。

（4）按照系统功能来分类

按照系统服务内容的性质分，可把系统分为社会系统、经济系统、军事系统、企业管理系统等。不同的系统服务于不同的领域，有不同的特点。

4. 系统的基本形式

系统的基本形式是输入—处理—输出系统，简称为输入/输出系统，最典型的例子是企业和信息系统。一个输入/输出系统有以下基本形式：

（1）输入

输入是从系统外部进入系统并被处理的元素。如原材料、能源、资金等。

（2）处理

处理是一个将输入转换为输出的过程。例如企业的生产过程，计算机的信息处理过程等。

（3）输出

输出是经过系统转换的结果。例如企业的产品、数据处理的结果等。

（4）反馈

反馈是将系统输出的一部分再作为系统的输入，以获得对系统的调节。反馈是反映一个系统性能的数据，例如反映一个企业的营销部门的业绩的数据送给营销部门的经理是一个反馈过程。

（5）控制

控制意味着监控系统的运行状况并且对反馈进行评价，从而决定对系统的运行状况进行适当的调整。

在许多情况下，我们对一个系统并不关心它的内部结构，而把注意力放在它的输入和输出上，这样的系统又称为黑箱（Black Box）。

在微观经济学中，企业被视为一个投入产出的多变量系统，投入资本（表现为能源、材料）、信息，产出产品、服务和新信息，如图1.7所示。从概念上讲，这个系统的生产过程可以用一个生产函数$Q=f(x_1, x_2, \cdots, x_n)$来描述，其中$x_1, x_2, \cdots, x_n$都是生产因素，$Q$是使用这些生产因素所获得的输出。

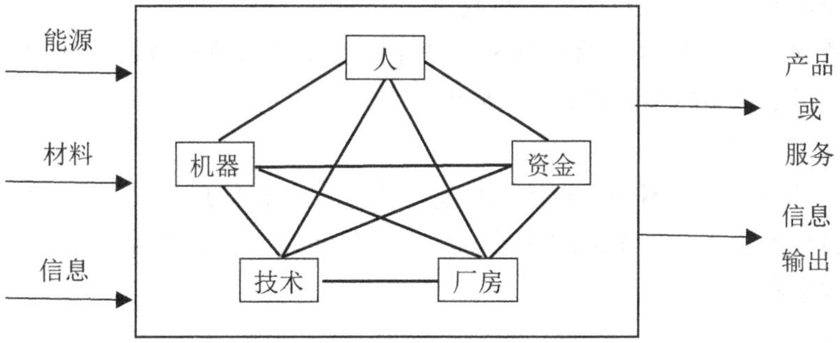

图1.7 企业的“黑箱”模型

信息系统也是一个输入输出系统。从环境和内部输入有关企业的各种数据，经过信息系统的处理，得到用于企业管理决策的信息。只有在保证输入数据质量的前提下，信息系统才可能输出有价值的信息，否则只能是“垃圾进，垃圾出”。

二、信息系统的概念和基本功能

1.信息系统的概念

信息系统是以加工处理信息为主的人造系统。它由人、硬件、软件、数据、网络与通信组成，目的是及时、正确地收集、加工、存储、传递和提供信息，实现组织中各项活动的管理、调节和控制。

广义上讲，任何进行信息加工处理的系统都可视为信息系统，如地理信息系统、文献信息系统、情报检索系统等。我们讨论的信息系统是狭义的概念，是基于计算机系统、通信网络等现代信息技术手段且服务于管理领域的信息系统（也就是我们下一章介绍的管理信息系统，在以后的章节中如不做特殊说明，信息系统即指管理信息系统。我们在第二章将对管理信息系统做更详细的介绍）。

2.信息系统的基本结构

信息系统的基本结构与计算机的冯·诺依曼体系结构非常类似，如图1.8所示。

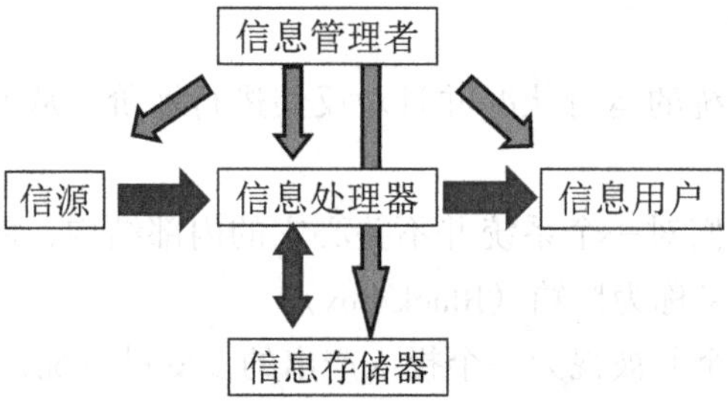

图1.8 信息系统的基本结构

3.信息系统的基本功能

信息系统的基本功能是对信息进行收集、处理、存储、维护、检索和输出，并且能向有关人员提供有用的信息。信息系统的功能同时反映出信息被加工处理的若干阶段，这些阶段构成了信息循环和信息的生命周期。

（1）信息的收集

信息收集是将分布在不同信息源的信息汇集起来。在信息收集时，一般需要制定一个收集方案或模型。先从信息需求入手，确定收集什么信息，然后是如何收集，包括收集的技术、方法和手段。

（2）信息的处理

通过各种途径和方法收集到的原始信息，必须经过加工处理，才能成为对管理和决策有用的信息。

（3）信息的存储

数据进入信息系统后，经过加工处理形成对管理有用的信息。数据存储包括逻辑组织和物理存储两个方面。逻辑组织是指按信息的内在联系组织和使用数据，把大量的信息按一定的结构存储；物理存储是指把信息保存在适当的介质上。

（4）信息的传输

信息通过传输形成信息流。信息流具有双向流动特征，也就是信息传输包括正向传递和反向反馈。企业信息传输既有不同管理层之间的信息垂直传输，也有同一管理层各部门之间的信息横向传输。在信息传输时应考虑采用先进的传输方式，尽量减少时延。

（5）信息的维护

保持信息处于可靠、安全和随时可用的状态。

（6）信息的查询（或检索）

信息存储的目的之一是为了信息的重复利用。存储于各种介质上的海量信息要让使用者便于检索，为用户提供方便的查询方式。信息检索和信息存储属于同一问题的两个方面，两者密切相关。迅速准确的检索应以科学地存储为前提。为此，必须对信息进行科学地分类与编码，采用先进的存储介质和检索工具。

（7）信息的输出

信息系统的目的是按管理职能和管理者的要求，保质保量地输出多种形式的信息。衡量管理信息有效性的关键不仅在于信息收集、加工、存储、传输等环节，更在于信息输出的实效、精度与数量能否充分满足管理的要求。

三、信息系统五要素

信息系统由五个核心要素组成，包括硬件、软件、数据库、网络与通信、人员，如下图1.9所示。

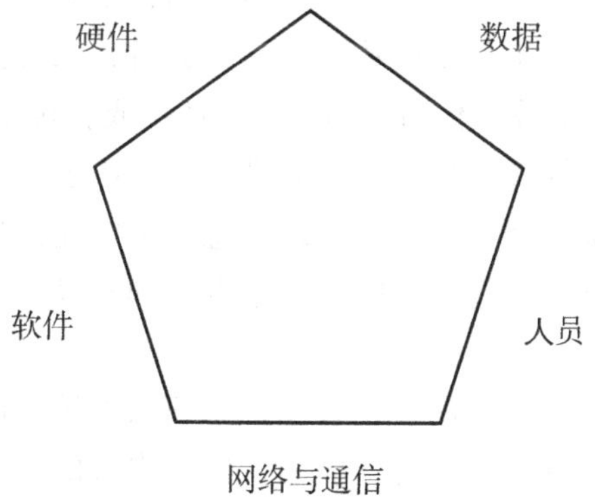

图1.9 信息系统五要素

①硬件：指与信息系统建设有关的各类设备和设施。

②软件：包括系统软件和应用软件。

③数据：一般保存在各类型的数据库中。

④网络与通信：通过网络或通信设备，形成分布式的管理信息系统。

⑤人员：指负责信息系统管理的人员和信息系统服务的对象。

其中，应用软件与数据库共同组成了应用系统，即用户开发的管理信息系统。硬件、系统软件和网络与通信设施，共同组成了技术支撑环境。这与企业架构中的应用架构、数据架构和技术架构是互相对应的。

另外，由于信息技术的快速发展，现在各类应用系统的部署环境可以采用虚拟机或云平台，不一定要采购并配置技术支撑环境中的各项要素。但对管理信息系统来说，不管是建设真实的技术支撑环境，还是采用虚拟机或云平台，都是未来管理信息系统所需要的运行环境，作用是相同的。

第四节　信息系统对管理的支持功能

一、信息化时代的组织机构管理

1.时代发展与管理信息系统

到目前为止，企业的管理经历了人工管理、信息化、数字化三个阶段，正在向智能化方向快速推进。从20世纪90年代开始，企业开始采用各种信息化工具和系统化系统，来提升企业的经营效率，建设财务管理系统、生产管理系统、ERP、企业网站、电子数据交换系统、电商平台等。在这一阶段，主要的目的在于把传统介质的数据、模拟数据转换为数字格式。随着互联网技术的普及与应用，企业开始数字化转型，数字化是对企业整体进行全方位的信息化，将业务构建在数字平台之上。人工智能技术的出现，促使企业开始向智能化方向转变。数据智能技术的应用，带来了知识生产方式的变革。除人类知识生产外，增加了智能工具生产数据、学习分析，来直接给人类提供知识和解决方案。所以在这一阶段，整个数字化的应用发生了迭代或者转型。

与时代的演进同步，管理信息系统的演进，也经历了单个管理信息系统，集成化管理信息系统、整体化解决方案等阶段。管理信息系统的建设也从以单个管理信息系统为目标向企业架构转变。管理信息系统的开发重点，同样经历了由功能为中心向以数据为中心的转变。

企业为了对外提供业务和对内实现管理，必须从管理层面和技术层面同时演进。在管理层面及时应用先进的管理学理论、模型，构建先进的业务逻辑。在技术层面，积极建设各类管理信息系统，以支持企业的管理与决策。作为采用技术手段支撑管理决策的重要平台，无论管理、技术如何演变，只要还存在组织的管理，那么管理信息系统就是不能忽视的重要因素。

2.组织中的管理

任何组织都需要管理。所谓组织，指的是人们为了实现共同目标而组成的群体和关系，例如企业、部门、公司等，它们都具有一定的形式和结构，并能完成其特定的功能。

组织的运作是分层的，从层次角度可以分为高层管理、中层管理、基层管理和业务运作，其中业务运作负责进行各类业务的处理，没有管理职能，中层和基层管理一般负责组织机构的运营，高层负责组织机构的决策。因此，从组织层次角度划分，可以将组织机构内部的管理划分为战略层、战术层和作业层，其中战略层为高层管理，战术层为中层和基层管理，作业层通常没有管理职能。

因此，本书从决策和管理两个角度，对管理信息系统如何支撑组织管理进行分析。

二、信息系统对决策的支持

决策是管理中经常发生的一种活动，是为了实现特定的目标，根据客观的可能性，在占有一定信息和经验的基础上，借助一定的工具、技巧和方法，对影响目标实现的诸因素进行分析、计算和判断选优后，对未来行动做出的决定。

1.决策及决策问题的类型

在一定的人力、设备、材料、技术、资金和时间因素的约束条件下，人们为了实现特定目标，可从多种可供选的策略中做出选择，以求得最优或较好效果的过程就是决策过程。决策问题的范围很广，计划、调度命令、政策、法规、发展战略、体制结构、系统目标等都属于决策范畴，但它们的结构化程度不同。西蒙教授提出按问题的结构化程度不同可将决策划分为三种类型：结构化决策、半结构化决策和非结构化决策。

（1）结构化决策

结构化决策问题相对比较简单、直接，其决策过程和决策方法有固定的规律可以遵循，能用明确的语言和模型加以描述，并可依据一定的通用模型和决策规则实现其决策过程的基本自动化。早期的多数管理信息系统，能够求解这类问题，例如应用解析方法、运筹学方法等求解资源优化问题。

结构化决策所依据的决策规则和决策数据都非常清晰，决策结果与决策主体的偏好无关。结构化决策一般用于管理运营工作过程中。

（2）非结构化决策

非结构化决策问题是指那些决策过程复杂，其决策过程和决策方法没有固定的规律可以遵循，没有固定的决策规则和通用模型可依，决策者的主观行为（学识、经验、直觉、判断力、洞察力、个人偏好和决策风格等）对各阶段的决策效果有相当影响，往往是决策者根据掌握的情况和数据临时做出决定。

非结构化决策所依据的决策规则和决策数据，至少有一个是不清晰的，或者两个都不清晰，决策结果与决策主体偏好高度相关。非结构化决策主要用于长远的规划，如企业战略目标的制定。

（3）半结构化决策

半结构化决策问题介于上述两者之间，其决策过程和决策方法有一定规律可以遵循，但又不能完全确定，即有所了解但又不全面，有所分析但又不确切，有所估计但又不确定。这样的决策问题一般可适当建立模型，但无法确定最优方案。

半结构化决策所依据的决策规则和决策数据，至少有一个是清晰的，或者两个都相对清晰。决策结果与决策主体偏好有关，但程度不高。事实上，多数决策都属于半结构化决策的范畴。

决策问题的结构化程度并不是一成不变的，当人们掌握了足够的信息和知识时，非结构化问题有可能转化为半结构化问题，半结构化问题也有可能向结构化转化，因此，决策问题的转化过程是人们对客观事物不断提高认识的过程。

通常认为，管理信息系统主要解决结构化的决策问题，而决策支持系统则以支持半结构化和非结构化问题的解决为目的。

2. 决策过程

决策科学先驱西蒙（Herbert A. Simon）教授在著名的决策过程模型论著中指出：以决策者为主体的管理决策过程经历情报（intelligence）、设计（design）和选择（choice）三个阶段。并且指出，“一般说来，情报活动先于设计活动，设计活动先于抉择活动。然而，各阶段构成的链环远比此复杂，决策过程的每阶段本身又是一个复杂的决策过程……这是一个环套环（wheels within wheels）现象，尽管如此，随着组织决策过程的展开，这三个大的阶段还是清晰可见的。”后来西蒙在他的决策过程模型中又增加了决策实施后的评价阶段，但仍强调前三个阶段是决策过程的主要部分。现在我们把决策过程的四个阶段列为情报活动阶段、设计活动阶段、选择活动阶段和实施活动阶段，并称之为决策过程模型的四个阶段，如图1.10所示。

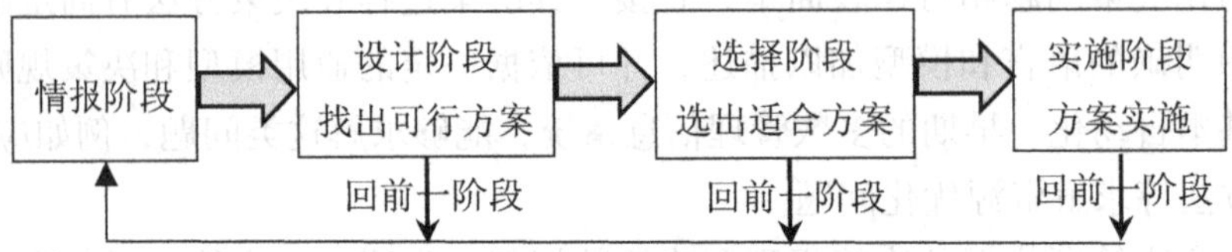

图1.10 决策过程的四个阶段

（1）情报活动阶段

情报活动阶段的内容是调查环境，并定义要决策的事件和条件，获取决策所需要的有关信息。

（2）设计活动阶段

在一般情况下，实现目标的方案不应是一个，而应是两个或更多的可供选择的方案。为了探索可供选择的方案，有时需要研究与实现目标有关的限制性因素。对于复杂的决策问题，有时需要依靠有关业务部门或参谋机构，汇集各方面的专家一起制定方案。

（3）选择活动阶段

从各种可能的备选方案中，针对决策目标，选出最合理的方案，是决策成功或失败的关键阶段。通常这个阶段包括方案论证和决策形成两个步骤。方案论证是对备选方案进行定量和定性的分析、比较和择优研究，为决策者最后选择进行初选，并把经过优化选择的可行方案提供给决策者。决策形成是决策者对经过论证的方案进行最后的抉择。作为决策的管理者虽不需要掌握具体论证方法，但必须知道决策的整个程序和各种方法的可靠程度，应当具备良好的思维分析能力、敏锐的洞察力及判断和决断的素质。

（4）实施活动阶段

选定方案后，即可付诸实施。在实施过程中还要收集实施过程中的情报。根据这些情报来进一步做继续执行、停止实施或修改后继续实施的决定。

3.决策科学化

传统的决策依靠决策者个人的经验，凭直觉判断，因而决策被认为是一种艺术和技巧。近年来，由于生产规模的扩大和自动化技术的应用，使得管理的性质和环境都发生了巨大的变化，管理性质的改变表现在组织机构更加庞大，管理功能更加复杂；环境的改变表现在产业部门之间的联系愈来愈紧密，社会经济状态对于所采取的决策的影响因素愈来愈复杂。因而管理决策问题不仅数量多，而且复杂程度高，难度大。心理学家的研究表明，在制定决策时，若要求决策者同时考虑10个以上的变动因素或相互矛盾的因素，或者要求考虑20～80个以上的单项因素，就已经感到十分困难，而在实际的生产活动中，经常需要根据几百个，甚至几千个因素和其相互关系进行决策。显然，在这种情况下，以领导者的艺术、洞察力、理智和经验为基础的传统决策方法就远远不能满足日益复杂的管理决策的需要了，决策科学化就被提上了日程。

决策的科学化，一方面是现实对管理提出的要求，另一方面是计算机和近代数学的发展，为它提供了实现的可能性。

目前，决策科学化正在向以下一些方向发展：

（1）用信息系统支持和辅助决策

20世纪80年代初，计算机企业管理应用的重点逐渐由事务性处理转向企业的管理、控制、计划和分析等高层次决策制定方面，国内外相继出现了多种高功能的通用和专用决策支持系统。随着决策支持系统（Decision Support System，DSS）与人工智能相结合，出现了智能决策支持系统（Intelligent Decision Support System，IDSS），DSS与计算机网络相结合，出现了群体决策支持系统（Group Decision Support System，GDSS）。

现在决策支持系统已逐步推广应用于大、中、小企业中的预算与分析、预测与计划、生产与销售、研究与开发等职能部门，并开始用于军事决策、工程决策、区域规划等方面。

（2）定性决策向定量与定性相结合的决策发展

定性决策向定量与定性相结合的决策发展是当代决策活动发展的必然趋势。现代科学中的系统工程学、仿真技术、计算机理论、科学学、预测学，特别是运筹学、布尔代数、模糊数学、泛函分析等引进决策活动后，为决策的定量化奠定了基础。但是，决策的本质是人的主观认识能力，因此它就不能不受人的主观认识能力的限制。近代决策活动的实践表明，尽管定量的数学方法与信息技术相结合，能够进行比人脑更精密更高速的逻辑推理、分析、归纳、综合与论证，但它绝不能代替人的创造性思维。这就是出现由人的创造性形象思维与近代利用计算机进行定量分析相结合，从而产生头脑风暴法、德尔斐法、系统分析法等决策活动方式的原因。

（3）单目标决策向多目标综合决策发展

决策活动的目标本身也构成一个难以确定的庞大系统。现代决策活动的目标不是单一的，这不仅指以经济利益为核心的目标是多目标，而且还包括更广阔的社会的和非经济领域的目标。

（4）战略决策向更远的未来决策发展

决策是对未来实践的方向、原则、目标和方法等所做的决定，所以决策从本质上说仍是对应于未来的。为了避免远期可能出现的破坏造成的亏损抵消甚至超过近期的利益，要求战略决策在时域上向更遥远的未来延伸。

4.计算机辅助决策的形式

任何企业都需要决策者经常做出各种各样的决策，信息技术可以在决策过程中提供辅助。常用的计算机辅助决策有两种形式：决策支持和人工智能，如图1.11所示。

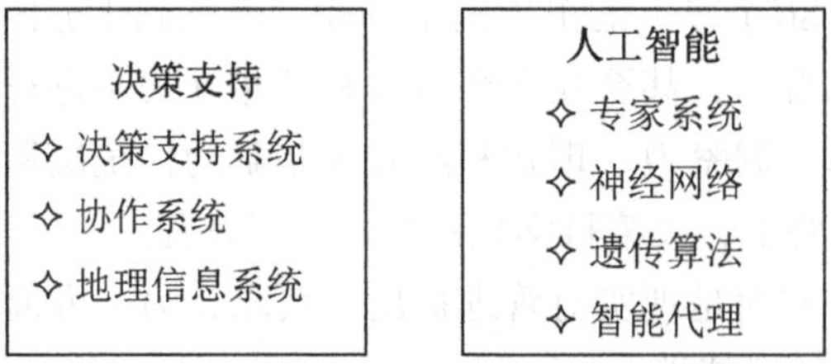

图1.11　计算机辅助决策的两种形式

（1）决策支持系统

典型的决策支持系统由用户界面管理、数据管理和模型管理3个模块组成。

用户界面管理模块负责决策者与决策支持系统之间的沟通。它包括用户界面和用户界面管理系统这一部件，使决策者将个人的技能知识与计算机的存储和处理能力结合在一起。用户界面是决策支持系统中用户可见的部分。

数据管理模块用于存储并维护用户希望决策支持系统使用的信息。

模型管理模块所说的模型是对某个事件、事实或状况的描述，企业利用模型描述变量与变量之间的关系。模型管理模块包含了What-if模型、优化模型、目标搜索模型和统计模型。决策支持系统利用模型为决策者提供各种不同的信息分析方式，对各种各样的决策问题提供帮助。

（2）协作系统

协作系统是指通过支持信息的流动和共享，为提高工作组的工作绩效而特别设计的软件。

（3）地理信息系统

地理信息系统由复杂的图形和数据库结合而成，将空间信息和文字信息结合在一起，产生新的信息，以支持企业决策。

（4）专家系统

专家系统可以通过对问题进行推理而得出相应的结论，或提出合适的建议。

（5）神经网络

神经网络可以通过训练学会识别模式。

（6）遗传算法

遗传算法首先产生大量的解，然后选择其中一些最好解，利用选出来的解产生更好的解。依此类推，可以为具体问题产生逐渐改进的解决方案。

（7）智能代理

智能代理是一种适应系统，它可以独立工作，执行特定的、重复的以及预先设定好的任务。

当前在商业领域，还出现了商务智能（BI），它使用现代数据仓库技术、线上分析处理技术、数据挖掘和数据可视化技术，进行数据分析以辅助商业决策的制定。

三、信息系统对管理运营的支持

一个组织的管理职能主要包括计划、组织、领导和控制等四个方面，其中任何一方面都离不开信息系统的支持。下面分别讨论信息系统对计划职能、组织职能、领导职能和控制职能的支持。

1.信息系统对计划职能的支持

计划是对未来做出安排和部署。任何组织的活动实际上都有计划，只不过这种计划是否正式而已。管理的计划职能是为组织及其下属机构确定目标，拟定为达到目标的行动方案，并制订各种计划，使各项工作和活动都能围绕预定目标去进行，从而达到预期的效果。信息系统对计划的支持包括如下方面：

（1）支持计划编制中的反复试算

在计划制订过程中，多方案的比较及每个方案中个别数据的变动都可能引起其他许多相关数据的变动及其方案结果的变化。虽然计算方法不一定复杂，但表达式之间的关系却都错综复杂，数据量也巨大，所以计算工作量特别大。如果没有计算机的支持，根本不可能完成。在传统手工作业条件下，只能通过减少数据量及其数据间的相互关系数来降低运算的工作量，无疑，这将降低计划的准确程度。

（2）支持对计划数据的快速、准确存取

为了实现计划管理职能，重要的是建立与计划有关的各种数据库，其中主要有：各类定额数据库、各类计划指标数据库、各种计划表格数据库等。完善和充分利用上述各种数据库系统，可以实现对企业计划数据的快速、准确存取，从而使企业的生产经营指挥系统得到大大地加强。

（3）支持各类计划的预测

预测是研究对未来状况做出估计的专门技术，而计划则是对未来做出安排和部署，以达到预期的目的，计划必须在预测的基础上进行。预测支持决策者做出正确的决策，制订可靠的计划。预测的范围很广，预测的方法也很多，诸如主观概率法、调查预测法、类推法、因果关系分析法等。这些预测方法的计算量大，常常要用计算机来求解。

（4）支持计划的优化

在企业编制计划时，经常会遇到对有限资源的最佳分配问题。编制计划时可能提出这样的问题：生产哪几种产品（即如何搭配产品）可以在设备生产能力允许的约束条件下，获得最大的利润？对于这种类型的问题，可以列出数学模型，然后在计算机上通过人机交互方式进行求解。

2.信息系统对组织职能的支持

组织职能具体包括：确定管理层次、建立各级组织机构、配备人员、规定职责和权限，并明确组织机构中各部门之间的相互关系、协调原则和方法。信息技术是现阶段对企业组织进行改革的有效技术基础。信息技术的发展促使企业组织重新设计、企业工作重新分工和企业职权重新划分，从而进一步提高企业的管理水平。

①管理信息系统可以有效提高组织工作的效率，可以通过有效的沟通协调、决策支持和数据支持，提高各类工作的组织效率。

②管理信息系统与企业组织架构之间相互影响、相互促进，主要体现为信息化过程中的企业流程重组。信息技术的发展促使企业组织的重新设计、企业工作的重新分工和企业职权的重新划分，从而进一步提高企业的管理水平。一般来说，管理信息系统的应用将会促进企业架构呈扁平化结构。

③基于管理信息系统可以构建新类型的组织形态。近几年来，随着电子商务的发展以及外部合作竞争的加强，更多的知识型企业依靠Internet、ERP、SCM（Supply Chain Management）等信息技术手段，建立以核心企业为中心，通过与其他组织建立研发、生产制造、营销等业务网，有效发挥核心业务专长的协作型组织形式，称为动态网络虚拟组织，如图1.12所示。动态网络虚拟组织是基于信息技术的日新月异以及更为激烈的市场竞争而发展起来的一种动态组织。它通过以市场的组合方式代替了传统的纵向层次结构组织，实现了组织内在核心优势与市场外部资源优势的动态有机结合，因而更具敏捷性和快速反应能力。

动态网络虚拟组织结构的优点：组织结构具有更大的灵活性和柔性；可以更好地结合市场需求来整合各项资源；组织结构简单、精练；组织运行效率高、成本低。

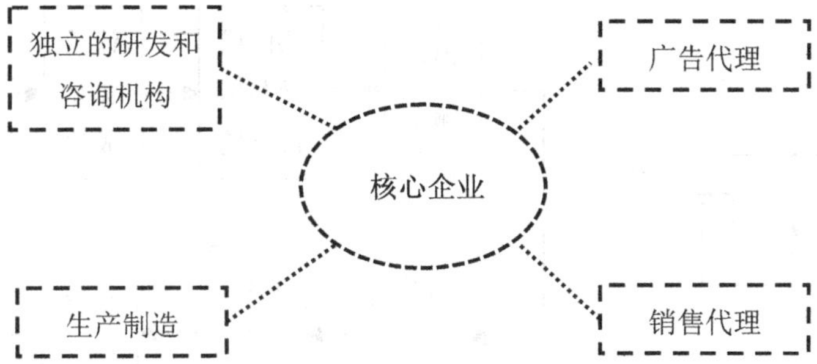

图1.12 动态网络虚拟组织结构示意图

3.信息系统对领导职能的支持

领导职能的作用在于指引、影响个人和组织按照计划去实现目标。

①领导者在人际关系方面的职责是领导、组织和协调。信息系统可以帮助领导沟通交流。

②领导者在决策方面的职责是对组织的战略、计划、预算、选拔人才等重大问题做出决定。信息系统可以提供数据、方案等，为领导者提供决策参考和依据。

③领导者在信息方面的职责是作为信息汇合点和神经中枢，对内对外建立并维持一个信息网络。信息系统可以通过提供数据和功能，支撑领导者的信息职责。

4.信息系统对控制职能的支持

①一切管理内容都有控制问题。控制职能是对管理业务进行计量和纠正，确保计划得以实现的过程。计划是为了控制，是控制的开始。通常是把实际的执行结果和计划的阶段目标相比较，发现实施过程中偏离计划的缺点和错误。执行过程中需要不断检测、控制。所以，为了实现管理的控制职能，就应随时掌握反映管理运行状态的系统监测信息和调控所必要的反馈信息。管理控制工作中的信息，是在生产经营活动中产生的，根据管理过程和管理技术组织起来的，并且经过了分析整理后的信息流或信息集，它所包含的信息种类繁多，数量巨大。这种管理信息和信息技术结合在一起，就形成了管理信息系统。控制是否有效，关键在于管理信息系统是否完善，信息反馈是否灵敏、正确、有利。如图1.13所示的是管理控制的反馈回路。

②管理控制系统实质上也是一个信息反馈系统。通过信息反馈，管理控制系统揭示管理活动中的不足之处，促进系统进行不断地调节和改进，逐渐趋于稳定、完善，直到达到优化的状态。管理控制系统是否有效，关键在于控制过程中的关键控制点的选择和控制“时滞”的减少。

③随着科学技术的发展，智能化的控制将是一种更高级的形式。就以对生产过程的控制来说，信息系统将有能力自动监控并调整生产的物理过程。例如，工厂自动装配线可利用传感器收集数据，经过计算机处理后对生产过程加以控制。

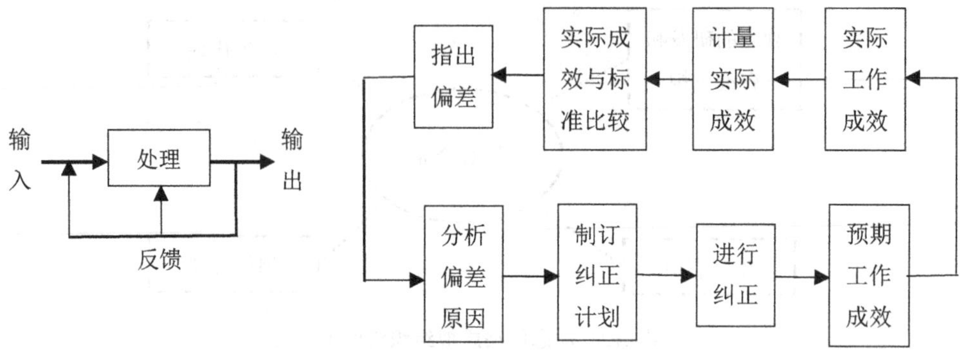

图1.13　管理控制的反馈回路

④还有一种趋势，是一些企业的生产过程控制由过去的集中管理式系统向分散控制、集中管理的集散式系统方向发展。在这种控制系统中引入了管理机制，集中管理组件分别与管理信息系统的各个子系统交换信息，从而形成一种更为综合的信息系统。

综上所述，信息系统对管理具有重要的辅助和支持作用，现代管理要依靠信息系统来实现其管理职能、管理思想和管理方法。

本章小结

本章介绍了信息化与企业信息化、信息化战略、企业架构等背景知识，说明了信息的概念、性质及度量。信息是管理工作至关重要的组成部分，是管理信息系统的处理对象。

信息系统在结构上是一个由人、硬件、软件、网络通信和数据资源组成的人造系统，其目的是及时、正确地收集、加工、存储、传递和提供信息，实现组织中各项活动的管理、调节和控制。本章还论述了信息系统与管理的关系以及信息系统对决策和决策过程的支持。一个组织的管理职能的四个方面，即计划、组织、领导和控制都离不开信息系统的支持。基于计算机的信息系统使决策科学化成为可能，决策支持系统的出现使决策科学化成为现实。

习题

1. 信息在管理决策中起着什么样的作用？
2. 什么是数据？什么是信息？简述它们之间的联系和区别。
3. 什么是系统？它有哪些特征？系统处理方法在管理信息系统开发过程中有何作用？如何评价一个系统的好坏？
4. 什么是信息系统？它由哪几部分组成？具有哪些功能？
5. 什么是管理信息？它有何作用？各级部门的信息需求在范围、内容、详细程度和使用频率等方面有哪些差别？

第二章 管理信息系统

本章首先介绍了管理信息系统的概念、特点及结构；其次对管理信息系统进行了分类，并对每一类系统进行了简要地介绍；最后对管理信息系统的学科体系进行了论述。

学习目标

1.掌握管理信息系统的概念与特点。
2.掌握管理信息系统的结构。
3.了解管理信息系统的分类。
4.了解管理信息系统的学科体系。

第一节 管理信息系统的概念

一、管理信息系统的定义

1.发展历程

在介绍管理信息系统（Management Informaiton System，MIS）的概念之前，我们先来简单回顾一下管理信息系统的发展和应用历程。

20世纪30年代，柏德论证了决策在组织管理中的作用。20世纪50年代西蒙提出管理依赖于信息与决策的观点，同时维纳发表了控制论。这些都为管理信息系统概念的提出做了理论上的准备。系统论、信息论和控制论的形成也为管理信息系统的形成奠定了基础。

1946年第一台计算机诞生，1954年IBM公司第一次用计算机计算员工工资。20世纪60年代开始了物料需求计划（Material Requirements Planning，MRP）的研究。这些为管理信息系统概念的提出做了实践的准备。

1970年瓦尔特·肯尼万最早提出“管理信息系统”概念，这时恰好是物料需求计划的形成和发展期。20世纪80年代，制造资源计划（Manufacture Resource Plan ，MRP Ⅱ）开始形成。1985年，管理信息系统的创始人高登·戴维斯比较完整地提出了管理信息系统的定义：“它是一个利用计算机硬件和软件，手工作业，分析、计划、控制和决策模型，以及数据库的用户-机器系统。它能提供信息，支持企业或组织的运行管理和决策功能。”在这一定义中包含了MIS三要素中的数学方法和计算机应用，但没有明显地提出系统观点。

2.定义

管理信息系统的概念不断在演变，但没有形成公认、统一的描述。

黄梯云教授曾给出过这样的定义：管理信息系统是对一个组织（单位、企业或部门）进行全面管理的人和计算机相结合的系统，它是综合运用计算机技术、信息技术、管理技术和决策技术，与现代化的管理思想、方法和手段，辅助管理人员进行管理和决策的人机系统。

薛华成教授给出以下定义：管理信息系统是一个以人为主导，利用计算机硬件、软件、网络通信设备以及其他办公设备，进行信息的收集、传输、加工、储存、更新和维护，以企业战略竞优、提高效益和效率为目的，支持企业高层决策、中层控制、基层运作的集成化的人机系统。

这两个定义中，均认为管理信息系统的性质是人机系统，管理信息系统需要采用IT手段，系统的功能都是处理信息，而系统的目的都是支持管理与决策。

本教程综合国内外对管理信息系统的认知，给出以下一般性的定义：

管理信息系统是以人为主导、利用系统思想建立起来的，采用信息技术和信息设备作为基本信息处理手段和传输工具，以资源共享为目标，为决策支持和管理辅助提供信息服务的人机系统。

上述定义表明管理信息系统离不开信息技术中的计算机技术、计算机网络技术和数据库技术，但这一表述仍然属于抽象层面，并没有揭示管理信息系统到底是什么。实际上我们可以从不同的角度认识管理信息系统。从系统和产品角度看，管理信息系统是用计算机语言描述企业管理过程的应用软件系统，是一种新的管理平台；从工程角度看，管理信息系统不仅是信息工程，更是管理系统工程；从管理角度看，它涉及管理思想变革，基础管理的强化和业务流程的重组。

二、管理信息系统的功能和特点

1.管理信息系统的功能

管理信息系统的功能主要体现在以下几个方面：

（1）信息处理功能

信息处理功能能够完成基本数据的收集和输入，数据加工和处理，数据存储，数据传输；能够完成各种统计和综合处理，以多种方式提供各种信息。

（2）管理支持

管理支持主要包括决策支持，以及对计划、组织、领导、控制等管理职能的辅助。

2.管理信息系统的特点

从以上管理信息系统的定义和功能可以总结出管理信息系统具有以下特点：

（1）面向管理决策

管理信息系统是为管理服务的信息系统，它必须能够根据管理的需要和目标，及时为组织中各个管理层提供所需要的信息，辅助决策者做出决策。

（2）综合性

管理信息系统是一个对组织进行全面管理的综合系统。其综合性主要反映在以下三个方面：

①多学科交叉。管理信息系统开发是一个综合运用系统论、信息论、控制论、行为科学、计算机技术和通信技术的过程。

②多种人才结合。多学科交叉决定了系统开发是多方面人才的结合、知识相互渗透的过程，也是一个培养复合型人才的过程。

③管理与技术的集成。管理信息系统从表面上看是计算机硬件系统和应用软件系统的集成，而实际上是一个管理学（包括思想、观念、理论、方法等）和包括系统开发在内的IT集成。

（3）人机系统

管理信息系统是一个人机结合的系统。在管理信息系统中，各级管理人员既是系统的使用者，又是系统的组成部分。在管理信息系统开发过程中，要根据这一特点，正确界定人和计算机在系统中的地位和作用，充分发挥人和计算机各自的长处，使系统整体性能达到最优。

（4）现代管理方法和手段相结合的系统

人们在管理信息系统应用的实践中发现，只简单地采用计算机技术提高处理速度，而不采用先进的管理方法，管理信息系统的应用仅仅是用计算机系统仿真原手工管理系统，充其量只是减轻了管理人员的劳动，其作用的发挥十分有限。管理信息系统要发挥其在管理中的作用，就必须与先进的管理手段和方法结合起来，在开发管理信息系统时，融入现代化的管理思想和方法。

（5）多学科交叉的学科

管理信息系统作为一门新的学科，产生较晚，其理论体系尚处于发展和完善的过程中。研究者从计算机科学与技术、应用数学、管理理论、决策理论、运筹学等相关学科中抽取相应的内容，构成管理信息系统的理论基础，从而形成一个有着鲜明特色的学科。

（6）动态性

管理信息系统开发从系统需求开始，经过系统调查、可行性分析、系统分析、系统设计、系统实施、系统运行和维护阶段，进入实用状态。随着环境的变化，系统又会产生新的需求，从而导致新的系统开发。因此，系统维护与开发处在连续不断的动态过程之中，否则系统就没有生命力。

三、管理信息系统的结构

管理信息系统并不是与一个组织的其他部分相分离的特殊实体，它是组织运行的核心，贯穿于组织管理的全过程，同时又覆盖了管理业务的各个层面，其结构是一个包含各种子系统的广泛结构。管理信息系统的结构指系统的各组成部分及其相互之间的关系。由于管理信息系统的内部组织方式不同，它可以设计成不同的结构。其中最重要的是概念结构、物理结构、层次结构、功能结构和多级结构。

1. 管理信息系统的概念结构

就概念结构而言，管理信息系统由信息源、信息处理器、信息管理者和信息用户四大部分组成，其中信息源又可分为内部信息源和外部信息源两部分，如图2.1所示。

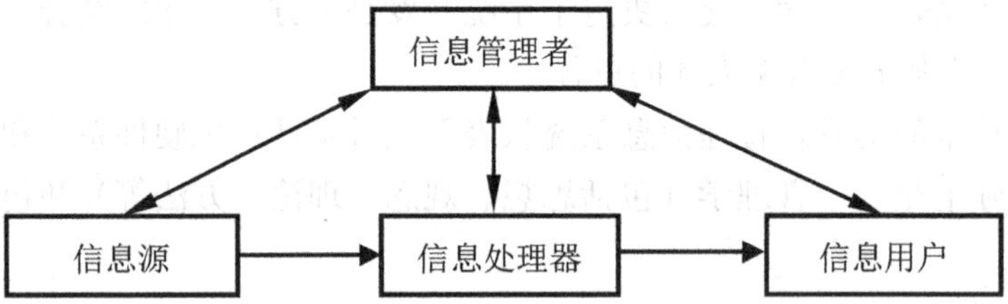

图2.1　管理信息系统的概念结构

其中，内部信息源是指企业内部生产经营活动所产生的数据，如生产数据、财务数据、销售数据和人力资源数据等；外部信息源是指来自企业外部环境的数据，如国家政策、经济形势、市场调查数据等；信息处理器担负着信息的处理、转换、存储、传输等任务，它由信息采集、信息加工变换、信息传输、信息存储等装置组成，其主要功能是获取信息，并且对其进行加工、转换，然后将信息提供给用户；信息用户也就是信息的使用者，信息用户利用信息进行各项管理决策；信息管理者承担管理信息系统的开发与运行工作，负责系统中各个组成部分的协调配合，使之成为一个有机的整体。在实际的管理信息系统中，由于具有不同的组织形式和信息处理模式，因此具有不尽相同的结构，但其概念结构却是相同的。

2. 管理信息系统的物理结构

从构成管理信息系统的物理组成来看，它包括硬件、软件、数据库、操作规程和操作人员等组成部分。硬件是指组成管理信息系统的有关设备装置，主要是指计算机及通信设备；软件包括系统软件、支撑软件和应用软件；数据库是指数据文件的集合；操作规程是指运行管理信息系统的有关说明书，通常包括用户手册、计算机系统操作手册以及数据输入设计手册等；操作人员指系统分析员、程序员、数据管理员、计算机操作员、系统管理员以及其他有关人员。只要将上述物理组成部分合理地组织起来，就可顺利实现管理信息系统的各项功能，如信息的处理、数据维护及系统操作等。

信息系统的物理结构可按资源配置的集中程度不同，分为集中式和分布式两大类型。

（1）集中式系统

集中式系统是指信息资源（包括系统的软硬件资源和数据资源）在物理空间上是集中配置的信息系统。面向多用户的集中式系统将系统的硬件、软件、数据以及主要的外围设备集中于一套计算机系统中，分布于不同地点的多个用户可以通过当地的分时终端共享上述信息资源。距离较远的用户可以通过通信线路实现与主机的通信及资源共享，如图2.2所示的一种集中式多用户系统物理结构。

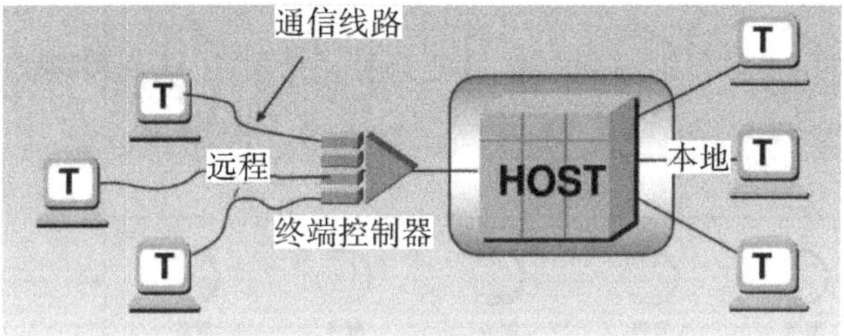

图2.2 集中式系统结构

1）集中式系统的主要优点

信息资源集中，管理方便，规范统一；专业人员集中使用，有利于发挥他们的作用，便于组织人员培训和提高工作效率；信息资源利用率高；系统安全措施实施方便。

2）集中式系统的不足之处

随着系统规模的扩大和功能提高，集中式系统的复杂性迅速增长，给管理、维护带来困难；对组织变革和技术发展的适应性差，应变能力弱；不利于发挥用户在系统开发、维护、管理方面的积极性与主动精神；系统比较脆弱，主机出现故障时可能使整个系统停止工作。

（2）分布式系统

分布式系统是将分布在不同地点的计算机硬件、软件和数据信息等资源用计算机网络联系在一起，服务于一个共同的目标而实现相互通信和资源共享的信息系统，其系统结构如图2.3所示。

分布式系统的主要特点：

①可实现不同地点的软、硬件和数据等信息资源的共享。

②各地与网络系统相连的计算机系统既可以在计算机网络系统的统一管理下工作，又可脱离网络环境利用本地信息资源独立开展工作。分布式系统既有强大的计算处理能力和较高的灵活性、适应性等优点，又有其资源分散，开发管理有一定难度及不易协调等不足之处。

现在组织结构正朝着扁平化、网络化方向发展，管理信息系统的应用必须顺应这一潮流。20世纪80年代以来，随着计算机网络技术的迅速发展，分布式系统已经成为了当前信息系统结构的主流模式。因此，用户要根据不同的业务需求和应用环境的实际情况来选择不同物理结构的信息系统构成。

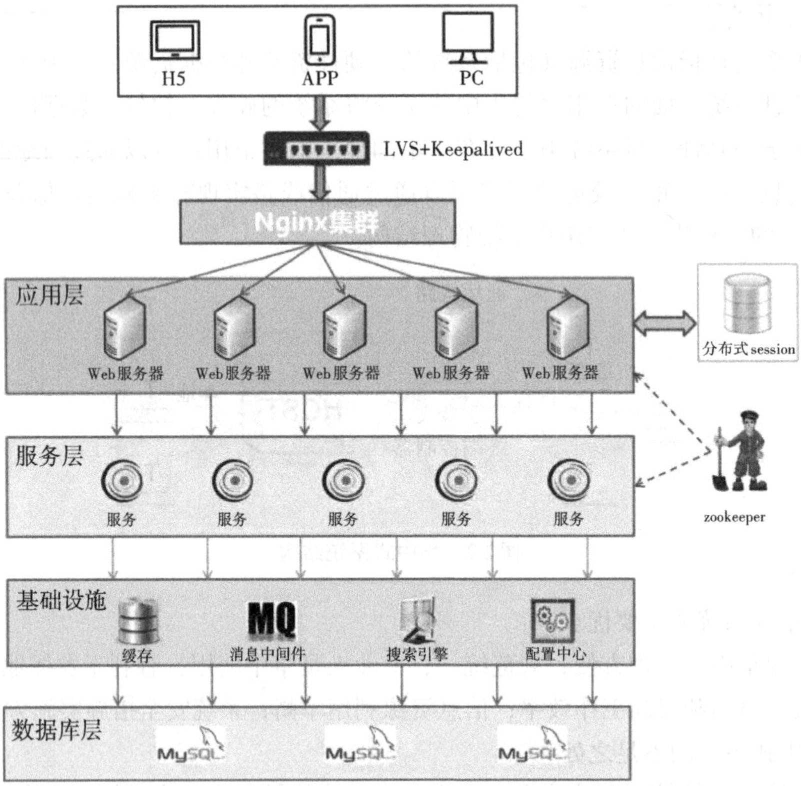

图2.3 分布式系统结构

3. 管理信息系统的层次结构

由于管理活动可以分为战略层、战术层和作业层三个不同的层次，因此管理信息系统可以按照管理活动的不同层次来实现，如图2.4所示。

（1）战略层系统

由于战略层的管理活动涉及企业的总体目标和长远发展规则，如制定市场开发战略、产品开发战略，因此为战略层服务的管理信息系统，它的数据和信息来源是广泛和概括性的，其中包括相当数量的外部信息，如当前社会的政治、经济形势，本企业在国内外市场上的地位和竞争力等。由于战略层管理信息系统又是为企业制定战略计划服务的，因此它提供的信息也必须是高度概括和综合性的，如对市场需求的预测，对市场主要竞争对手的实力分析等方面的信息。

（2）战术层系统

战术层的管理活动属于中层管理，包括管理控制和运行控制。它包括各个部门工作计划的制订、监控和各项计划完成情况的评价等主要内容。因此，战术层系统主要是为各个部门负责人提供信息服务，以保证他们在管理活动中能够正确地控制各项计划。它的信息来源有两个方面：一方面来自战略层，包括各种预算、标准和计划等；另一方面来自作业层，包括企业各种计划的完成情况和经过作业层加工处理后的信息等。战术层管理信息系统所能提供的信息主要有各部门的工作计划、计划执行情况的定期报告和不定期报告，对管理控制问题的分析评价，对各种查询的响应等。

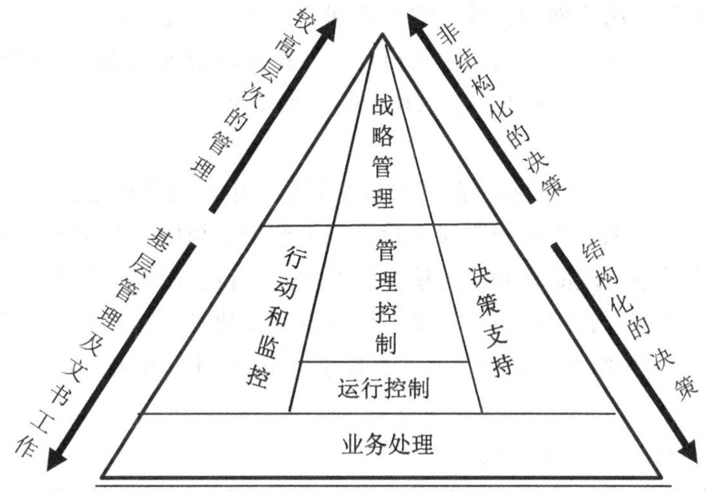

图2.4 管理信息系统的金字塔结构

（3）作业层系统

作业层属于企业基层活动，它是为有效利用现有资源和设备所展开的各项业务处理活动。由于这一层的管理活动较稳定，可按一定的数学模型或预先设计好的程序和规划进行相应的信息处理。

4.管理信息系统的功能结构

企业的管理组织机构可以划分为若干职能域，而每个职能域具有一定的业务功能，因此管理信息系统也可按照管理组织的功能来建立。功能结构可以通过功能结构图来描述。功能结构图同样具有层次结构，它与组织结构有很强的相关性，如图2.5所示。

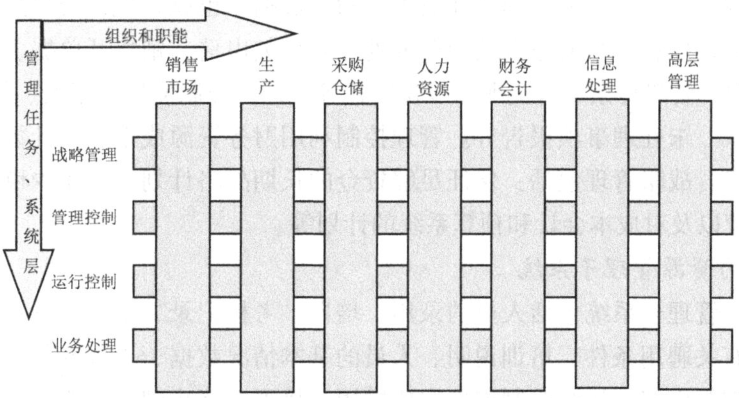

图2.5 管理信息系统的功能/层次矩阵

（1）销售与市场管理子系统

销售与市场管理子系统功能通常包括产品的销售和推销以及售后服务的全部活动。其中业务处理有销售订单、推销订单的处理。运行控制活动包括雇佣和培训销售人员、编制销售计划和推销工作的项目，以及按区域、产品、顾客的销售量定期分析。管理控制涉及总的成果与市场计划的比较，它要用到有关客户、竞争者、竞争产品和销售力量等方面的数据。在战略管理方面包括新市场的开拓和新市场的战略，它使用的信息有顾客分析、竞争者分析、顾客调查、收入预测和技术预测等。

（2）生产管理子系统

生产管理子系统的功能包括产品的设计与制造、生产设备计划、作业的调度与运行、生产工人的录用与培训、质量控制与检验等。生产子系统中，典型的业务处理是生产指令、装配单、成品单、废品单和工时单等的处理。运行控制要求将实际进度和计划进行比较，找出瓶颈环节。管理控制需要概括性报告，反映进度计划、单位成本、所用工时等项目在整个计划中的绩效变动情况；战略管理包括制造方法及各种自动化方案的选择。

（3）采购与仓储管理子系统

采购与仓储管理子系统包括采购、收货、库存控制、发放等管理活动。业务处理数据包括购货申请、购货订单、加工单、收发报告、库存票、提货单等；运行控制要求把物资供应情况与计划进行比较，产生库存水平、采购成本、出库项目和库存营业额等分析报告。管理控制信息包括计划库存与实际库存的比较、外购项目的成本、缺货情况及库存周转率等。战略管理主要涉及新的物资供应战略、对供应商的新政策以及“自制与外购”的比较分析等，此外，可能还有新供应方案、新技术等信息。

（4）财务管理与会计子系统

财务和会计有着不同的目标和工作内容，但它们之间又有着密切的联系。财务的职责是在尽可能低的成本下，保证企业的资金运转，包括托收管理、现金管理和资金筹措等。会计则是把财务工作分类、绘制标准财务报表、制定预算及对成本数据进行分类与分析。对管理控制报告来说，预算和成本是输入数据，也就是说，会计是为管理控制各种功能提供输入信息。与财务有关的业务处理有赊欠申请、销售开单据、收账凭证、支付凭证、支票、转账传票、分类账和股份转让等。运行控制使用日报表、例外情况报告、延误处理记录、未处理事项报告等。管理控制利用财务资源成本、会计数据处理成本及差错率等信息。战略管理包括：保证足够资金的长期战略计划、为减少税收冲击的长期税收会计政策以及对成本会计和预算系统的计划等。

（5）人力资源管理子系统

人力资源管理子系统包括人员的录用、培训、考核记录、工资和终止聘用等。其业务处理产生有关聘用条件、培训说明、人员的基本情况数据、工资变化、工时、福利及终止聘用通知等内容。运行控制层要完成聘用、培训、终止聘用、改变工资和发放福利等；管理控制主要进行实际情况与计划比较，产生各种报告和分析结果，用以说明在岗工人的数量、招工费用、技术专长的构成、应付工资、工资分配及是否符合政府就业政策等。人事战略计划包括对招工、工资、培训、福利等以及各种策略方案的评价，这些策略将确保企业能获得完成战略目标所需的人力资源。战略管理还包括对就业制度、教育情况、地区工资率的变化及对聘用和留用人员的分析。

（6）高层管理子系统

每个组织都有一个最高领导层，如公司总经理和各职能领域的副总经理组成的委员会。高层管理子系统为高层领导服务，它的业务处理活动主要是信息的查询和决策的支持，处理的文件常常是信函和备忘录以及高层领导向各职能部门发送的指示等。运行控制层主要是会议安排、信函管理和会晤记录文档。管理控制层要求各功能子系统执行计划的当前综合报告情况。最高层的战略管理活动包括组织的经营方针和必要的资源计划等，它要求综合外部和内部的信息。这里的外部信息可能包括：竞争者信息、区域经济指数、顾客偏好、提供服务的质量等。

（7）信息处理子系统

信息处理子系统的作用是保证各职能部门获得必要的信息资源和信息处理服务。该子系统典型的业务处理有工作请求、采集数据、改变数据的请求、软硬件情况的报告以及设计方面的建议。信息处理的运行控制包括日常任务的调度、差错率和设备故障信息等。对于新项目的开发，还需要程序员的工作进展情况和调试时间的安排。管理控制层对计划情况和实际情况进行比较，如设备费用、程序员的能力、项目开发的实施计划等情况的比较。战略管理层则主要关心功能的组织，如采用集中式还是分散式，信息系统的总体规划，硬件和软件的总体结构等。

管理信息系统的应用离不开办公自动化技术，其主要作用是支持知识工作和文书工作，如字符处理、电子信件、电子文件等。办公自动化可以看作是与信息处理系统合一的子系统，也可以作为一个独立的子系统。

5.管理信息系统的多级结构

多级结构是指将层次结构和功能结构按一定的方式结合，形成多种管理信息系统结构，如图2.6所示。根据结合的方式不同，它又可以分成如下三种形式：

（1）横向多级结构

横向多级结构是一种将同一管理层次的不同管理功能结合在一起，形成的管理信息系统结构。如把同属作业控制层的市场销售、采购仓储和财会子系统连接到一起，形成一个横向多级结构的管理信息系统，使供、销、财务信息一体化。横向多级结构有利于各种类型资源的统一管理。

（2）纵向多级结构

纵向多级结构是指把同一管理功能的不同管理层次结合在一起，形成的管理信息系统结构。这种结构可以实现上下级之间的良好沟通，因此它对具有多级组织和涉及范围较广的集团性公司特别有意义。如可将车间、工厂、公司的生产计划系统连接起来，形成一个纵向多级生产计划管理系统。

(3) 纵横综合的多级结构

纵横综合的多级结构（软件结构）是将纵向多级和横向多级结构综合到一起，形成一个完全一体化的管理信息系统结构，这种结构可以做到数据的完全集中统一，如图2.6所示。事实上，管理信息系统通常是各种功能子系统的联合，每个子系统包括业务处理、作业控制、管理控制和战略计划四个主要信息处理部分。每个功能子系统都有自己的专用文件，也可以共享数据库的数据，子系统之间的联系通过数据库和特定的接口文件实现。另外，各子系统除有自己的应用程序外，还可调用公共应用程序和共享的分析决策模型。

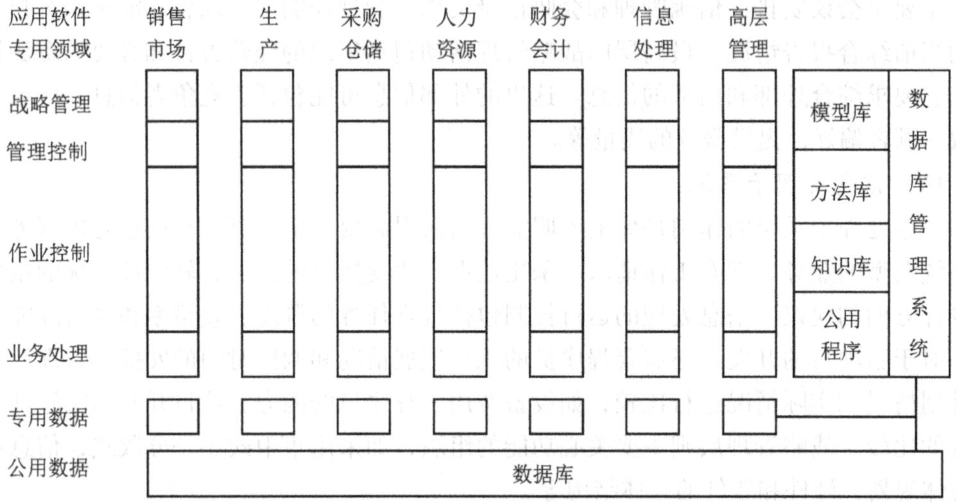

图2.6 管理信息系统的软件结构

四、管理信息系统的类型

1. 管理信息系统的分类

按照不同的划分标准，可以将管理信息系统分为不同的类型。

(1) 按照职能分类

在一个组织中，人们的利益、专业和层次各不相同，因此存在为满足人们不同需求而设计的不同类型的信息系统。单靠某一种系统不可能满足组织中所有的信息需求。图2.7用塔形结构描述了组织中系统的类型，在该图中组织首先被划分为战略、管理、知识和操作四个层次；然后进一步按纵向划分成不同的职能范围，如销售与市场、生产制造、财务会计和人力资源等。信息系统就是根据组织的这些不同的需求而分类并建立的。

因此，与管理职能相对应，组织机构内的管理信息系统可以分为销售与市场管理系统、生产与制造管理系统、财务管理与会计系统、人力资源管理系统、采购与仓储管理系统等。

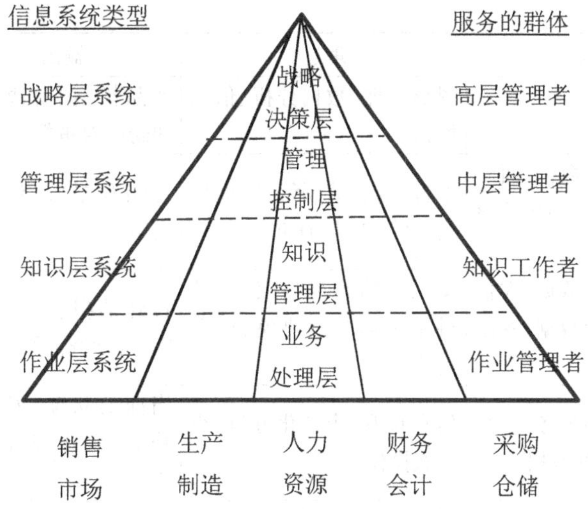

图2.7 信息系统的类型

（2）按照流程分类

组织的业务流程，通常都在一个部门内完成，但流程是可以跨越部门的，甚至跨越企业的。以目标企业为中心，上游可以有供应商，下游可以有分销商、零售商和最终客户。因此从流程维度可以将与企业相关的管理信息系统划分为供应链管理（Supply Chain Management，SCM）、企业资源计划（Enterprise Resource Planning，ERP）、客户关系管理（Customer Relationship Management，CRM）。其中，供应链管理负责管理供应商到企业的物资流动，以及企业到下游分销商、零售商和最终客户的物质流动。企业资源计划负责企业范围内产品或服务的生产流程，以及相关的支持流程。客户关系管理负责企业下游的各类型客户，通过客户服务支持提高客户的忠诚度。

（3）按照层级分类

在组织机构内，按照层次可以把管理信息系统分成六种不同的类型，即事务处理系统、办公自动化系统、知识工作系统、管理信息系统、决策支持系统、高层支持系统、企业间信息系统。

这些不同类型的管理信息系统都有自己的特点。有关这些不同类型的管理信息系统的输入、输出、处理过程和典型用户的描述如表2.1所示。

表2.1 不同类型的管理信息系统的特点

类型	输入	处理过程	输出	典型用户
TPS	事务数据、事件	分类、存储、排序、合并、插入、修改	详细的报告、处理过程的数据等	业务操作人员、管理人员
OA	通知、文件	字处理、文档管理、调度安排、通信联系、存储、获取	文档、计划、备忘录、管理报告	办公室人员

续表 2.1

类型	输入	处理过程	输出	典型用户
KWS	事务数据	图形处理、数据分析、信息检索	产品模型、解决法律纠纷的对策等	工程师、律师、医生等专业人员
MIS	处理过的事务数据、面向管理的数据、程序化的模型、简单的模型	报告生成、数据管理、简单的建模、统计、查询	总结和报告、例行的决策	中层管理人员
DSS	一些处理过的数据、大量的面向管理的数据、专用的决策模型	交互式的查询响应、管理科学和运筹学建模、仿真运算	特殊的报告、决策方案、管理查询的响应	专家、经理
ESS	各种处理过的事务数据、外部数据、内部数据	信息获取、个性化分析、交互式操作、仿真	当前的状况、发展的趋势、管理查询的响应	高层管理人员
IOIS	各种处理过的事务数据	报告生成、数据管理、简单的建模、统计、查询	总结和报告	企业间的协调管理人员

2. 事务处理系统

事务处理系统（Transaction Processing System，TPS）用于组织中的操作层，主要任务是执行例行的日常事务，其任务、资源和目标都是预先确定且高度结构化的。例如：销售订单的输入、事务的预约、客户信息的登记、工资单的处理以及人事档案的录入等。

在事务处理系统中，把事务定义为一项基本的处理工作，其功能是记录组织所进行的一件件经营活动。用事务处理系统实现的事务常常通过个人计算机或联机终端。在事务处理的同时，直接将事务内容信息记录到计算机系统中。将一定的时间内积累的事务记录汇总形成一个事务文件，经常使用从事务活动中得到的数据更新事务文件中内容。这种事务记录的更新工作或在对事务文件处理时进行，或者在随后的主机运行时进行。

3. 办公自动化和知识工作系统

办公自动化系统（Office Automation system，OA）侧重于辅助数据工作者开展工作，知识工作系统（Knowledge Work System，KWS）主要辅助知识工作者开展工作。

（1）OA

数据工作者一般是指那些从事秘书、会计、档案等工作的人员，他们是以加工、利用、控制、传播信息为主要工作的管理者。OA就是专为办公室的数据工作者提高其工作效率而设计的系统，它能够支持办公室的协调与通信。通过OA，企业能够建立与客户、供应商及企业外部组织之间的通信联系，从而提高企业的管理工作效率。

办公自动化系统通常提供办公支持、公文流转、信息发布、会议安排、日程安排等功能，它的功能可以分为三类：信息集成、流程管理、固定功能。办公自动化系统提供与管理人员有关的企业内部各系统信息的集成，通过个人桌面提供邮件、相关业务系统通知等。OA提供流程定制功能，可以通过流程定制将一些审批、公文流转等日常管理功能规范起来。对于办公经常用到的一些功能如请销假管理、固定资产管理、车辆管理等，则通过功能模块予以实现。

（2）KWS

一般来说，知识工作者是指那些专业技术人员。他们的主要工作就是开发新的信息和知识。KWS（如科学或工程设计工作站）能够促进新知识的创造并保证新技术尽快地融入企业之中。许多行业（像造船厂、服装设计、汽车设计等）应用计算机图形工作站辅助设计就是KWS的典型应用。

随着企业由制造型向生产服务型、向知识信息型转变，企业的生产效率对知识的依赖性日益增加。这正是在过去十多年间知识层系统应用飞速发展的原因。

4. 管理信息系统

从广义角度来看，所有与管理决策有关的信息系统都是管理信息系统（MIS）。但这里的管理信息系统取狭义的角度，只限于为战术层提供服务的系统，其核心功能是数据统计与产生报表。

管理信息系统有如下特点：

①MIS主要用于产生预定的报告和日常操作控制。

②MIS的信息需求明确、固定。

③MIS的系统模式比较固定。

④MIS具备一些有限的分析能力。

⑤MIS主要用于组织内部，而不是外部。

5. 决策支持系统

可以说一切用于支持决策的系统都是决策支持系统（Decision Support System，DSS）。信息系统用于支持决策的类型多种多样，而一个DSS总是针对某一个确定的决策问题进行工作的。与TPS和MIS相比，DSS有如下特点：

①强调灵活性、适应性及快速响应。

②用户参与并控制输入、输出。

③只需少量或根本无须高级程序员协助操作。

④可以支持那些事先无法确定解决方案的决策和问题。

⑤利用高级分析和模型工具。

⑥面向中、高层管理人员的决策活动。

决策支持系统把数据库和模型库结合起来，在用户的广泛介入下，解决半结构化或非结构化的问题。DSS主要用于分析数据，它所产生的报告没有固定模式。

6. 高层支持系统

高层支持系统（Executive Support System，ESS）又称主管信息系统（Executive Information System，EIS）。ESS是近年来发展起来的新技术，它专门用于辅助高层管理者获取和运用有关信息，并将这些信息用于指挥企业的运转。高层管理者通过ESS了解企业的日常活动，而不致被大量繁杂的数据淹没。

ESS又称“预警系统”，它为企业高层主管人员确定机会或发现问题提供有效的信息。ESS中信息呈现一般是图像的、预警性的，而非是一般性数据或管理性报告。为满足高层管理者对决策信息的需求，ESS有如下特点：

①简单、灵活的人机界面，文件浏览功能。

②用图形化的方式提供关键绩效指标（KPI）。

③灵活的设计功能（包括报告结构、信息说明等），以满足用户的不同需求。

④分析和模型库。

⑤可访问多种数据资源（包括企业内、外部）。

⑥不同管理层级之间的沟通协调能力。

7.企业间信息系统

TPS、MIS、DSS和ESS解决的是组织内部的信息收集、分析、处理、传递和信息资源共享问题。信息系统技术在企业中的应用不仅要解决企业内部各部门之间信息快速、准确传递和信息资源共享问题，更重要的是实现企业和其合作伙伴之间信息快速、准确传递和资源共享。

在这种企业需求的拉动下，以及迅猛发展的计算机网络技术的推动下，出现了一种新型的计算机系统，即企业间信息系统（Inter-Organisational Information Systems，IOIS）。企业间信息系统是由系统的参与者（即应用系统的企业）和系统的支持者（如通信公司）利用计算机技术和通信技术专门设计和开发，由多个不同的企业共同使用，实现企业之间信息自动交换和信息资源共享的信息系统。

在企业间信息系统中，系统的支持者是一个非常重要的概念，它是企业间信息系统所特有的。虽然大多数行业中的中间媒介不是一个新概念，但是在IOIS中却处于一个全新的、具有特殊作用的地位。例如，美国的Cirrus公司就是一个IOIS的支持组织，虽然该公司不是银行，但是它所提供的ATM国内网络系统可以使银行为其客户提供24小时的全国范围内的服务。

企业间信息系统通常比传统的企业内部的各种信息系统对参与系统的企业有更广泛的、更重大的潜在竞争影响力。

8.几种系统之间的关系

在一个组织中，各种类型的系统既可独立工作，又可以与其他系统建立相应的联系。在各层次不同类型的系统间建立联系，就是系统的集成。

图2.8示意了组织中各种类型系统彼此之间的关系。TPS是其他类型系统所需信息的主要加工者，它将经过加工的信息提供给其他类型的系统使用；ESS主要从低层系统中接收数据；其他类型的系统彼此之间都有一些数据交换。

在大多数企业中，各类系统的联系可能表现为松散的耦合。

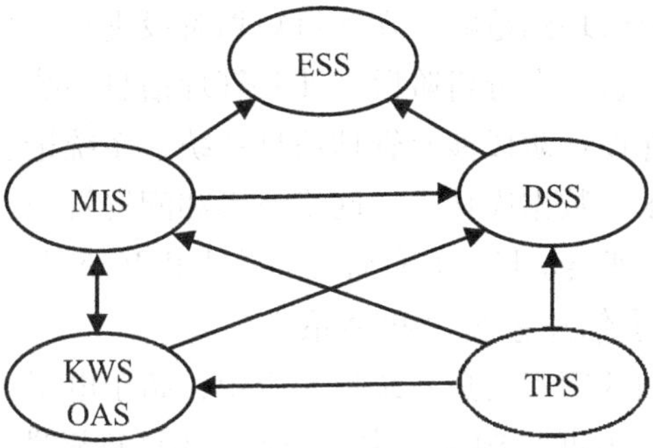

图2.8 组织中各信息系统之间的关系（基于信息流）

第二节 管理信息系统的学科基础

管理信息系统是一门综合性边缘学科，它的开发需要既懂管理又懂技术的复合人才。那么成功开发管理信息系统，要求具备怎样的知识结构和能力结构呢？首先，要求从不同层面掌握和运用好管理科学；其次，要求学好数学、运筹学、“老三论”、“新三论”、计算机科学、通信技术和数据库技术。从能力结构来讲，需要技术技能、人际技能和决策技能。若要成功开发系统，除要深刻了解管理过程与管理对象外，还应具备这一学科和相关学科的知识结构与能力结构。

一、管理信息系统学科体系概述

管理、信息、系统是三个不同方面的学科，而管理信息系统是一门较新的交叉型学科。它以管理科学和系统论等为主要理论基础，综合运用信息技术、计算机及网络技术和数学方法，同时也将其他一些新兴的学科，如心理学、人工智能、决策理论、协同论、耗散论等的研究成果整合进来，融合提炼组成一套新的体系和方法，从而为企业的信息管理、信息系统的开发设计及应用，提供理论和方法上的指导，但最密切、最重要的是项目管理和软件技术。

1.从开发过程看管理信息系统学科体系

管理信息系统研究的主要对象是工商企业中的信息管理工作。管理信息系统是现代工商企业系统组成中不可或缺的重要部分。从开发过程看，涉及的学科除了管理信息系统以外，还有计算机科学中的硬件技术、软件技术、网络技术、数据库技术和管理开发过程的项目管理、质量管理。

一个管理信息系统项目的成功开发，离不开好的项目管理。项目管理贯穿于项目开发的全过程。狭义的项目管理偏重项目开发计划、进度、成本控制和资源配置，广义的项目管理还包括配置管理、质量管理和人力资源管理等。管理信息系统项目开发过程中所遇到的问题都属于项目管理的范畴。在项目规划阶段进行可行性研究，涉及技术经济学方面的知识，如投资分析。在分析阶段，涉及管理信息系统、系统论、管理学、组织行为学等方面的知识。在设计阶段涉及管理信息系统、系统论、管理学、网络技术。在实施阶段，涉及软件技术、数据库技术、网络技术和配置管理、测试管理等。整个开发过程涉及技术类学科和管理类学科，并且管理与技术相互交织。

2.从应用推广看管理信息系统学科体系

以计算机技术为基础的管理信息系统最初应用，始于电子计算机发明后短短的几年时间内。美国IBM公司于20世纪50年代中期开始，用计算机进行员工工资的管理，这是管理信息系统在单项管理业务上的简单应用。随着管理科学、运筹学，特别是计算机科学及信息技术的飞速发展，管理信息系统的应用范围逐渐扩展至多项管理业务的应用、整个企业管理工作的综合应用以及企业连锁组织、跨国集团公司的广泛应用。尤其是20世纪90年代以来，随着互联网的兴起，现代企业制度的普及，掀起了管理信息系统的新一轮应用高潮。

从推广过程来看，管理信息系统的学科体系包括管理科学、数学、运筹学、系统论、信息技术、计算机科学及网络技术、软件工程等，一些新兴学科如耗散结构理论、突变理论和协同理论等也在发展和影响管理信息系统学科体系。

二、管理信息系统与管理科学

管理贯穿于管理信息系统开发和应用的全过程。管理信息系统与管理科学有着密不可分的联系。这种联系体现在三个方面：首先，管理信息系统的研究开发对象是管理，服务目标也是管理，即提高管理品质，发展生产力；其次，成功开发管理信息系统，必须深刻理解管理对象与管理过程；最后，项目开发和运行维护需要运用管理。

1.管理信息系统与管理科学概述

虽然从管理信息系统的实现看，主要是一个技术过程，但管理信息系统与管理学科的关系更为密切。可以说管理是管理信息系统学科体系的基石，也是管理信息系统成功的前提。这是因为管理信息系统的研究和开发对象是真实具体的管理过程；管理过程的研发需要管理科学的指导与规范，如流程重组；成功的项目开发离不开良好的项目管理，系统的运行维护同样离不开管理。在整个管理信息系统生命期，都在研究管理，也都离不开管理。管理和技术不仅是企业的两个轮子，也是开发管理信息系统项目的两个轮子，缺一不可。成功的管理信息系统项目一定是管理和技术的统一。

2.管理科学的发展历程

从管理科学的发展历程看，它大致经历了五个阶段。第一阶段是20世纪20年代，以“泰勒制”为代表的科学管理的出现。泰勒在1911年写的《科学管理原理》一书中，第一次把科学原则引入管理中。第二阶段是20世纪30年代出现的“行为科学学派”，主张激励人的积极性，甚至鼓动工人参加管理。第三阶段是20世纪40年代，出现“数学管理学派”，认为生产指挥的问题主要是数学问题。第四阶段是20世纪50年代，出现了“计算机管理学派”，主张把计算机广泛用于管理，在50年代末至60年代初形成了计算机管理的第一次热潮。第五阶段是20世纪70年代，出现了“系统工程学派”，主张从系统工程的角度，研究对组织及社会的管理活动。

3.管理信息系统项目管理的特性

管理信息系统项目管理具有一般项目管理的特征，但又不同于一般项目管理，更不同于一般的企业管理。管理信息系统项目管理与一般项目管理的不同，体现在它的对象是管理，它的过程本身也是管理，体现更高的管理要求。既要理解和把握现实管理并且把适合的管理思想融入系统，也要将管理运用于开发与维护。

管理信息系统与其他项目相比，具有不确定性，这加大了项目计划的编制难度、控制难度和业绩的评估难度。项目从规划到实现，是一个复杂的技术与管理交织的过程，若无精细管理，会使项目面临很大风险，甚至失败。为了规避风险，除了做好可行性研究以外，更重要的就是做好项目管理。因此，MIS项目管理需要遵循管理的一般规律，也要注重管理的特性。

三、管理信息系统与其他学科的关系

1.管理信息系统与数学、运筹学

管理信息系统与数学、运筹学有着密不可分的关系。现实管理中的许多分析，需要建立数学模型才能解决，如线性回归分析、经济订货批量分析（Economic Order Quantity，EOQ）等；现实管理中的许多问题需要进行优化处理，如下料优化、运输配送优化等，都需要用到许多运筹学的知识。数学建模是基础，优化才是目标。从一般事务处理发展到决策分析，需要使用很多数学模型和优化模型。一般事务处理使数据变成信息，而这些模型的使用，使信息转化成知识。数学是运筹学的基础，开发管理信息系统需要学好数学和运筹学。

作为一种科学的技术手段，运筹学通过建立问题模型，运用大量的数学方法，强调用定量的方法寻找最优策略，解决管理问题。在某些场合，运筹学甚至成了管理科学的代名词。运筹学的英文原文“Operational Research”，直译为中文是“作业研究”“经营研究”，其基本意思是研究、筹划一个工作如何做才能进行得最好。1951年美国人P. M. Morse在他所著的《运筹学方法》一书中给运筹学下了定义，“运筹学是一种向行政领导提供定量材料，使得他们能对所负责的行动做出最好决策的科学方法。”随着研究的深入和应用领域的不断扩展，运筹学的定义逐渐清晰：“运筹学是一种适用于系统运行的方法和工具，它是一种科学方法，它能对运行管理人员的问题提供最合适的解答。”

运筹学常用的模型也就是管理信息系统常用的模型，有分配模型、网络模型、选址模型、排序模型、预测模型、决策模型、竞争模型、分析模型、存储模型、路线模型、运输模型、规划模型、动态规划模型、模拟模型等。以下是几种典型模型的介绍。

（1）分配模型

分配模型主要研究最优分配，例如由若干种有限数量原料制成产品的最优分配。这类模型包括线性规划、非线性规划、整数规划和动态规划等模型。其中线性规划应用最为广泛，理念也相对完善和成熟。

（2）网络模型

网络模型用图示描述，另有一套计算方法。在现实生活中这一类问题很多，如最大流量、最短路径问题、运输问题、工作分派问题等，都可以用网络模型求解。

（3）选址模型

选址模型用于选择一个或几个服务设施，使这些设施点对附近供应费用达到最小。

（4）排序模型

排序模型是生产管理中使用的模型，例如不同类型的零件加工顺序等。

（5）决策模型

决策模型用于在若干方案中找出一个最优方案。决策在所有经济活动中存在，甚至在生活中也存在。竞争性的决策模型就成为对策模型。

（6）排队模型

排队模型是研究排队的规律，大都用于随机服务系统中。由于在生产、经济、社会活动中许多问题都可以转化为排队问题，因此排队模型涉及范围十分广泛。

（7）存储模型

存储模型研究在存储费用最小的情况下的库存量、订货批量、订货次数等一系列问题。

除上述模型以外，还有运筹学的其他分支，运筹学本身也在不断地发展，这里只将主要的运筹学模型列出来。计算机技术的飞速发展，使得快速准确求解问题模型成为可能，这大大地促进了管理工作的定量化、科学化和现代化水平。用计算机收集信息，用运筹学列出模型，再用计算机求解，得到的结果用来指导管理，这正是管理信息系统的基本工作思路。

2. 管理信息系统与系统论、信息论及控制论

系统论、信息论及控制论，号称管理信息系统学科体系中的“老三论”。

管理信息系统由不同分层的子系统，以及分职能的子系统构成，它们作为一个整体运行，是不可分割的。管理信息系统的开发必须遵循系统方法，系统方法是研究系统工程问题的方法。

信息管理是指为了满足企业管理需要进行的信息产生、识别、筛选、收集、加工、传输、存储、检索、输出等项工作的总称，它包括从信息产生到丧失应用价值为止的整个信息周期的全部工作。信息论中与信息管理有关的主要理论有层次理论、反馈控制理论和流速时效理论。层次理论认为，各类信息应按其不同作用和管理要求在不同管理层之间合理分流，避免信息的无效传递。反馈控制理论认为，缩短管理周期、提高管理效

率，不仅需要保证信息正向传递渠道的畅通，且要确保信息反馈控制功能的实现。流速时效理论认为，信息管理的目的并不是要完全消除事实上不可能消除的信息流与物流之间的时间差，而是尽一切可能加快信息流速，使这种客观上存在的时间差尽可能缩短。

控制理论作为一门独立的学科在世界上出现，是20世纪40年代的事。美国学者维纳对控制理论的发展做出了开创性的贡献。他的有关控制论是关于在生物系统和机器系统中控制和通信的科学思想，为控制理论提供了一个框架。控制理论发展的一个重要阶段始于第二次世界大战后瓦尔德（Wald）的序列分析与贝尔曼（Bellman）的动态规划的提出。这些理论的产生是由最优统计决策问题以及序列规划式资源分配问题所推动的。动态优化问题的核心是求解最优性能的动态规划方程，方程一经解出，则优化反馈控制规律就可确定。不等式约束下的线性规划与非线性规划也在此时取得了进展。数值计算方法方面也取得很大进展，为计算机的发展和控制理论的发展奠定了坚实的基础。控制论中的信息模型、系统测定和反馈原理在管理信息系统中有着广泛的应用，尤其在项目计划控制和项目变动控制方面具有重要意义。

3.管理信息系统与计算机科学

随着计算机科学技术的发展与普及，电子计算机越来越成为现代管理信息系统的主要技术手段和重要信息处理工具。20世纪90年代开始，由于微机技术的进步，计算机的成本大大降低，性能大大提高，加之网络技术、多媒体技术成熟，计算机科学在更大、更深的范围对管理信息系统产生重大影响。尤其在1993年9月美国克林顿政府发布了《国家信息基础设施：行动计划》的政府工作报告后，世界各发达国家纷纷响应，掀起了信息高速公路的热潮。Internet对企业内部的管理信息系统也产生了重大影响，计算机技术为管理信息系统的发展创建了良好的条件。

计算机科学是管理信息系统学科的重要支撑基础。管理信息系统将企业管理的业务逻辑用信息系统的手段表达出来，信息系统中的硬件、数据、网络与通信等需要计算机科学的支持。

4.管理信息系统与软件工程

管理信息系统软件开发失败者很多，其中的原因是多方面的，关键的一点是软件开发过程的规范化、科学化程度不够。由此，借鉴其他领域中的“工程”概念，把整个软件开发过程当作一个规范工程，出现了“软件工程”这一学科。

近年来，软件工程领域中出现了许多新方法和新工具。人们不断总结实践经验，所有这些活动的最终目标只有一个，就是力图通过这些新手段得到高质量的软件产品。软件工程中最重要的一点是软件质量保证工作必须渗透到软件开发过程的各个方面，从一开始便应受到应有的重视。概括地说，它应包括以下几个方面：

①解决软件的分析、设计、编码和测试的方法和工具问题。

②对软件工程项目进行严格地阶段评审，以利于及时发现和解决存在的质量问题。

③进行多层次的测试检验。

④加强文档的管理，文档的编写和修改应特别引起注意。

⑤保证软件工程项目严格遵循某项指定的标准或规范。

⑥建立软件质量的度量标准。

管理信息系统的开发必须严格遵循软件工程的基本要求，从而提高软件质量，保证新的管理信息系统软件具有高稳定性和可靠性，最大限度地减少bug的出现，减轻后期维护工作的强度。

综上所述，管理信息系统与其他学科之间的关系可以表达为下图2.9所示：

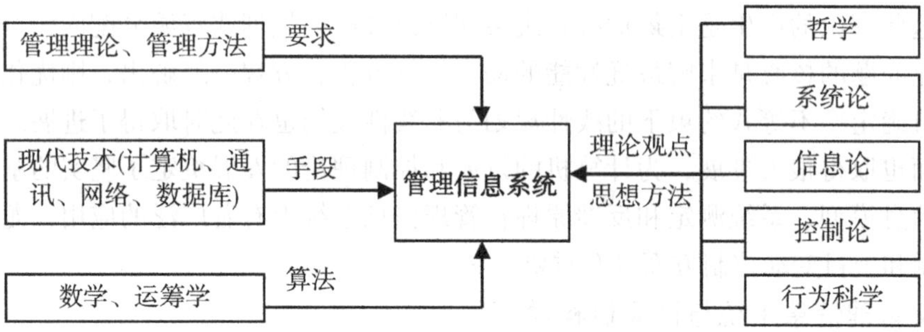

图2.9　管理信息系统与其他学科之间的关系

如上图2.9所示，管理学科理论对管理信息系统提出要求；数理知识为管理信息系统提供科学严密的算法；计算机科学为管理信息系统提供技术手段；其他学科为管理信息系统提供理论观点和思想方法。

因此，学习管理信息系统课程所需建立的知识结构为下图2.10所示结构，以社会人文知识为基础，以组织管理、信息技术、系统工程三个学科分支为核心内容支柱。

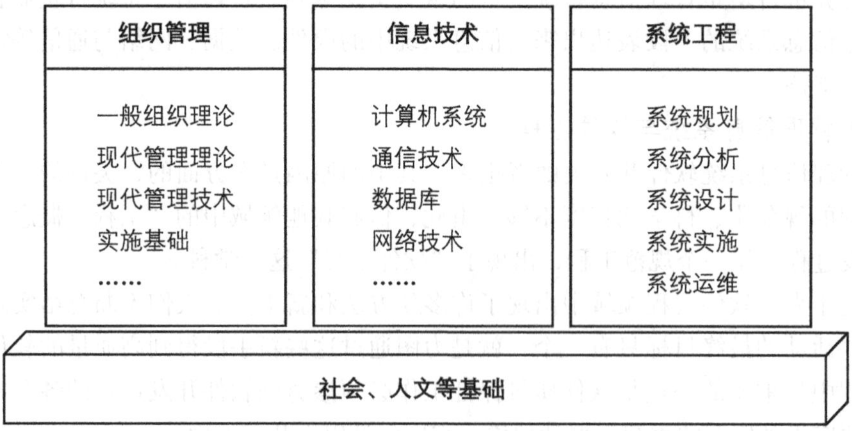

图2.10　管理信息系统课程所需的知识结构

本章小结

管理信息系统作为计算机应用的重要领域，其特点主要表现在：它是面向管理决策的、对一个组织管理业务进行全面管理的综合性人机系统，是应用现代管理方法与手段的系统，是多学科交叉的边缘学科。

管理信息系统是对组织的全部管理职能和整个管理过程进行综合管理的信息系统。按照管理任务的层次，可以将管理信息系统结构划分为战略管理、战术管理和作业管理三个层次。按管理职能，则可分为销售与市场、生产、采购与仓储、财务与会计、人力资源、高层管理、信息处理等功能子系统。

管理信息系统的应用与企业的环境和内部条件密切相关。管理信息系统是一个人机系统，人作为系统的使用者，同时又是系统的组成部分，对管理信息系统的应用有着决定性影响，在管理信息系统应用中必须高度重视人的因素。

在企业管理信息系统的建设中，要注意将先进的管理思想与管理手段结合起来，把OPT（最佳生产技术）、JIT（准时制生产方式）、MRP Ⅱ（制造资源计划）、ERP（企业资源规划）等先进的管理思想融入系统的逻辑结构中，才能使系统真正在管理中发挥作用。

习题

1. 管理信息系统有哪些基本功能？

2. 人在管理信息系统中起着什么样的作用？

3. 简述信息、管理信息、信息系统、管理信息系统之间的联系与区别。

4. 管理信息系统学科涉及哪些学科理论？它们起到什么作用？

5. 数学模型在管理信息系统中应用的意义是什么？试举一例。除数学模型外，还有哪些模型？

6. 如何理解管理信息系统是一种社会技术系统？

第三章　管理信息系统的开发策略与方法

管理信息系统的开发必须遵循一定的策略和方法，组织在开发管理信息系统的过程中，应该结合自身具体情况，灵活地选择系统的开发策略、开发方式和开发方法。本章开始简要介绍了管理信息系统开发的策略和原则，之后介绍了主要的系统开发方式，并详细讨论了管理信息系统的主要开发方法，包括结构化系统开发方法、原型法、面向对象开发方法和计算机辅助软件工程（CASE）四种方法。

学习目标

1. 了解系统开发的策略及其特点。
2. 了解管理信息系统开发所应遵循的原则。
3. 掌握如何选择管理信息系统开发方式。
4. 掌握各种开发方法的原理、开发过程和优缺点。

第一节　管理信息系统开发概述

一、管理信息系统开发基础

1. 管理信息系统开发条件

管理信息系统的开发必须具备一定基础，盲目地进行管理信息系统的开发将会造成人力、财力、物力和时间的极大浪费，系统开发很难成功。一般来说，开发管理信息系统之前，企业应该具备以下基本条件：

（1）高层领导的重视

企业高层领导必须对计划开发的管理信息系统的内容有深入的了解，并且高度重视管理信息系统的开发，才有可能提供资金保证和人员支持，制定合适的开发策略，保证开发工作的顺利进行。管理信息系统开发中的“一把手”原则，就是在强调高层领导重视与参与的重要性。

(2) 必须有建立管理信息系统的实际需求

实际需求是建立企业管理信息系统的原动力，这种动力来自于企业内部和外部。当对管理信息系统的需求比较迫切时，就可以找到开发管理信息系统的有利时机。

(3) 管理科学化是管理信息系统建立的基础和保证

需要开发管理信息系统的企业必须具备一定的科学管理基础。只有在合理的规章制度、明确的生产规则、科学的管理方法和完备的原始数据的基础上，才有可能建立有效的管理信息系统。

(4) 必要的资金保证

开发管理信息系统的企业应该有充足的资金保证系统开发工作的顺利进行，并能提供系统维护的相关费用。

(5) 管理人员的知识结构和态度

管理信息系统的开发会引起企业一系统的变革，管理人员的素质及其对管理信息系统开发的态度，将在很大程度上影响管理信息系统的开发过程，甚至影响管理信息系统开发的成败。

(6) 基础数据齐全、规范

数据的完整、齐全、真实与否，直接决定管理信息系统的应用效果。如果没有完备的数据作为开发工作的基础，那么管理信息系统的开发，就如同建设一座没有原料或原料有问题的工厂。

2. 管理信息系统开发目标的确认

管理信息系统的开发目标要与企业的战略目标、企业的信息化战略目标相一致。首先，需要调研并明确企业的战略目标，之后可以通过战略一致性模型（Strategic Alignment Model，SAM）导出企业信息化战略，接下来应用企业架构标准（The Open Group Architecture Framework，TOGAF）展开业务架构、应用架构、数据架构和技术架构的设计，最后根据信息化战略目标和信息化规划，明确新开发管理信息系统的战略目标并完成信息化规划。

如果企业采用整体化解决方案如开发或实施ERP，只需要保证管理信息系统的战略目标与企业战略目标一致即可。对于业务复杂的大型机构，通过采购一个或几个系统完成企业信息化会存在许多障碍，最好成立专门的信息化部门，做出整体信息化规划后，分别实施各个管理信息系统。

只有经过信息化规划，才可以保证企业战略目标、信息化战略目标、管理信息系统战略目标的一致性，保证管理信息系统有效支撑业务的运行，实现技术基础设施的集约化，降低信息化成本。

3. 管理信息系统开发前的准备工作

①建立开发领导机构及组织管理信息系统开发队伍。

②选择适合本企业实际的开发方式。管理信息系统的开发方式有多种，如自行开发方式、委托开发方式、合作开发方式等。开发方式的选择主要应该根据本企业的具体条件而定，开发方式确定以后，就应根据所选用的方式来建立相应的开发团队或组织机构。

③借鉴同类系统的开发经验。选择业务性质和规模相近的企业，对其开发或应用的管理信息系统进行参观、座谈、分析和类比，吸取其他企业管理信息系统的开发经验和失败教训，可以使本企业在系统开发中少走弯路。

④确定管理信息系统开发目标、开发策略和投资金额。

⑤收集和整理基础数据。

二、信息系统的开发策略

管理信息系统的开发实践证明，必须根据企业或组织的具体情况，选择合适的开发策略。必须考虑一些重要的因素如项目的规模、系统支持事务处理和决策过程的结构化程度、用户对任务的理解程度以及开发人员对任务的熟练程度等。

1.不可行的开发策略

(1) 组织机构法

组织机构法是完全按企业或单位的现行组织机构，机械地直接将它转换为管理信息系统的结构。这种做法没有考虑到现实世界与信息世界的不同，没有考虑如何适应计算机处理的要求和特点，重新规划各个子系统的功能，以及相应的输入、输出和数据存储等。这种开发策略实际上是手工处理在信息世界的直接映射，不能发挥计算机高效处理及资源共享等优越性，影响了计算机在管理上的应用效果。

(2) 数据库方法

数据库方法是从数据角度而不是功能角度去分析和设计一个新系统。它强调将一个组织中的所有重要数据都存储在集中的大型数据库中，然后以数据库为中心，开展各项业务的处理。由于事先没有很好考虑和规划新系统中各项功能之间的关系，所以围绕数据库开发了一些应用项目后，就会发现功能之间不协调，甚至产生矛盾，于是反过来对数据库进行修改。此外，在大型数据库设计时，常因为功能分析不到位，数据用途和相互关系不清楚，也使数据库本身存在先天不足。

(3) 想象系统法

该方法违背了新系统的“基于原系统而高于原系统”原则，将新系统分析与设计完全建立在想象和假设的基础上。这种方法脱离实际，即使新系统一旦建立起来，也根本无法投入实际运行。这种凭空想象的方法，会更加花费时间和造成人力、物力浪费。

2.可行的开发策略

(1) 接受式开发策略

这种方法假设用户对系统需求的叙述是完整准确的，并以此作为开发的依据。这种策略适合于规模小、高度结构化、用户需求明确和开发者有充分经验的情形。只要运用得当，接受式开发策略可以较好地满足用户的需求，继承用户的传统做法，并提高系统开发的效率。

（2）直线式开发策略

如果用户的系统需求可以很好地定义，且以后不需要修改或只需稍做修改，则宜采取从需求说明开始到完成开发直线式地进行下去的策略。每完成一步都要进行评审，以验证是否和需求一致。结构化系统开发方法就是基于这种策略的一个典型例子。这种策略可用在系统规模较大，但结构化程度高，用户任务的综合性强以及开发者具有熟练技术与丰富经验的情形。

（3）迭代式开发策略

如果系统需求的不确定性比较高，直线式的开发策略不能保证用户真实的系统需求，就需要把传统的直线式过程加以改进，使其按迭代的方式重复进行，即研制过程中验证需求不论是有错还是不恰当，都可以回到需求确定步骤，对需求说明进行修改，如此重复进行，直到所开发的系统满足需求为止。使用这种策略的实例是大型多用户系统和对用户和开发者来说新的应用领域。

（4）实验式开发策略

如果信息需求的不确定性很高，则可以通过一个实际的工作系统来验证需求是否得到保证。也就是说，采用原型法或应用的模拟，通过实验的方法去逐次逼近系统需求并减少不确定性，直到用户对需求完全理解和需求得到保证为止。采用这种策略的例子有决策支持系统、交互预测模型及多用户的非结构化系统等。

（5）规划式开发策略

如果管理信息系统的规模特别大，复杂程度特别高，例如跨地区跨部门的全国性的大系统，其系统需求的不确定性程度特别大。在这种情况下，做好管理信息系统的总体规划非常重要。必须从系统的战略目标、系统需求分析、系统资源分析和系统项目计划等方面进行规划，合理地设计出系统的总体结构。各个子系统的开发，则根据其系统需求的不确定性程度，选择不同的开发策略，这是规划式策略的主要思想。

图3.1是一个选择开发策略的模型。首先从影响需求的不确定因素出发，衡量这些因素所决定的不确定性的级别，从而选择相应策略。

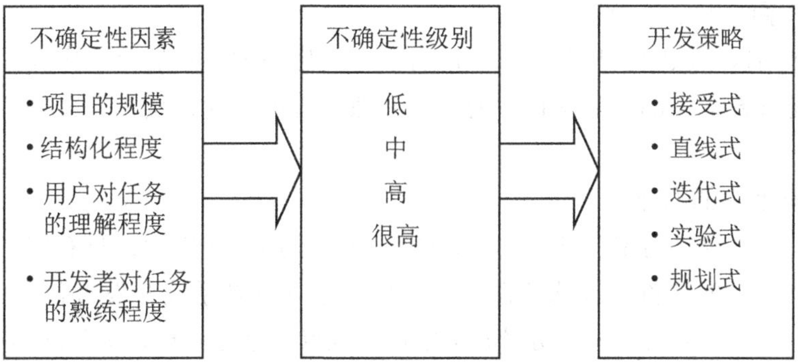

图3.1　选择开发策略的模型

三、管理信息系统开发应遵循的原则

管理信息系统是以组织进行管理所需要达到的目标为基准，以职能部门各项业务处理目标为依据，按照完成业务管理所遵循的顺序而建立起来的一个新系统。建立这一新系统的过程称为系统开发，管理信息系统的开发一般应按如下基本原则进行：

1. 实用性原则

实用性原则是系统开发时所要遵循的最重要的原则。管理信息系统必须能够满足用户的管理要求，保证系统功能的正确性和实用性。因此，系统的开发必须采用成熟的技术，而不必去追求所谓的高精尖和大而全。

2. 先进性原则

管理信息系统的开发是技术与管理的统一，是应用先进的信息技术和管理思想方法，实现信息的组织与协调，完成企业的战略目标。因此，开发管理信息系统要兼顾技术和管理上的先进性。

3. 系统性原则

管理信息系统的整体功能是由许多子功能有序组织而成的，与企业职能和管理活动相互联系、相互协调。系统各子功能处理的数据既独立又相互关联，构成一个完整而又共享的数据体系。因此，在管理信息系统的开发过程中，必须十分注重其功能和数据上的整体性、系统性，这就是我们所要强调的系统性原则。

4. 符合软件工程规范的原则

管理信息系统的开发是一项复杂的应用软件工程，应该按照软件工程的理论、方法和规范去组织与实施。无论采用的是哪一种开发方法，都必须注重软件开发工具的运用、文档资料的整理、阶段性评审，以及重视项目管理。

5. 逐步完善，逐步发展的原则

管理信息系统的建立不可能一开始就十分完善和先进，而总是要经历一个逐步完善、逐步发展的过程。事实上，管理人员对系统的认识在不断地加深，人才培养也需要一个过程。贪大求全，试图一步到位不仅违反客观发展规律，而且使系统研制的周期过于漫长，增大了系统开发的风险。

为了贯彻这个原则，开发工作应该有一个总体规划，然后分步实施。系统的功能结构及设备配备方案，都要考虑日后的扩充和兼容程度，使系统具有良好的灵活性和可扩充性。

6. 面向用户的原则

管理信息系统是为用户开发的，最终是要交给用户使用的，只有用户通过运行才能对系统做出客观的评价。因此从系统的总体方案规划到系统开发过程中的每一个环节，都必须坚持一切为了用户，一切服务于用户的观点，这是信息系统开发的重要前提。

四、管理信息系统开发的工作内容

不同的系统开发方法，其指导思想不同，工作步骤和工作内容也不尽相同。本书以结构化系统开发方法为例，说明管理信息系统开发的主要工作内容。

1.管理层面

在管理层面，需要考察组织的战略目标，之后制定与组织战略目标相一致的管理信息系统战略目标。调研组织结构与业务流程，在开发过程中制定出业务流程优化与重组方案。管理信息系统是为组织管理服务的，与企业的业务逻辑密切相关。

2.应用层面

管理信息系统的核心是应用软件和数据库，应用层面指的是管理信息系统的应用软件部分，数据层面指的是管理信息系统的数据库部分。这与企业信息架构中使用的术语相一致。

如果选择从头开发新的管理信息系统（构造方案），需要根据MIS战略目标，进行系统规划、分析、设计、实施、运维等工作，实现系统主要功能。如果采用购买现成的商业软件包（选型方案），则根据管理信息系统战略目标，做出项目规划，之后进行系统选型、测试、切换、运维等工作。

3.数据层面

如果采用构造方案，需要根据系统规划，展开数据库的分析、设计与实施工作。分析阶段绘制E-R图；设计阶段将E-R图映射为关系表，并进行规范化；实施阶段则创建数据库与表，并装载数据，与系统联合测试；之后转入运维阶段。

如果采用选型方案，则根据项目规划，展开数据整理测试、测试（与应用软件联测）、数据录入/导入、数据库运行与维护等工作。

第二节 信息系统的开发方式

开发方式指开发的主体是谁，而开发方法指的是系统开发的指导思想和具体步骤。管理信息系统的开发方式主要有自行开发、委托开发、合作开发、购买现成的商业软件包开发四种方式。其中，自行开发、委托开发、合作开发是从头开始开发一个新的管理信息系统，从无到有地构建一个新系统，称为构造方案或构建方案；购买现成的商业软件包开发的核心工作是选择一个适合本企业的特定软件，称为选型方案。这四种开发方式各有优点和不足，需要根据具体单位的技术力量、资金情况、外部环境等各种因素进行综合考虑和选择。无论哪一种开发方式都需要本单位的领导和业务人员参加，并在管理信息系统的整个开发过程中培养使用单位的管理信息系统技术人员。

一、自行开发方式

自行开发是指由本单位的工作人员独立完成管理信息系统开发的各项任务。这种开发方式适合于有较强的系统分析人员、系统设计人员、程序设计人员、系统维护人员的组织或机构，如大学、研究所、计算机公司和高科技公司等单位。

自行开发方式的优点是所需的开发费用较少，容易开发出适合本单位需要的系统，方便维护和扩展，有利于培养自己的系统开发人员。缺点是，由于不是专业开发队伍，容易受到各自业务工作的限制，系统整体优化不够，开发水平较低。同时开发人员一般都是临时从所属各单位中抽调出来进行管理信息系统的开发工作，他们都有自己的工作，精力难以保障，这样就会造成系统开发时间长。

采用自行开发方式时，应该注意以下两点：

①需要大力加强领导，实行“一把手”原则。

②向专业开发人员或公司进行技术咨询，或聘请他们作为开发顾问。

二、委托开发方式

委托开发方式是指由使用单位（甲方）委托具有丰富开发经验的机构（乙方），按照使用单位的需求承担系统开发的任务。这种开发方式适合于使用单位没有管理信息系统的系统分析、系统设计及软件开发人员，或开发队伍力量较弱但资金较为充足的单位。甲乙双方应签订管理信息系统开发项目协议，明确新系统的目标与功能、开发时间与费用、系统验收方式、人员培训等内容。

委托开发方式的优点是所开发的系统技术水平较高。缺点是费用高、系统维护与扩展需要开发单位的长期支持，不利于本单位的人才培养。

采用委托开发方式应注意以下两点：

①使用单位（甲方）的业务骨干要参与系统的论证工作。

②开发过程中，需要开发单位（乙方）和使用单位（甲方）双方及时沟通，进行协调和检查。

三、合作开发方式

合作开发是指由使用单位（甲方）和具有丰富开发经验的机构（乙方），共同完成开发任务，双方共享开发成果。这实际上是一种半委托性质的开发方式。合作开发方式适合于使用单位（甲方）有一定的管理信息系统分析、设计能力及软件开发的人员，但开发队伍力量较弱，希望通过管理信息系统的开发，提高自己的技术队伍，便于系统维护工作的单位。

与委托开发方式比较，合作开发方式的优点是节约资金。同时可以增强使用单位的技术力量，便于系统维护工作。由于有专业人员参与开发，系统的技术水平较高。缺点是双方在合作中沟通时容易出现问题。

采用合作开发方式应注意：双方及时达成共识，进行协调、检查和确认。

四、购买现成的商业软件包开发方式

利用现成的商业软件包开发方式是指从软件销售商手中直接购买已开发成功且功能强大的管理信息系统软件，或者直接采购软件服务商提供的基于云平台的应用软件服务。目前，软件的开发正在向专业化方向发展。专门从事管理信息系统开发的公司已经开发出大量使用方便、功能强大的软件包。为了避免重复劳动，提高系统开发的效率，可以直接购买市场上现成的软件包来开发组织的管理信息系统。因为软件包已经完成了设计、编码和测试工作，又有完整的文档供培训和维护使用，所以用它来开发管理信息系统，时间会大大缩短。购买软件包的费用会随着软件包销量的增加而逐渐降低，一般都低于自行开发的费用。该开发方式不太适用于功能复杂、需求独特性高、需求不确定性程度较高的系统开发。

利用现成的商业软件包开发的优点是可以缩短开发时间，节省开发费用，技术水平比较高，系统可以得到很好的维护。缺点是通用软件的专用性比较差，难以满足特殊要求，需要有一定的技术力量根据使用者的要求做软件改善和编制必要的接口软件。

选择软件包开发方式时应注意：

①软件包的功能是否能满足用户的功能要求。

②软件包的开发语言与平台支持二次开发的情况。

③软件包的价格，以及在同类产品中的性价比。

④对软硬件、网络环境要求。

⑤支持文档是否完整。

⑥供应商的状况及售后服务情况等。

总之，不同的开发方式有不同的优点和缺点，需要根据使用单位的实际情况进行选择，也可以综合使用各种开发方式。表3.1对上述四种开发方式做了简单的比较。

表3.1 四种开发方式的比较

方式 特点比较	自行开发	委托开发	合作开发	利用软件包开发
分析和设计能力要求	较高	一般	逐渐培养	较低
编程能力的要求	较高	不需要	需要	较低
系统维护的难易程度	容易	较困难	较容易	较困难
开发费用	少	多	较少	较少

第三节　管理信息系统的开发方法

一、概述

管理信息系统的研制与开发是一项长期复杂的系统工程，采用正确有效的开发方法对于提高工作效率，保证系统开发的成功是非常重要的。从二十世纪五六十年代开始发展到今天，国内外已总结出一些开发管理信息系统的基本原理、方法和技术。本章着重介绍结构化系统开发方法、原型法、面向对象开发方法和计算机软件辅助工程（CASE）四种管理信息系统开发方法。

（1）结构化系统开发方法

结构化系统开发方法（Structured System Development Methodology，SSDM）又称结构化生命周期法（System Development Life Cycle，SDLC）、瀑布模型（Waterfall Model），是应用最普遍的一种开发方法。它是一种结构化的分阶段循序渐进的系统开发方法，它采用系统的观点来分析问题和解决问题，注重开发过程的整体性和全局性，自顶向下，逐步求精地分析和设计系统。结构化系统开发方法认为任何系统都有一个从发生、发展，到更新的生命周期，新系统是旧系统的继续。整个系统开发过程要经历系统规划、系统分析、系统设计、系统实施和系统运行与维护五个阶段。

（2）原型法

原型法（Prototyping）的基本思想是由系统开发人员在短期内定义用户的基本需求，开发出一个功能简单的、实验性的应用软件原型。在用户与系统开发人员密切合作下，通过运行这个原型，不断评价和改进原型，使之逐步完善。其开发过程是将分析、设计、编程、运行、评价联系起来多次反复进行，不断演进的过程。

（3）面向对象方法

面向对象方法（Object Oriented methodology，OO）是从面向对象的程序设计和语言发展而来的。面向对象方法认为客观世界中事物都是由对象组成的，对象是在各种事物基础上抽象的结果。任何复杂的事物都可以通过对象的某种组合构成，用对象这个概念及其方法来完整反映客观事物的静态属性和动态行为。面向对象方法以类、类的继承等概念描述客观事物及其联系，通过这些对象的组合来创建具体的应用系统。面向对象方法按照人们习惯的思维方式建立问题模型和构造系统，力图用更自然的方法反映客观世界事物的运动和相互作用，使软件系统更易于理解和维护。

（4）计算机软件辅助工程

计算机软件辅助工程（Computer Aided Software Engineering，CASE）方法集图形处理技术、程序生成技术、关系数据库技术和各类开发工具于一身，能够全面支持除系统调查外的每一个开发步骤。严格地讲，CASE 只是一种开发环境而不是一种开发方法。目前，CASE仍是一个发展中的概念，各种CASE软件也较多，没有统一的模式和标准。

二、结构化系统开发方法

结构化系统开发方法是目前应用最广泛的一种开发方法。正如一个生命体从胚胎形成到发育成熟、死亡的生长过程一样，管理信息系统乃至任何一个系统都有其发生、发展和消亡的过程，这个过程符合自然界中事物发展的客观规律，被称为系统的生命周期。

一个管理信息系统经过系统规划、系统分析、系统设计和系统实施，投入使用后，经过若干年，由于新情况新问题的出现，人们又提出了新的目标，要求设计更新的系统。这种周而复始、循环不息的过程被称为系统的生命周期。因此，结构化系统开发方法就是按照管理信息系统生命周期的概念，严格地按照系统生命周期的各个阶段规定的步骤去开发系统。

1.基本思想

结构化系统开发方法采用结构化的思想和系统思想，按照用户至上的原则，将整个管理信息系统作为一个大模块，逐步进行模块分解，自顶向下对系统进行分析与设计。

结构化思想的核心是阶段明确，规则清晰。结构化系统开发方法将整个管理信息系统开发周期划分为若干个相对独立的阶段，主要包括系统规划、系统分析、系统设计、系统实施、系统运行与维护等。每个阶段都有明确的任务，并产生一定规格的文档资料交付给下一阶段，而下一阶段则在上一阶段所交付文档的基础上继续开发过程。

系统思想的核心是将复杂的对象层层分解。在分解的过程中遵循控制原则和功能原则，要求上级子系统或模块必须能够完全控制下级子系统或模块的运行，下级子系统或模块的功能总和等于上级子系统或模块的功能。

结构化系统开发方法在分析阶段与设计阶段自顶向下地对系统进行划分。在系统实施阶段，则自底向上地逐步实施。

2.开发过程

用结构化系统开发方法开发一个管理信息系统，整个开发过程分为首尾相连的五个阶段，即一个生命周期，如图3.2所示。

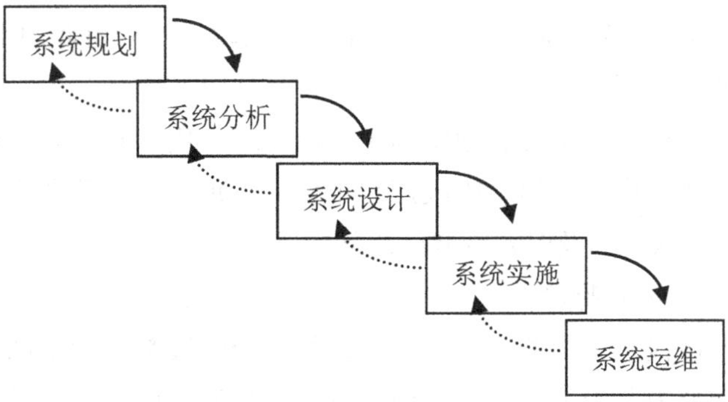

图3.2　结构化系统开发方法阶段

（1）系统规划

当现行系统由于种种原因不能适应企业发展的需要时，用户就会提出开发新系统的要求。根据用户的系统开发要求，进行初步调查，明确问题，确定系统目标和总体结构，确定分阶段实施进度，然后进行可行性研究。可行性研究主要对经济、技术、管理和所需资源等方面进行分析，形成可行性分析报告，交有关领导审阅、批准。

（2）系统分析

系统分析阶段的任务是建立管理信息系统的逻辑模型。系统分析主要分析业务流程、数据流程，进行子系统划分并绘制E-R图，最后提出新系统逻辑方案。在以上工作的基础上，完成系统分析报告，作为下一开发阶段的工作基础。

（3）系统设计

系统设计是在系统分析提出的逻辑模型基础上设计系统的物理模型。主要进行代码设计、概要设计、详细设计、数据库设计、输入输出设计、技术支撑环境设计，最终给出设计方案。系统设计阶段的成果是系统设计说明书。

（4）系统实施

按照系统设计提出的物理模型及实施方案，进行设备安装与调试、程序设计与调试、人员培训、数据准备及系统测试与转换的工作。此外，还需要完成有关的技术文档如系统测试报告、用户使用说明书等。

（5）系统运行与维护

进行系统的日常运行管理和维护，运行一段时间后对系统工作质量和经济效益进行评价。当出现不可调和的大问题时，提出开发新系统的请求，旧系统生命周期结束，新系统启动开发。系统运行与维护阶段需要完成的文档主要有系统维护记录和系统评价报告。

3.优点

（1）自顶向下地进行分析与设计和自底向上逐步实施的系统开发过程

在系统分析、系统设计时，从整体全局考虑，自顶向下地开展工作；在系统实施阶段则根据设计的要求，先编制一个个具体的功能模块，然后自底向上逐步实现整个系统。

（2）强调面向用户的原则

成功地开发管理信息系统必须明确用户的需求，用户是影响系统开发成败的关键因素，在开发的具体工作中，尽量吸收用户单位的管理人员和业务人员参加，通过系统开发人员与用户密切联系，及时发现并解决问题，提高系统开发的质量。

（3）严格区分工作阶段

把整个开发过程划分为若干工作阶段，每一个阶段都有明确的任务和目标，每一个阶段又进一步划分为若干工作步骤，便于管理和控制，前一阶段的工作成果是后一阶段的工作依据。

（4）采用结构化、模块化方法

为了增强新系统各部分的独立性，便于新系统的实现和维护，自顶向下把系统划分为若干层次，最后划分出模块，在各个模块的基础上进行物理设计和编程。

（5）开发文档标准化、规范化

开发过程中每个阶段都必须建立相应的文档，编写文档的图表和工具要求标准化和规范化，使开发人员与用户有共同语言。文档为系统的运行和维护提供了详细的依据，是新系统的一个重要组成部分。

4. 缺点

①开发周期长，不能充分了解用户的需求和可能发生的变化。

②仅在开始几个阶段与用户沟通较多。在结构化系统开发方法中，用户与系统开发人员之间的对话交流，主要发生在系统分析阶段，在设计、编码，直到系统提交的各个阶段中，开发人员与用户接触较少，难以确保系统真正符合用户需求。

③希望在系统分析阶段就预先将所有的问题讨论清楚，完全确定系统的目标和需求，以文档的形式固定下来，并以此作为以后开发工作的根据。往往许多系统的建设，是在开发过程中逐步明确和完善的，对于侧重于辅助决策的管理信息系统的开发尤其如此。

④文档过多，各阶段的文档审批工作困难。

5. 适用范围

适用于大型系统、复杂系统的开发。

三、原型法

所谓原型，是指由系统分析设计人员与用户合作，在短期内定义用户基本需求的基础上，开发出来的一个只具备基本功能的、实验性的、简易的应用软件。它不同于只是逻辑意义上的、不可运行的“模型”，实际上原型就是一个实实在在的、可以运行的管理信息系统软件，只不过由于对用户需求把握尚不全面和准确，软件的功能并不十分完善而已。

原型法，也称渐进法（Evolutionary）或迭代法（Iterative），是在关系数据库系统、第四代程序生成工具和各种系统开发环境诞生的基础上，逐步形成的一种设计思想，是一种过程和方法全新的系统开发方法。它并不注重对管理信息系统进行全面、系统地调查和分析，而是根据对用户的信息需求的大致了解，借助强有力的环境软件支持，快速构造一个新系统的原型，然后通过反复修改和完善，最终完成新系统的开发。

1. 基本思想

原型的本意是指结构、大小和功能与某个物体相类似的模拟该物体的原始模型。在管理信息系统开发中，用原型来形象地表示系统的一个早期可运行的版本，它能反映新系统的部分重要功能和特征。原型法则是利用原型辅助开发系统的一种新方法。

原型法要求在获得一组基本的用户需求后，快速地实现新系统的一个原型，用户、开发者及其他有关人员在试用原型的过程中，加强通信和反馈，通过反复评价和反复修改原型系统，逐步确定各种需求的细节，适应需求的变化，从而最终提高新系统的质量。

原型化方法对用户需求的定义采用启发方式，引导用户在对系统逐渐加深理解的过程中做出响应。

2. 原型法的需求定义

原型法的需求定义过程是一个开发人员与用户通力合作的反复过程。从一个能满足用户基本需求的原型系统开始，允许用户在开发过程中提出更好的要求，根据用户的要求不断地对系统进行完善。

采用原型法，有利于解决以下几个方面的问题：

（1）并非所有的需求都能在系统开发前被准确地说明

用户虽然可以大致描述最终系统的目标和功能，但对某些细节问题不可能非常清楚。管理信息系统的开发过程，无论是对开发人员还是用户来说，都是一个学习和实践的过程。通过对原型的研究、实践和评价，可以更好地获取用户的需求。

（2）用户和开发人员之间通常都存在着交流上的困难

原型提供了克服该困难的一个有效手段，在原型开发过程中，用户和开发人员可以围绕着原型进行对话、讨论和交流，不断地修改完善原型。

（3）需要合适的系统开发环境

随着计算机软硬件技术和软件工具的迅速发展，软件的设计与实施工作越来越方便，对系统的局部性修改甚至重新开发的代价大大降低。目前，对大系统的原型化已经成为可能。

（4）需求确定后，应该遵循严格的方法

原型化方法的使用，并不排除严格定义方法的运用，当通过原型并在演示中得到明确的需求定义后，即应采取行之有效的开发方法来完成最终系统的开发。

3. 原型法的类型

原型法从应用目的和场合来分可以分为三种类型：研究型、试验型和进化型，见图3.3所示。

研究型和试验型原型被认为是可以丢弃的，当系统真正实现后，开发过程中所使用的这些原型就会被丢弃，进化型则会将原型开发成为最终的系统产品。

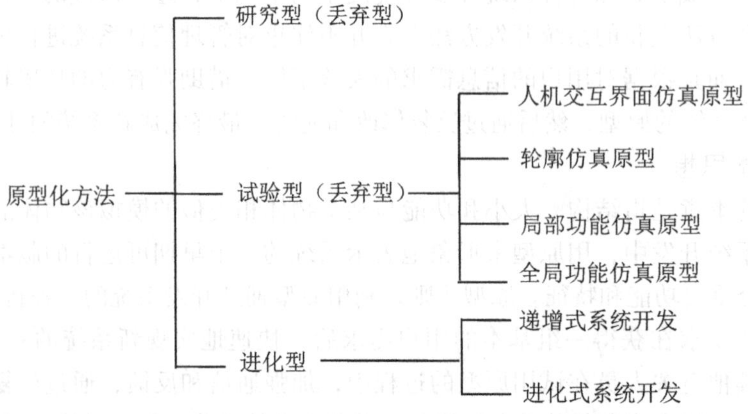

图3.3　原型法的演变

（1）研究型原型法

研究型原型法是为了确定用户的需求而建立原型的方法。它是在未进行任何常规需求分析的情况下，力求识别和确认用户的真正需求。没有什么规范的形式，也没有如何确定原型的严格规律，正是这种不确定性使这种方法更具有创造力。新建的系统反复经过“试用—修改—再试用”的过程，直到满足用户需求为止。这时开发人员再整理出有关新系统的资料，初始的设计仅作为参考，最后将被丢弃。

（2）试验型原型法

试验型原型法适用于在进行大规模开发之前，考核和验证方案是否合适。试验型原型法利用计算机解决用户的问题，通过试验来审查方案。主要有四种不同的类型：

1）人机交互界面仿真原型

人机交互界面仿真原型可向用户提供所建议的人机交互界面，通常以对话框、屏幕界面和菜单形式出现在最终的系统中。在这种仿真类型中，用户看到的原型和真实系统相似，在原型背后可能根本没有真正的数据，而是只对输入输出做一些验证。

2）轮廓仿真原型

该类型是试图建立最终系统的总体结构，它是在一些基本系统功能的基础上，来设计出整个系统，但所实现的仅仅是缩小的功能范围。在这种类型的原型中，所包含的功能使得用户能基本完成他们的工作任务，并且描述出轮廓原型不予支持的其他工作步骤。

3）局部功能仿真原型

该类型用于测试最终系统的特性。如测试一种规定的算法是否在给定的应用系统中有令人满意的解，以及这种算法是否使用了所设想的资源。

4）全局功能仿真原型

该类型建立在包含最终系统所有功能的原型系统的基础上。在这种类型中，用户需求往往被翻译成一种可操作的系统，由这种系统来仿真应用系统的环境，这种原型就是功能上的原型。在构造这种原型时，强调实现和修改过程的方便性，而不是最终系统的效率。正因为这种系统没有效率要求，因此不大可能作为一种最终应用系统来使用。

（3）进化型原型法

进化型原型法的开发思想与丢弃型完全相反，该方法主张：

①围绕交互式应用系统的环境不断地变化，新的需求不断出现。

②交互式应用系统改变周围的环境，也引起了需求和系统功能的变化。

用户需求和系统功能不断地发生变化，如果花大力气去了解一个不清楚的东西，倒不如先按一个基本要求去开发系统，使用户先使用起来，有问题随时修改。虽然修改和追加功能的次数增多，但还是有益处的。

进化型原型法有两种系统开发方式：

1）递增式系统开发

递增式系统开发被称为“缓慢生长的系统”，用于解决需要集成的复杂系统设计问题。开始时，系统有一个总体框架，各子系统和模块的功能结构也清楚，接着逐一开发的各子系统和模块按软件工程的方法插接到系统总体框架上去，最后构成系统所需的功能。

但这种方法必须有一个前提：系统的组织机构不发生变化，模块的外部功能不发生变化。这种方式类似于计算机工业的插接策略，要用一个功能，就得插上一个功能模块。

2）进化式系统开发

进化式系统开发把系统开发看成一种周期过程。从设计到实现再评价反复进行，前期成果可看作一个版本系列，逐步推出新的版本。

4.开发过程

（1）确定用户的基本需求

由用户提出对新系统的基本要求，如功能、界面的基本形式、所需要的数据、应用范围、运行环境等，开发者根据这些信息估算系统规模，并建立简明的系统模型。

（2）构造初始原型

系统开发人员在明确了对系统基本要求和功能的基础上，以尽可能快的速度应用多种开发工具来建造一个仿真模型，即快速原型框架。之所以称为原型框架，是因为这样的模型是系统总体结构，即子系统以上部分的高层模型。由于要求快速，这一步骤要尽可能使用一些软件工具和原型建造工具，以辅助进行系统开发。

（3）运行、评价、修改原型

快速原型框架建造成后，就要交给用户立即投入试运行，各类人员对其进行试用、检查分析效果。由于构造原型中强调的是快速，省略了许多细节，一定存在许多不合理的部分。所以，在试用中要充分进行开发人员和用户之间的沟通，尤其是要对用户提出的不满意的地方进行认真细致地反复修改、完善，直到达到用户满意为止。

（4）形成最终的管理信息系统

如果用户和开发者对原型比较满意，则将其作为正式原型。经过双方继续进行细致的工作，把开发原型过程中的许多细节问题逐个补充、完善、求精，最后形成一个适用的管理信息系统。

采用原型法开发过程如图3.4所示：

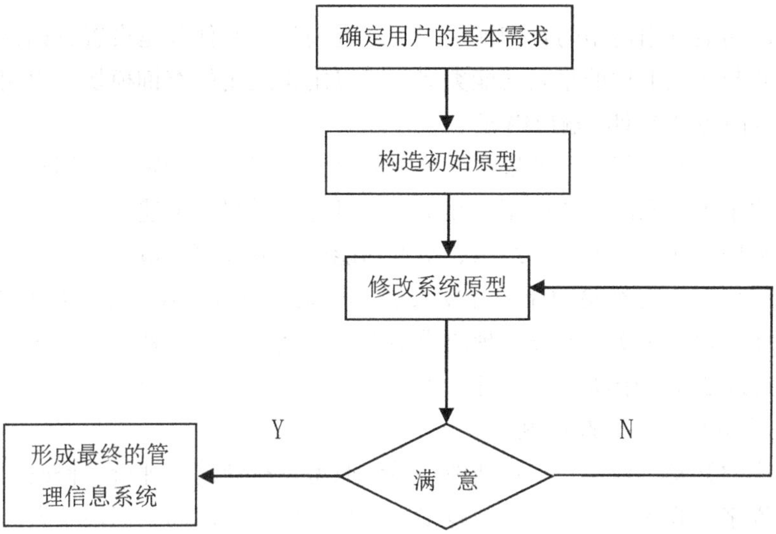

图 3.4　原型法的开发过程

5. 原型法的实施

（1）原型法的开发环境

①对软件的基本要求。在原型化开发方法中，由于需要迅速实现原型、投入运行并不断修改，所以对开发工具提出了更高的要求。一般认为，采用原型法需要集成化的数据字典管理工具、高性能的数据库管理系统、快速程序生成工具、报表，及屏幕格式生成器等基本开发工具。

②对工作环境的基本要求。利用规范的开发技术，将使由现有程序“切割和粘贴”出新程序成为可能，从而加快开发速度。需要有完善的演示设施，只要有必要，就可以对任何问题展开讨论。

（2）原型化的原则

对于大多数原型化过程来说，只需分析最终系统的某些特殊部分，而大量的功能、结构和用户界面，都能从其他现有的模型得到借鉴和重用。系统可以灵活地运用原型化的原则，这将有助于整个原型开发过程。

①多数系统的结构都能从几个基本系统结构导出。一个系统中的大多数业务应用，都可从几个基本的系统模型结构中进行修改和补充后得到。这些基本的系统包括：数据的编辑/修改系统、报表生成系统、数据转换系统和查询系统等。

②多数系统都包括一个常用的功能集合。大多数系统具备对数据库记录的增加、删除和修改，对文件（包括数据库和其他文件）的显示，用户表格的打印等基本功能。这些功能是实现一个系统的基础，对于不同的系统，对这些基本功能会有不同的具体要求，这正是我们在建立原型前要研究的内容。

③报表功能可用统一的报表模型实现。这样用户就能在原型化过程中直接参与、帮

助开发报表功能。

④查询功能可用通用的查询模块实现。查询的主要任务是设置查询条件和输出查询内容。因此与实现上述的报表功能类似，可以定义通用的查询模块，由用户自主设置查询条件，从而控制查询的输出内容。

在原型建立的过程中，如果对系统中的每个功能都要分别从头调查，同时又必须快速地建立这个不熟悉的系统模型，几乎是不可能的。根据上述原则，原型开发者在工作中应充分利用那些成熟的基本结构、基本功能模块或程序。虽然用户提出的是一个新的系统需求，但对于有经验的原型开发人员，都能很快从中找出系统的基本功能和共性，从而利用他们曾经多次开发过的现成模型进行“裁剪”和“粘接”，并进行必要的增补。因此，快速地建立一个新原型是完全可能的。

（3）原型构造的修改控制

原型法的开发过程是一个不断地对系统原型进行使用、评价、修改的循环、迭代过程。一般说来，修改和迭代的次数越多，原型的质量就越高，但由于人力、物力和时间的限制，这种修改不可能无限地进行下去，必须用科学的方法加以控制和限制。

控制原型修改次数的方法很多，在管理信息系统的开发中，通常可采用下列方法：

①限制修改次数。系统开发前，根据各原型或原型中各模块的重要性、复杂程度以及经费、时间的限制情况等因素，分别约定各自的最大修改次数。如果修改次数达到该预定值时就停止修改，把原型固定下来。由于事先限制了修改的次数，因此采用该方法时可能还达不到最高的用户接受程度。

②限制用户接受的百分比。在管理信息系统开发中，由于对某些性能、指标的认识不容易统一，所以不能期望用户百分之百地绝对满意。为了控制修改原型的次数，可事先定下用户接受原型的百分比，例如定为80%，那么当用户接受程度达到该值时就可停止原型修改。在一个不稳定的用户环境下，用户对原型某些问题的想法经常改变，修改一次原型可能增加用户的接受程度。但是，试图通过一再修改原型来提高用户接受的百分比，有时也是行不通的。

在实际开发时，也可事先同时定下修改次数和用户接受百分比这两项指标的最大值，在原型修改过程中只要其中一个最大值被达到，就停止修改。

6.优点

①遵循了人们认识事物的客观规律，易于掌握和接受。沟通了用户和开发人员的思想，缩短了用户和系统分析人员之间的距离。

②充分利用最新的软件工具，摆脱了传统的方法，使系统开发周期短、速度快、费用低。

③开发原型系统的同时，启动用户的培训工作。

④开发周期短，费用相对较少。

7.缺点

①开发过程管理困难。系统开发缺乏统一的规划和开发的标准，难以对系统的开发

过程进行控制。整个开发过程要经过“修改—评价—再修改”的多次反复，每一次反复都要花费人力物力。

②对系统开发的环境要求较高。开发人员和用户的素质、系统开发工具的运用、软硬件环境等，都对原型法的开发效果产生重要的影响。如果用户合作不好，盲目纠错，就会拖延开发过程。

③要求管理基础工作完整、准确，一般只适用于在小型系统，或者比较成熟、有经验可供借鉴系统开发工作中运用。

8.应用范围

适合于：处理过程明确、简单的系统；用户需求不清，需求经常变化的情况；涉及面窄的小型系统。原型法也可以用于其他开发方法中的需求获取环节，在采用结构化系统开发方法或面向对象开发方法开发系统时，诱导用户充分表达对系统的各方面需求。

不适合于：大型、复杂系统，难以模拟的系统；存在大量运算、逻辑性强的系统。

四、面向对象的开发方法

面向对象的开发方法起源于面向对象的程序设计（Object Oriented Programming，OOP）。在20世纪80年代中后期，随着面向对象程序设计语言的推出和不断成熟，面向对象的概念和技术也越来越多地被人们所理解和接受，并将其思想方法应用于系统研制的其他环节（如系统分析、系统设计等），于是逐渐形成了面向对象分析和面向对象设计等方法技术，它们与面向对象的程序设计技术一起形成了一种新的系统开发方法，即面向对象方法。面向对象方法仍在不断地发展完善，被认为是一种很有前景的方法。

1.面向对象方法的基本思想

由于客观世界是由事物和事物间的联系构成的，因此我们把客观世界中的事物抽象为对象。通俗地讲，对象是一个独立存在的事物，从外部可以了解它的功能，但其内部细节是“隐蔽”的，不受外界干扰。

面向对象的开发方法可以描述为：

①认为客观世界是由各种对象组成的，任何事物都是对象，复杂的对象可以由简单的对象以某种方式组合而成。

②对象由属性和方法构成。属性反映对象的信息特征，如特点、值、状态等。方法则用来定义改变对象属性状态的各种操作。

③对象按其特征进行归类，类具有一定的结构，若干类组成一个层次结构系统。类可以有子类（或称为派生类）与父类（或称为基类）。

④对象彼此之间仅能通过传递消息互相联系。

伴随面向对象技术的发展，面向对象的数据库等其他相关技术也已取得了很大进步。采用面向对象的开发方法进行管理信息系统的开发，可以提高程序的稳定性、可修改性和可复用性，从而可以提高系统开发的质量。

2. 面向对象方法中的几个基本概念

面向对象方法的中心是围绕着对象、类、消息、继承性、多态性和重载等概念展开的。

（1）对象

对象（Object）是我们对现实世界中某种事物的抽象，是封装了数据及可以施加在这些数据上的操作的结合体，这个结合体有标识即它的名字，而且可以向外界提供一组服务。

在应用领域中有意义的、与所要解决的问题有关系的任何事物都可以作为对象，它既可以是具体的物理实体的抽象，也可以是人为的概念，或者是任何有明确边界和意义的东西。

可简单地表示成：对象=数据+操作。

（2）类

类（Class）是具有相同属性和行为的一组对象的集合，是这组对象特征的概括，是生成对象的模板。一个类所包含的方法和属性描述了一组对象的共同行为和特征。一个类的上层可以有超类，下层还可以有子类，形成一种具有继承关系的类的层次结构。而继承性正是面向对象方法建立系统结构的优越特性之一。

（3）实例

实例（Instance）就是由某个特定的类所生成的一个具体的对象。实际上类是建立对象时使用的“模板”，按照这个模板所建立的一个个具体的对象，就是类的实际例子，称为实例。

（4）继承

继承（Inheritance）指一个类可以直接获得其父类的部分或全部属性及操作，如图3.5所示。因此，继承是实现类中共有性质（数据及函数）的共享与重用的一种机制，不同对象之间的差异只需在下层类中增加、修改父类的功能即可。这样在定义和实现一个新类时，可以将现有类的可重用内容作为自己定义内容的一部分，再加入若干新的内容定义，而不必重新定义重复部分。

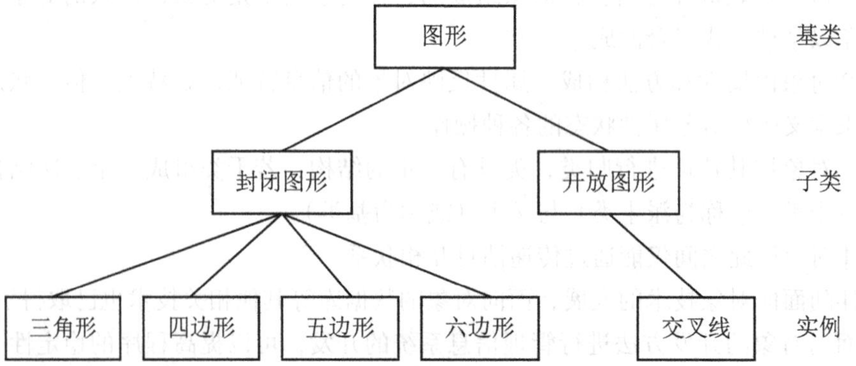

图3.5　类与实例的示意

（5）消息

对象之间进行通信的数据称作消息（Message）。当一个消息发送给某个对象时，该消息包含要求接收的对象去执行某些活动的信息。接收消息的对象经过解释，然后予以响应，这种通信机制叫作消息传递。发送消息的对象不必知道接收消息的对象如何对请求予以响应。通常，一个消息由接收消息的对象、消息名与参数三部分组成。

（6）方法

方法（Method）就是对象所能执行的操作，也就是类中所定义的服务。方法描述了对象执行操作的算法，即响应消息的方法。方法又称为成员函数，是实施对象操作和访问外部的接口。

（7）属性

属性（Attribute），就是类中所定义的数据，它是对客观世界实体所具有性质的抽象。类的每个实例都有自己特有的属性值。

消息、方法、属性三个概念的关系，如图3.6所示。

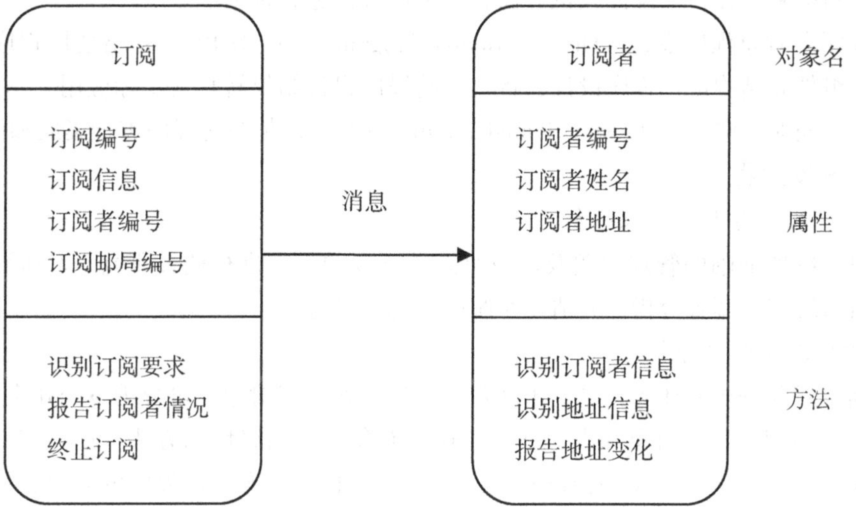

图3.6　消息、方法、属性三个概念的关系

（8）多态性

多态性（Polymorphism）指在类等级的不同层次中可以共享（公用）一个方法的名字，然而不同层次中的每个类却各自按自己的需要来实现这个行为。当对象接收到发送给它的消息时，根据该对象所属于的类动态选用在该类中定义的实现算法。

（9）重载

重载（Overloading）分为函数重载和运算符重载两种。函数重载是指在同一作用域内的若干个参数特征不同的函数可以使用相同的函数名字；运算符重载是指同一个运算符可以施加于不同类型的操作数上面。当然，当参数特征不同或被操作数的类型不同时，实现函数的算法或运算符的语义是不相同的。重载进一步提高了面向对象系统的灵活性和可读性。

(10) 封装

封装（Encapsulation）是将一个实体的属性和方法集成为一个整体而使之成为对象模型。封装提供了对象中信息的隐藏机制，对象的数据成员对外是不可见的，只能通过对象的方法实施对象数据的操作，增加了数据操作的安全性。

3. 面向对象方法的阶段划分

面向对象方法的开发过程虽然不像结构化方法那样被严格划分为几个阶段，但按照开发内容和顺序仍然可以将其分成面向对象分析、面向对象设计、面向对象实现、面向对象测试四个部分。

①面向对象分析（Object Oriented Analysis，OOA），是指根据系统的需求，识别分析对象、类、属性和结构并对其进行描述。

②面向对象设计（Object Oriented Design，OOD），是指对分析的结果进行进一步地抽象、归类和整理，并设计人机界面、数据库及任务管理系统。

③面向对象程序设计（Object Oriented Programming，OOP），是指使用程序设计语言对类、组件和结构进行程序设计，将上一阶段的设计结果转化为实际应用。

④面向对象测试（Object Oriented Testing，OOT），是指对程序进行集成和测试。

4. 开发过程

(1) 系统调查和需求分析

对系统所面临的管理问题及用户对系统开发的需求进行调查研究。对所要开发的系统进行系统需求调查分析，弄清楚系统的目标和任务。

(2) 面向对象分析

面向对象分析的任务，是找出和定义一组问题领域对象，可分为下列几个步骤：

①找出问题领域对象和类，并确定这些对象和类的属性和方法。通常将对象分为三种：实体对象、接口对象和控制对象。实体对象相当于客观世界中的对象；接口对象包括用户接口屏幕和对其他应用的接口；控制对象是协调其他对象（实体和接口）行为的。即实体对象联系数据存储，接口对象负责用户接口，控制对象负责处理逻辑。

②确定这些类（或对象）之间的关系及其结构。两个类之间或两个对象之间的联系用一条直线表示，实体对象本身之间的联系包括：静态的连接、概括和聚集，以及动态的连接——通信联系，即信息的传送。实体对象与接口对象之间、控制对象之间只有通信联系。

a. 实体联系包括一对一的联系，一对多的联系，多对多的联系三种。

b. 概括指一个类与其他类之间的一般与具体关系，是靠继承关系维系的。

c. 聚集指对象与对象之间或类与类之间的整体与部分关系。

③识别主题。主题是由概括和聚集而组成的部分，按主题把对象和类分组，可减少系统的复杂性。

④动态行为的规定。在动态行为方面要描述消息的传递和控制，即对象在时间上的行为变动。

（3）面向对象设计

从分析阶段过渡到设计阶段是平滑无缝的。分析阶段中已构建好问题领域的所有对象和类，到了设计阶段这些对象和类原封不动地带过来，这就是所谓平滑无缝的过渡。

设计阶段对这些带过来的对象和类，需要根据设计的要求进行整理和求精。对于概念模型所确定的对象结构、属性、方法等内容，进行添加、分解、合并等分析，改正错误的内容，删去不必要和重复的内容，并进行分类整理等。

分析阶段在问题领域中直接识别到的对象主要是实体对象。设计阶段将进一步提出接口对象、控制对象以及基础对象，这些对象配合问题领域对象，以便更好和更有效地完成系统的任务。基础对象能够为任何系统所公用和重用。例如，图形用户接口中所用表单和命令按钮等组件，都属于基础对象和类。

设计阶段还需要进行数据模型选择和数据库设计。

（4）面向对象程序设计

应用面向对象方法研制信息系统从分析阶段过渡到设计阶段，再过渡到实现（编程）阶段，都是平滑无缝的。到了实现阶段，采用一种面向对象程序设计语言，根据已规定好的对象和类的属性、方法与联系，就能很容易地编写出面向对象的程序模块来。C++，C#，Java，Python等都属于面向对象语言。

5. 面向对象方法的应用

面向对象方法以对象为基础，利用特定的软件工具直接完成从对象客体的描述到软件结构之间的转换。面向对象方法解决了传统结构化开发方法中客观世界描述工具与软件结构的不一致性问题，缩短了开发周期，解决了从分析和设计到软件模块结构之间多次转换映射的繁杂过程。同原型法一样，面向对象方法也需要一定的软件基础支持应用。在大型的管理信息系统开发中如果不经自顶向下的整体划分，而是一开始就自底向上地采用面向对象方法开发系统，同样也会造成系统结构不合理、各部分关系失调等问题。面向对象方法和结构化方法目前仍是两种在系统开发领域相互依存的、不可替代的方法。

6. 优点

①采用全新的面向对象思想，使得系统的描述及信息模型的表示与客观实体相对应，符合人类的思维习惯，有利于系统开发过程中用户与开发人员的交流和沟通，缩短开发周期，提高系统开发的正确性和效率。

②系统开发的基础统一在对象之上，各个阶段工作过渡平滑，避免了许多中间转换环节和多余劳动，加快了系统开发的进程。

③面向对象技术中的各种概念和特性，如继承、封装、多态性以及消息传递机制等，使软件的一致性、模块的独立性以及程度的共享和可重用性大大提高，也与分布式处理、多层系统及网络通信等发展趋势相吻合，具有广阔的应用前景。

④许多新型的软件中，采用或包含了面向对象的概念和有关技术，为面向对象开发方法的应用提供了强大的技术支持。

7.缺点

①必须依靠一定的软件技术支持。

②在大型项目的开发上，具有一定局限性。它必须以结构化系统开发方法的自顶向下的整体性系统调查和分析作为基础，否则会存在系统结构不合理、关系不协调的问题。

8.应用范围

可用于大型管理信息系统开发。

五、计算机辅助软件工程

计算机辅助软件工程（CASE）方法是一种自动化或半自动化的方法，能够全面支持除系统调查外的每一个开发步骤。严格地讲，CASE只是一种开发环境而不是一种开发方法。它是80年代末从计算机辅助编程工具、第四代语言（Fourth Generation Language，4GL）及绘图工具发展而来的。目前，CASE仍是一个发展中的概念，各种CASE软件也较多，没有统一的模式和标准。采用CASE工具进行系统开发，必须结合一种具体的开发方法，如结构化系统开发方法、面向对象方法或原型法等。

1.CASE方法的基本思想

CASE方法的基本思想是，借助专门的软件工具，使系统开发过程中的每一步都与一定的程序形成对应关系。CASE方法为具体的开发方法提供支持每一过程的专门工具，也就是把原先手工完成的开发过程，转变为以自动化工具和支撑环境支持的自动化开发过程。在实际开发过程中，通常各过程只是在一定程度上部分与程序对应，而不是绝对地一一对应，对于不完全一致的地方需要由系统开发人员做具体修改。所以，软件工具不能一次达到最终结果。

2.CASE开发环境

CASE作为一个通用的软件支持环境，它应该能支持所有软件开发过程有关的全部技术工作和管理工作。一个完整的CASE软件平台一般具备以下功能：图形生成功能、查错功能、中心信息库、对软件生命周期的全面覆盖、支持建立系统的原型、代码的自动生成、支持结构化的方法论等。

（1）图形生成功能

图形生成功能是CASE软件平台的一种非常重要的功能。图形接口的功能越强，用户的软件开发效率就越高。用交互的方式在计算机屏幕上画图有几个主要的优点：加快了绘图的过程，实现了标准化，实现了文档的自动生成等。

（2）查错功能

尽早发现错误是降低软件开发成本的一个行之有效的方法，自动错误检查能帮助开发人员在系统生命周期的较早阶段发现更多的错误。

（3）CASE中心信息库

中心信息库是CASE软件平台的核心，它具有以下功能：

①实现CASE工具的集成。

②系统规格说明的一致性和完整性控制。

③系统信息的共享。

④文档标准化。

⑤系统文档的生成。

⑥代码的生成。

⑦软件可重用性的控制。

⑧项目的管理与控制。

⑨对系统信息进行存储、访问、更新、分析和报告等。

系统开发人员可直接从中获取所需的信息。从信息的角度看，中心信息库保存了所有用于建立、修改、应用和管理整个软件系统的全部信息。

（4）对软件生命周期的全面覆盖

引入CASE技术后，更加有条件强调生命周期的前期阶段。分析和设计任务的自动化以及自动的设计规格、说明检查带来了更高的效率和更低的错误率。自动查错功能可以在系统开发的早期发现错误并加以纠正，而自动代码生成则使编码工作在生命周期中更加简单。

（5）支持建立系统的原型

在原型开发工作中必须提供实际环境中的某些输入数据对原型进行模拟运行，以证实系统设计模型的正确性和完整性。借助CASE模拟工具，系统开发人员在系统开发的编码阶段开始之前，就能发现设计中的错误并予以及时纠正。

（6）代码自动生成

CASE工作平台由程序设计规格说明生成代码，从而实现了编码阶段自动化。生成的代码可以是源代码，也可是目标代码。源代码的可移植性好，易于理解，并且与现存软件系统的兼容性也强。而目标代码则具有效率高的特点。

（7）对文档的支持

可以根据系统规格说明书，自动生成系统相关文档。

3.CASE方法的特点

①CASE应该能为用户提供支持各种方法的开发环境，而实际开发一个系统时，CASE必须依赖一种具体的开发方法。

②CASE可以帮助开发者方便快捷地生成系统开发过程中的各类图表、程序和说明性文档，使开发者从繁杂的分析设计图表和程序编写工作中解放出来。生成统一的标准化的系统文档，提高软件的可重用性。

③自动检测的方法大大提高了软件的质量，简化了管理和维护工作，加快了系统开

发速度。

④CASE方法解决了从客观世界对象到软件系统的直接映射问题，有力地支持了管理信息系统开发的全过程。利用CASE开发系统相比传统方法在许多方面有所不同，如考虑问题的角度、开发过程以及实现系统的措施等。

4.CASE的发展

①工具上的分离型向集成型发展。

②从简单事务性向智能型发展。

③从工具意义向方法意义发展。

当前已经出现了一些优秀的CASE平台如Rational公司的Rational Rose、Sybase公司的PowerDesigner、Oracle公司的CASE（Oracle Designer）等。

六、其他方法介绍

1.敏捷方法

敏捷建模（Agile Modeling）2001年左右由Scott Ambler推广起来。敏捷方法可以看作是面向对象思想和原型法思想的结合，复杂问题用模型，简单问题用原型，以原型为主。敏捷方法是规范与灵活的统一，因而获得了越来越多的应用。

（1）敏捷建模方法的核心行为

①迭代式与增量式建模。使用正确的模型，同时生成几个模型，并在小的增量范围内建模。

②团队工作。与其他人一起建模，获得系统相关人员的积极参与，鼓励集体所有权并将模型公开化。

③简单化。创建简单的目录，简单地描述模型，并利用最简单的建模工具。

④验证。考虑可测试性，并用代码证明模型是正确的。

（2）SCRUM

敏捷开发的实现主要包括SCRUM、XP（Extreme Programming，极限编程）、Crystal Methods、FDD（Feature Driven Development，特性驱动开发）等。其中SCRUM与XP最为流行。SCRUM是一种迭代的增量化过程，用于产品开发或工作管理。它是一种可以集合各种开发实践的经验化过程框架，SCRUM中发布产品的重要性高于一切。XP注重的核心是沟通、简明、反馈和勇气。因为知道计划永远赶不上变化，XP无须开发人员在软件开始初期做出很多的文档。XP提倡测试先行，为了将以后出现bug的概率降到最低。

SCRUM实施的10个流程步骤主要包括：①确定产品负责人（Product Owner）；②组建敏捷小组（Scrum Team）；③确定敏捷教练（Scrum Master）；④拟定产品需求（Product backlog）；⑤评估产品需求；⑥冲刺规划会；⑦工作透明化；⑧每日站会；⑨冲刺评估；⑩冲刺回顾。如图3.7所示。

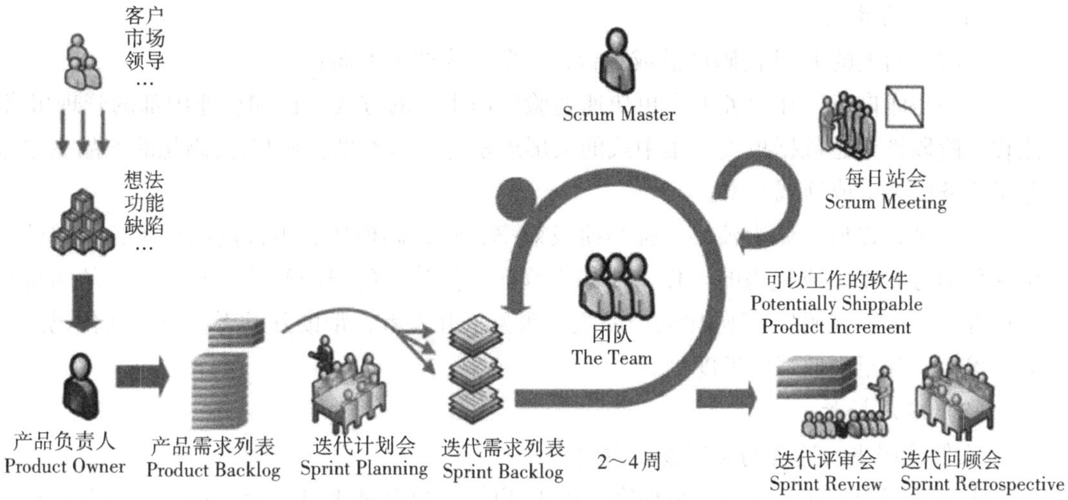

图3.7 SCRUM主要流程

SCRUM的开发有一条3-3-4原则，即3个角色、3个产出物和4个会议。

1）3个角色

产品负责人负责确定项目需求，维护产品需求列表；敏捷教练负责主持会议，排除团队遇到的困难以及外界的干扰；敏捷小组指整个开发和测试团队。

2）3个产出物

三个产出物即产品功能列表（Product Backlog）、Sprint冲刺列表（Sprint Backlog）和燃尽图。燃尽图以直观的方式展现项目总体进度，它展示了时间和项目剩余总体工作量间的关系。

3）4个会议

4个会议即Sprint计划会、每日站会、Sprint评审会和Sprint回顾会。

其中，Sprint计划会主要确定本个Sprint需要完成的功能需求。每日站会主要围绕三个问题展开：昨天完成了什么？今天要做什么？遇到了什么困难？每日站会时间不超过15分钟。Sprint评审会上，项目团队将已实现的项目结果进行演示，听取利益相关方的反馈，以便在下一个Sprint进行改进。Sprint回顾会对本个Sprint进行回顾，哪些是做得好的，哪里是需要改进的，并对这些改进的点，提出改进措施，在下一个Sprint中进行实现。

2.无/低代码开发方法

为了让业务侧更快速验证想法，加快产品迭代速度，无/低代码的概念油然而生。无代码平台指不需任何编程代码，低代码平台只需要书写很少的代码，就可以完成应用系统的开发。无/低代码开发方法与CASE方法一样，都需要借助于先进的系统开发平台。但与CASE方法不同的是，无/低代码开发方法对IT开发技能要求不高，可以赋予业务人员更多的开发选择和开发能力。

（1）平台类型

目前市面上的无/低代码产品或平台，主要分为两个方向：

一种是倾向于“让业务人员更快速地验证需求”的方式。比如企业内部的管理/审批流程、阶段性汇总数据报表、集中式的大屏展示等。这类低代码/无代码化的产品主要服务于业务层人员或领域专家。

另一种是以研发侧为核心，提高研发效率，将代码模块、组件高度抽象化，并辅助可视化的方式来完成代码的工作。比如小程序的搭建、门户网站的搭建、业务的实现和服用等。这类低代码/无代码化的产品主要服务于开发者，帮助开发者屏蔽一些代码之外的技术栈，甚至降低编码难度等。

（2）应用场景

无/低代码平台适合的应用场景主要有：

①企业门户：包括App、小程序、PC门户等，数据都来自中台、后台，企业门户只是做展示，以及简单的互动。

②数据操作及展示应用：通过连接企业的数据库，把生产经营的数据进行编辑、删除、查询等操作。

③基于表单的应用：基于数据库的表单收集、处理、统计类应用。

④业务流程应用：定义复杂的工作流，跨部门协作流程，复杂审批流程，比如：OA、人力、财务等系统。

⑤移动端应用：基于已有核心生产经营系统，适于移动化的应用场景。

无/低代码平台也有不适合的应用场景，不适宜采用此类平台的场景主要有：

①构建厚重的企业核心数字化系统：比如构建一套完整的ERP、CRM等，有这类需求的企业，更适合购买专业的企业核心数字化系统。

②对界面效果要求较高的应用：比如短视频应用、交互酷炫的游戏。

③复杂的算法和数据挖掘：虽然低代码可以处理复杂的业务逻辑，但是不适合用来处理复杂算法和数据挖掘，这类应用应该采用更专业的BI开发工具、机器学习平台等工具。

④高性能和复杂架构：许多互联网巨头的并发量动辄千万、上亿，为了优化性能需要做很多措施，如服务化、中台化、集群化、云化等。低代码是相对标准的界面层、逻辑层、数据层的架构模式，无法应对高性能和架构灵活性。

⑤要求较高的底层开发：如设备、硬件接口、驱动程序等，对这类开发工作而言，可能C语言、汇编语言更适合。

2020年，被称为低代码元年。2021年，低代码平台开始在国内迅速蔓延，很多企业都已经开始采用低代码开发。2022年，无/低代码化的思想及产品在不断地落地，让我们看到了企业从技术驱动向业务驱动转变的可能性，加快了业务迭代，甚至可以实现业务的复用和能力输出，因此无/低代码平台是加快企业数字化/信息化转型的有力工具。

七、开发方法比较

1.原型化方法与结构化系统开发方法的比较

（1）两种开发方法的区别

对比原型法和结构化系统开发方法，我们可以得出以下几点结论：

①系统开发的过程不同。原型化方法是一种迭代、循环型的系统开发方法，而结构化方法则是一种严格、顺序型的方法。

②对系统需求确定的方法不同。原型法是动态地确定系统需求，在新的系统基本需求确定后，一个原型就建立起来了，详细需求的开发是靠用户与原型的交互作用，而结构化系统开发方法在系统开发之初就需要进行明确的需求定义。

③与用户配合程度不同。原型化方法的用户参与程度比较高，而结构化方法在这方面显然存在不足。

④开发工具不同。原型化方法由于要快速实现新系统的一个原型，因而对开发环境、软件工具要求比较高，结构化方法则几乎用何种语言都可以进行开发。

⑤管理和控制程度不同。原型化方法由于要对原型进行不断修改，因而对开发过程的管理和控制比较困难，而结构化方法各个阶段划分比较明确，只有完成上一阶段的任务才能进入下一阶段，因而比较容易管理。

表3.2总结了原型法与结构化系统开发方法的不同。

表3.2　原型法与结构化系统开发方法的比较

内容＼方法	原型法	结构化系统开发方法
开发路径	循环、迭代型	严格、顺序型
文档数量	较少	多
用户参与程度	高	低
开发过程的可见性	好	差
对功能需求或环境变化的适应性	较好	差
用户的信息反馈	早	迟
对开发环境、软件工具的要求	高	低
对开发过程的管理和控制	较困难	较容易

（2）两种开发方法的结合应用

丢弃型原型法可以与结构化系统开发方法结合起来，更好地确定结构化系统开发方法中的需求定义部分，如图3.8所示。

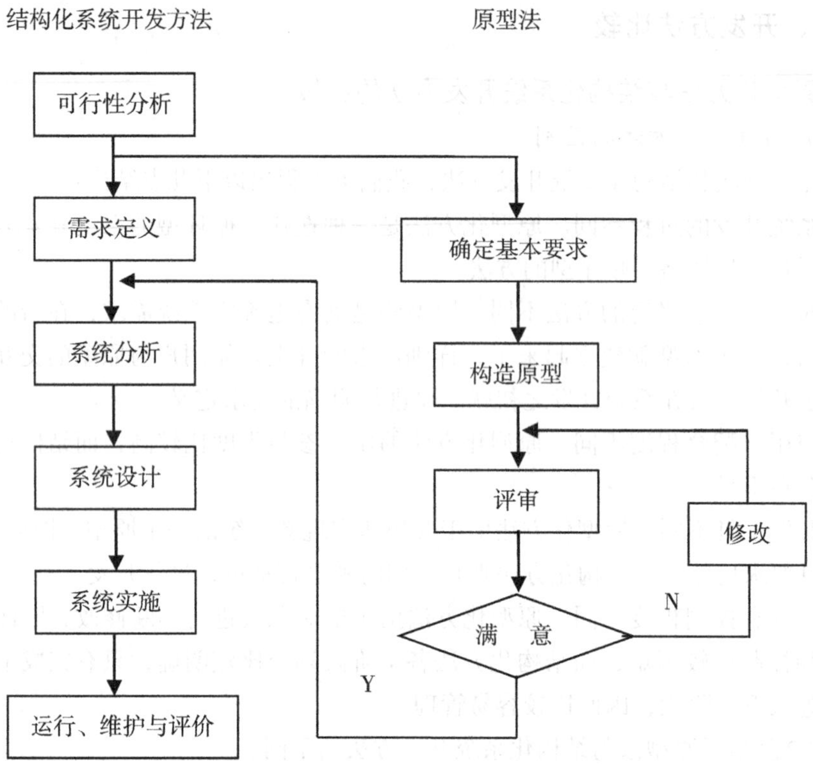

图3.8 丢弃型原型法与结构化系统开发方法的结合

任何一种技术和方法都不可能是十全十美的。原型法和结构化系统开发方法也不例外，它们都有着各自的长处和不足。在管理信息系统的开发实践中，应该根据具体情况结合使用这两种方法，以便取长补短，开发出更高质量的系统。

2. 面向对象方法与结构化系统开发方法、原型法的比较

在面向对象的方法出现以前，系统开发人员的主要任务之一是把用户提出的问题与内容要求转化成系统开发的内容和要求，虽然这两者最后要做到的事情是一致的，但程序开发人员却不得不把用户的要求“翻译”成难懂、抽象的事件和过程，例如需求中的一个销售计划在开发中变成了20个变量控制的一个过程，无论是修改还是把它读懂都是很困难的。而面向对象方法则强调系统开发直接面对“客观世界”，把客观世界看成是由各种各样的对象组成的，系统开发的过程就是对这些对象的分析设计和实现过程，大大增强了系统的易修改、易维护性和可重用性。

面向对象方法与结构化系统开发方法、原型法有以下不同之处：

①面向对象方法处理的内容是与客观世界相一致的对象，而结构化系统开发方法、原型法处理的内容是经过分析提炼后的过程和事件。

②面向对象方法把程序和数据封装在对象里，而结构化系统开发方法、原型法的程序和数据是分离的。

③面向对象方法的分析与设计之间是一致的，即设计是对分析的进一步细化，而结构化系统开发方法、原型法从分析结果转化成设计结果变化较大，且具有一定的难度。

④面向对象方法开发过程虽然也可以分成分析、设计、实施等几个阶段，但它们之间的界限并不像结构化系统开发方法那样明显，开发过程的管理和控制也不如结构化系统开发方法简单易行。

⑤面向对象方法可以解决目前在管理信息系统开发中迫切需要解决的维护复杂性和提高生产率的问题。

3.结构化系统开发方法与其他方法比较

结构化系统开发方法是面向功能和流程的，能够进行业务流程优化和业务流程重组，而原型法和面向对象方法则难以做到这一点。

本章小结

本章对管理信息系统开发工作进行概述，讨论了系统开发的条件和前期的准备工作。

不可行的系统开发策略有：组织机构法、数据库方法和想象系统法。可行的开发策略有：接受式开发策略、直线式开发策略、迭代式开发策略、实验式开发策略和规划式开发策略。

管理信息系统的开发应遵循实用性原则、先进性原则、系统性原则、符合软件工程规范的原则、逐步完善逐步发展的原则、面向用户的原则和主要领导负责的原则。

系统开发方式主要有自行开发方式、委托开发方式、合作开发方式和购买现成的软件包开发方式四种。

对管理信息系统的开发方法主要论述了结构化系统开发方法、原型法、面向对象的开发方法和计算机辅助软件工程（CASE）方法，并讨论了每种开发方法的开发思想、开发过程和优缺点。

习题

1.简述不同的系统开发策略。

2.结构化系统开发方法各阶段的工作内容是什么？具有什么优缺点？

3.什么是原型法？原型法的优点及存在的问题是什么？

4.“自下而上”和“自上而下”两种MIS的开发策略各有何优缺点？

5.管理信息系统的开发一般应遵循哪些原则？

6.管理信息系统有哪几种开发方式？各自有什么优缺点？

7.面向对象方法与结构化系统开发方法有什么区别？

8.什么是对象、类、继承、消息？

9.试述结构化系统开发方法、原型法和面向对象开发方法的优缺点和适用场合。

第四章　系统规划

本章主要介绍了管理信息系统规划内容、特点与步骤，并对组织进行战略规划的时机选择进行了论述，讨论了诺兰阶段模型六个阶段和实用价值。本章还研究了信息系统战略规划的各种方法以及战略规划与企业过程重组的关系。另外，讨论了初步调查和可行性分析的内容、可行性报告的格式。

学习目标

1. 了解战略规划各种方法的主要思想、过程和特点。
2. 熟悉战略规划的重要性、内容和规划步骤。
3. 了解诺兰阶段模型，认识组织所处的发展阶段，更好地指导系统规划工作。
4. 掌握什么是业务流程重组，以及业务流程重组与MIS战略规划的关系。
5. 掌握可行性分析的内容和可行性分析报告的格式。

第一节　战略规划概述

管理信息系统战略规划指的是关于管理信息系统的长远发展规划，也称为系统规划。它是进行管理信息系统开发的纲领，是系统开发成功的保证，同时又是系统验收评价的依据。

管理信息系统建设是投资大，历时长的工程项目，规划不好不仅将在管理信息系统的建设过程造成巨大的损失，而且可能会因此为企业造成可观的间接损失。因此，信息系统规划（Information System Planning，ISP）是管理信息系统实践中的主要问题，也是现代管理信息系统研究的主要课题之一。

系统规划的目标是制定管理信息系统的整体开发方案，决定管理信息系统在整个组织管理中的发展方向、规模和发展进程。它的主要任务是：

①明确系统开发的总体目标和要求，并确保管理信息系统开发与组织的发展目标相一致。

②合理分配和利用信息资源。为了保证系统的成功开发，制订有关软硬件资源、人

员、数据、通信、技术、服务、培训等方面的计划。

③提供系统开发的总体框架。包括系统开发的方法选择、系统的主要子系统规划、开发的先后顺序等。

④提出业务流程重组与优化方案。分析现有业务流程的现状、存在的问题和不足，以及流程在新技术条件下的重组与优化方案。

一、管理信息系统战略规划与企业战略、信息化战略的关系

企业战略是对企业整体性、长期性和基本问题的谋划，是一个自上而下的整体性规划过程，可以分为公司战略、业务战略、职能战略等几个层面的内容。企业战略是企业管理层面的长远规划，包括企业战略目标和实现战略目标的途径。

企业信息化战略是对企业信息化工作的整体规划，指如何采用信息系统来支持企业的决策、管理和业务运行。它主要包括信息系统规划和技术规划，是企业内管理业务与管理信息系统协调发展的解决方案。

管理信息系统战略规划是关于一个信息系统的发展规划，是对企业中某一个业务领域采用信息化解决方案的整体性解决方案。它需要对系统的开发过程做出详细的计划，并考虑管理信息系统与业务管理的互动，制定业务流程优化方案。

三者的关系如下：

（1）企业信息化战略是企业战略的一项职能战略

企业总体战略是企业的发展总纲，所以企业信息化战略一定要建立在企业战略规划的基础之上，明确企业的宗旨、使命和愿景，才能制定出一套符合本企业的信息化战略。信息化规划工作通常由企业的信息化部门负责，这样企业信息化战略就成为企业战略的职能战略的一个组成部分，可以说企业信息化战略是企业战略的一个职能战略。

（2）管理信息系统战略通常是信息化战略的一部分

大型组织机构或企业，通常包括多个分支机构或部门，每个分支机构或部门还可能会进一步细分职能。信息化战略通常由专门的信息化部门负责，在机构整体层面进行规划，因此信息化战略规划包括各个部门的信息系统规划。对于采用整体化解决方案的中小型机构，由于信息化方案只有一个管理信息系统，在这种特殊情况下管理信息系统战略与信息化战略可以重合。

二、管理信息系统战略规划的内容、特点与步骤

1.管理信息系统战略规划的内容

MIS战略规划的内容主要包括：

①信息系统的目标、约束及总体结构。

②组织（企业、部门）的状况。包括计算机软件及硬件情况、产业人员的配备情况以及开发费用的投入情况。

③业务流程的现状、存在的问题和不足，以及流程在新技术条件下的重组。

④对影响规划的信息技术发展的预测。这些信息技术主要包括计算机硬件技术、网络技术及数据处理技术等。这些技术的不断更新将给管理信息系统的开发带来深刻的影响（如处理效率、响应时间等），与管理信息系统的性能有着密切的联系，决定着管理信息系统的优劣。因此，在规划过程中需要吸收相关技术的最新发展，从而使所开发的管理信息系统具有更强大的生命力。

⑤近期计划。近期计划可以从管理层面、应用层面和数据层面分别着手。

a.管理层面。需要考察企业战略与信息化战略，制定与企业战略、信息化战略相一致的管理信息系统战略。调研开发管理信息系统的职能部门的业务流程，制定业务流程优化方案。

b.应用层面。如果采用系统构造方案，就要根据管理信息系统战略规划，进行系统分析、设计、实施等工作，实现系统主要功能。如果采用购买现成商业软件包方案，则根据管理信息系统战略规划，进行系统选型、测试、切换等工作。

c.数据层面。如果采用系统构造方案，根据系统规划，展开数据库的分析、设计与实施工作。如果采用购买现成商业软件包方案，则根据项目规划，进行整理测试数据、数据录入/导入、数据库管理与维护等工作。

此外，还需要适当考虑管理信息系统的技术支撑环境，为管理信息系统提供稳定的运行基础。在管理信息系统的开发中，技术支撑环境因素的相关工作一般会在系统设计阶段进行。

2.战略规划的特点

管理信息系统战略规划简称系统规划，其具有以下特点：

①由于系统规划工作是面向全局的、未来的、长远的问题，因此，它具有较强的不确定性，非结构化程度较高。

②由于系统规划是为整个系统建设确定目标、战略、系统总体结构方案和资源计划，因而它既是一个管理决策过程，也是技术与管理相结合的过程，它是利用现代信息技术有效地支持管理决策的总体方案。

③目前尚无可以指导系统规划全过程的一个公认的有效方法。因此，在系统规划过程中常常要采用多种方法相互配合，取长补短，以制定出一个切实可行的、支持企业发展战略目标实现的系统规划。

④系统规划工作的结果是要明确规划问题，制定一个科学而合理的目标以及实现目标的途径。

⑤MIS系统规划必须纳入整个组织的发展规划。

3.管理信息系统战略规划的组织

管理信息系统战略规划的制定，决定着管理信息系统最终能否成功开发，因此，制定MIS开发规划需要一个领导小组，并进行有关人员的培训，同时明确规划工作的进度。

（1）成立规划领导小组

规划领导小组应由组织的主要决策者负责，规划领导小组的其他成员应该是组织中各部门的主要业务骨干，还可以引入管理专家与技术专家。规划领导小组的任务是负责系统开发过程中各种问题的决策，分配系统开发所需的各种资源，对系统开发的结果进行评估。

在领导小组之下设立一个负责系统规划具体工作的规划机构，规划机构负责向领导小组汇报规划的进展情况，遇到的问题以及各阶段的成果等。领导小组应指定其中的一名成员作为规划机构的负责人，领导具体的规划工作。规划机构应集中信息系统方面的专家进行工作，并考虑企业高层管理人员的参与，如果是大型管理信息系统的规划，还需要考虑征求第三方咨询机构的评估意见。

（2）人员培训

制定战略规划需要掌握一套科学的方法，为此，需要对组织的高层管理人员、规划领导小组的成员和规划人员进行培训，使他们正确掌握制定管理信息系统战略规划的方法。

（3）规定进度

在明确和掌握制定战略规划的方法后，进一步为规划工作的各个阶段给出一个大致的时间安排，便于对规划过程进行严格管理，避免因过分拖延而丧失信誉或被迫放弃。

（4）制定战略规划的具体步骤

①确定基本问题。包括规划的性质、战略规划的年限及具体的方法。

②收集相关信息。一般从组织内部或外部各种信息资料中收集。

③定义约束条件。根据单位的人、财、物资源和技术水平等方面的限制，定义管理信息系统的约束条件。

④明确战略目标。根据组织的战略目标和内外约束条件，确定管理信息系统的开发目标，明确管理信息系统应具有的功能和发展战略规划等。

⑤进行战略分析。对管理信息系统的目标、开发方法、功能结构、计划活动、信息部门的情况、财务情况、风险度和政策等进行分析。

⑥提出未来的略图。给出管理信息系统的初步框架，包括各子系统的划分等。

⑦选择开发方案。选定优先开发的项目，确定总体开发顺序、开发策略和开发方法。

⑧提出实施进度。估计项目成本和人员需求，并列出开发进度表。

⑨通过战略规划。将战略规划形成系统规划报告，经组织（企业、部门）领导批准后生效。

三、管理信息系统战略规划的重要性

管理信息系统的总体规划站在组织的战略层次，把组织作为一种有机的系统，全面考虑组织所处的环境、组织本身的潜力、具备的条件以及组织进一步发展的需要等，勾画出组织在一定的时期内所需开发的各类管理信息系统的应用项目，最终达到建立全面的管理信息系统的目标。

制定MIS战略规划的重要性在于：

①明确系统开发的总体目标和要求，并确保管理信息系统开发与企业的发展目标相一致。

②为了使领导对系统的开发与否做出决策，并筹集大量的资金，需要有一个概略的投资方案。

③在实际进行系统分析之前，应有一个有说服力的系统可行性说明，对系统的效果做出论证。

④合理分配和利用信息资源（信息、信息技术和信息生产者），以节省对信息系统的投资。

⑤提供系统总体框架，指导管理信息系统开发及相关基础工作的开展。

⑥站在组织的高度，统筹规划，协调各个方面，指导管理信息系统开发，提高系统开发的成功率。

⑦作为将来考核系统开发工作的标准。

因此，有效地进行管理信息系统的总体规划可以增进系统和用户的关系，做到信息资源的合理分配和使用，节省信息系统的投资；可以促进信息系统应用的深化，为企业创造更多的利润；可以作为一个标准，考核信息系统人员的工作，明确他们的工作方向，调动其积极性；使企业领导回顾过去的工作，发现可以改进的地方。总之，管理信息系统的总体规划是系统开发的基础，是非常重要的，我们必须认真对待这一阶段的工作。

四、规划的时机——诺兰阶段模型

1.诺兰阶段模型的内容

组织在管理中应用计算机等信息技术，通常都要经历一个从初级到成熟的成长过程。美国哈佛大学的理查德·诺兰（Richard Nolan）总结了这一规律，于1974年首次提出了信息系统发展的阶段理论，被称为诺兰阶段模型。到1979年，诺兰进一步完善模型，把信息系统的成长过程划分为图4.1所示的六个不同阶段。

第一阶段是初装阶段。初装阶段开始于企业购置并应用第一台计算机设备。根据经验，企业通常先在财务、物资等部门使用这些计算机设备，随着计算机应用的深入，人们开始认识到计算机应用的价值。

第二阶段是蔓延阶段。当计算机应用在一些部门初见成效后，就会引起从最初应用计算机技术的部门向其他部门的扩散，人们对计算机的接受程度增加，购置计算机设备的相关费用大幅度上涨。在此阶段，事务处理效率有了提高，但出现数据冗余、不一致、难以共享等问题。

第三阶段是控制阶段。面对盲目应用计算机技术而引起的各种问题，企业领导不得不进行严格的财务控制。同时针对已开发的应用项目之间的不协调和数据冗余等，进行统一规划。这一阶段是实现从以计算机管理为主到以数据管理为主转换的关键时期。

第四阶段是集成阶段。在上一阶段对应用和数据进行统一规划的基础上，实现硬件集成和数据集成，即对硬件进行重新连接以及建立集中管理的数据库。此阶段有关计算机设备的预算费用会再一次迅速增长。数据处理系统进入又一个高速发展阶段。

第五阶段是数据管理阶段。系统经过集成、综合之后才有可能进入有效的数据管理，实现数据共享。此时人们关注的重心从设备转向数据资源的开发、利用、标准化、安全性等方面，数据成为企业的重要资源。

第六阶段是成熟阶段。信息系统成熟表现在它与组织的目标一致，从组织的事务处理到高层的管理与决策都能支持，真正实现信息资源的管理，并能适应管理和技术的新变化。

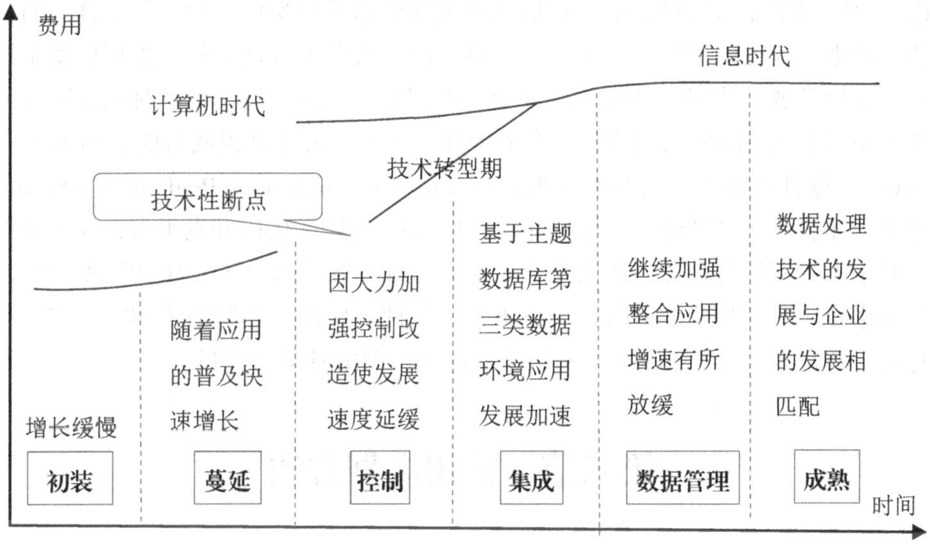

图 4.1 诺兰阶段模型

2. 诺兰阶段模型的应用

诺兰阶段模型理论在管理信息系统建设中有两方面的重要应用：

①判断企业的管理信息系统当前所处的阶段，有利于选择管理信息系统的开发时机。

②进行统一的系统规划，控制系统发展的方向，并对处于不同阶段的各系统制定适当的发展策略。

如果企业的管理信息系统开发处于第一阶段，那么管理信息系统的研制应当选择一些容易实现，容易见效的典型系统如财会系统，尽快建立起来，为用户建立一个样板，然后逐步推广。如果管理信息系统开发处于第二阶段，则需要对可能引起的需求膨胀有计划地加以引导、控制，避免今后发展的盲目性。对处于第三阶段的信息系统，则要考虑对各种应用加以综合，开发能相互共享的数据库系统。对于处于第四阶段以后的企业，由于已经建立了一些分散的应用和管理信息系统，就需要在数据集成上下功夫，建设好高档次的数据环境，综合地利用好新一代的信息技术，从而进入成熟阶段，重建新一代的信息系统。

计划开发管理信息系统的企业可以有效地利用其他企业开发管理信息系统的经验和教训，不要再去经历初装和蔓延阶段，而是抓住成熟阶段的特征，加强信息需求分析，搞好总体规划设计，综合地用好新一代信息技术，尽可能地开发集成化的信息系统。

3.诺兰阶段模型的评价

诺兰阶段模型总结了发达国家管理信息系统发展的一般规律。从宏观角度讲，模型中的各阶段都是不能跳越的。因此，无论在确定开发管理信息系统的策略，或者在制定管理信息系统规划，都应首先明确本组织当前处于哪一阶段，进而根据该阶段特征来指导MIS建设。

诺兰阶段模型提出较早，从管理信息系统发展的领域视角出发是科学合理的。但对于个体企业来说，可以不必经历所有的阶段，而是借助于管理学科、管理信息系统学科和信息技术的发展，从相对高的起点开始管理信息系统的开发。由于时代视野所限，诺兰阶段模型对于成熟阶段的内容没有全面展开。当前在云计算领域出现了SaaS（Software as a Service，软件即服务）云原生系统，以及aPaaS（application Platform as a Service，应用程序平台即服务）等平台，在系统开发领域出现了无/低代码开发平台，在大数据领域出现了基于大数据的各种分析决策平台，在企业管理领域出现了ERP和数据中台，都可以理解为诺兰阶段模型成熟阶段的分支展开。因此，应用诺兰阶段模型时，需要结合管理信息系统开发机构的背景和相关领域前沿进展，做出科学的评判。

第二节　常用规划方法

目前还没有一种规范的、公认有效地进行管理信息系统战略规划的方法，现有的各种规划方法通常只能起到辅助规划工作的作用。本节中我们将介绍几种在系统规划中能够较好地帮助确定系统目标与信息要求的系统规划方法，即关键成功因素法、战略集合转化法、企业系统规划法。

一、关键成功因素法

关键成功因素法（Critical Success Factors，CSF）是1970年美国哈佛大学教授Willian Zani提出的，并在管理信息系统规划中首先应用的一种方法。

关键成功因素是指在每个组织中，对该组织的成功起关键作用的因素，重要的决策信息往往来自于这些关键成功因素。通过对关键成功因素的识别，找出实现目标所需的关键信息集合，从而确定系统开发的优先次序。

1.关键成功因素来源

关键成功因素来源于以下几个方面：

①特殊行业的结构。每个行业都有一套由自己的特性所确定的成功因素。因此，行业中的每个企业都必须认真关注这些因素。

②组织自身因素。如竞争策略、行业地位与地理位置等。任何行业中的每个企业都有自己的特殊性，这是由于历史和现行竞争策略所决定的。

③环境因素。它包括内外环境，如国民经济计划的调整、政府的各项政策的变化、政治形势的波动、企业内部各方面的改革、技术的进步等，都将对每个企业各自关键成功因素产生不同程度的影响。

④暂时性因素。任何一个企业总是处在不断发展变化中，因此，会出现各种各样的临时事件。这些临时性的事件，可视它们对企业正常运行的影响程度，决定是否会成为临时性的关键成功因素。如在一个批发市场中，存货量的控制对总经理来说一般不成为一个关键成功因素，然而在某时间内（存货量严重积压）就可能成为关键成功因素。

2.关键成功因素法主要步骤

关键成功因素法主要包含以下几个步骤：

①了解企业和管理信息系统的战略目标。

②识别所有成功因素。可采用逐层分解的方法，引出影响战略目标的各种因素以及影响这些因素的子因素。

③识别关键成功因素。不同行业的关键成功因素各不相同，即使是同一个行业的组织，由于各自所处的外部环境的差异和内部条件的不同，其关键成功因素也不尽相同。

④识别性能指标和标准。给出每个关键成功因素的性能指标与测量标准。

⑤识别度量性能的数据。

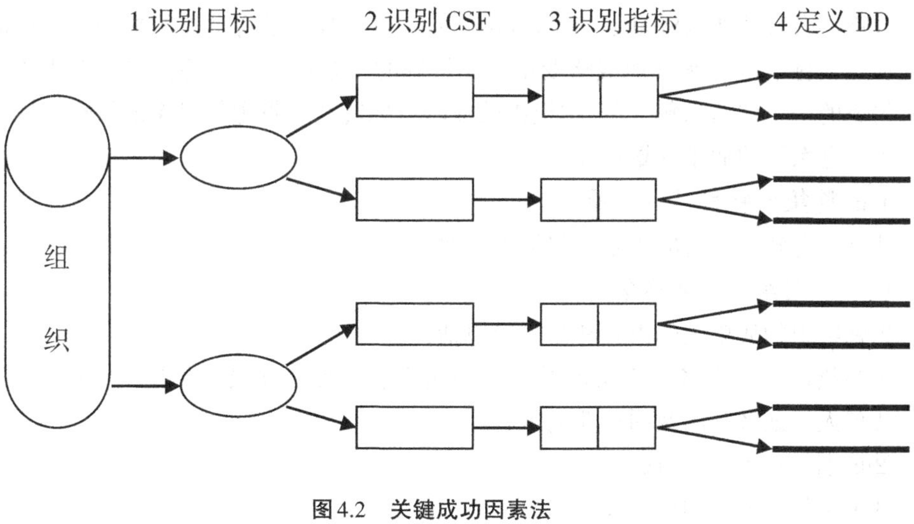

图4.2 关键成功因素法

图4.2中，目标为企业的战略目标，CSF为影响战略目标实现的关键成功因素，指标为关键成功因素的分解与展开，DD（数据字典）为实现指标所需系统功能的具体处理

步骤。

关键成功因素法的优点是能够使所开发的系统具有强烈的针对性，能够较快地取得收益。应用关键成功因素法需要注意的是，当关键成功因素解决后，又会出现新的关键成功因素，就必须再重新开发系统。

3.关键成功因素法常用工具

关键成功因素法要识别联系于系统目标的主要管理业务及其关系，识别关键成功因素常用的工具是鱼骨图。例如某企业以缩短工期作为一个目标，可以用鱼骨图画出影响它的各种因素，以及影响这些因素的子因素，如图4.3所示。

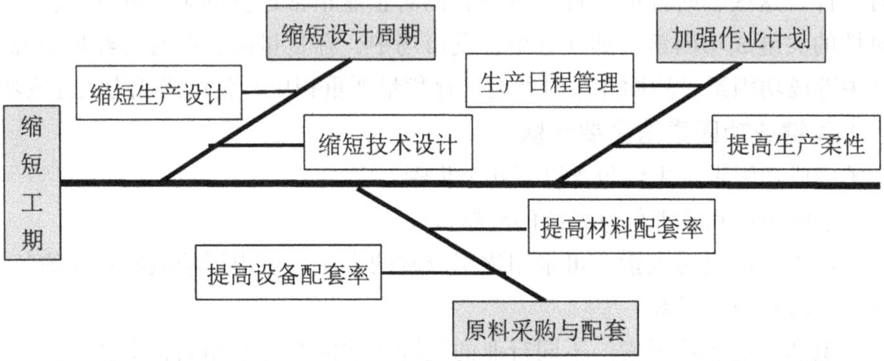

图4.3 以缩短制造工期为主要目标的系统规划工作

二、战略集合转移法

战略集合转移法（Strategy Set Transformation，SST）是将企业的整个战略目标看成是由使命、目标、战略和其他战略变量（如管理的复杂性、发展趋势以及重要的环境约束等）组成的一个“信息集合”。把组织的战略目标转变为管理信息系统战略目标的过程就是管理信息系统的战略规划过程。

1.战略集合转移法的步骤

战略集合转移法的应用基本包括以下两个步骤：

（1）识别组织的战略集

识别组织的战略集的内容和步骤应包括：

①描绘出组织中各类人员的结构，如卖主、经理、雇员、供应商、顾客、贷款人、政府代理人、地区社团及同行业竞争者等。

②识别每类人员的目标。

③识别每类人员的使命及战略。

当识别组织的战略后，应立即交企业组织负责人，经审阅修改后进行下一步。

（2）将组织战略集转化成管理信息系统的战略集

把组织的战略集合转化为管理信息系统的战略集合，其中包括系统的目标、约束和设计原则。这个转换过程要对组织的战略集合的每一要素，确定对应的管理信息系统战略要素。在此基础上，系统规划员根据管理信息系统的战略集合所列举的目标、约束和战略，建立各种供选择的管理信息系统总体结构，提交管理部门。由图4.4说明管理信息系统战略集是直接来源于另一信息集的“组织战略集”，而图中管理信息系统战略规划过程，是指把组织的使命、目标、战略以及其他组织特性组成的“组织战略集”转化成包括有系统目标、约束和战略规划的“管理信息系统战略规划集”。

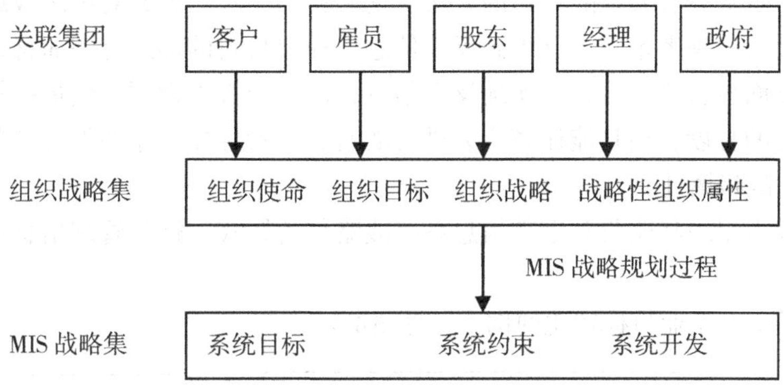

图4.4　组织战略集转化法示意图

2. 组织战略集内容

组织战略集主要包括：

①组织的使命。使命指组织在社会进步和经济发展中所担当的角色和责任，它包括组织哲学和组织宗旨。

②组织的目标。选择目标应该是长期的和广泛的，应为企业阶段性战略目标。例如某个企业提出的目标有：

a. 五年后，企业利润将增加一倍。

b. 企业职工人数中知识型人员比重将达50%以上等。

③组织的战略。它是组织为达到其目标所制定的总方法。如某个企业所制定的战略方针有“通过区域性制造能力的发展以及代理渠道的发展，加强对某市场的渗透”。

④其他的战略性组织属性。如管理水平、改革的准备条件、管理者对计算机系统的了解程度等。

3. 管理信息系统战略集内容

MIS战略集主要有下面几个方面组成：

①系统目标。它主要定义管理信息系统服务的要求。

②系统的约束。为了实现管理信息系统规划的有效性，要确定内外部的约束。如最明显的外部约束是企业对管理信息系统的要求，以及管理信息系统与其他系统的接口环境；最明显的内部约束是管理信息系统的预算，还应综合考虑其他约束条件。

③系统开发的战略。它是在进行管理信息系统开发时应当遵守的一系列原则。如提

出管理决策方面的有效性原则，对系统应变能力和安全可靠方面的要求。

4. 管理信息系统战略规划的过程

实现管理信息系统战略规划的过程主要包括以下几个步骤：

①识别和解释组织的战略集。做法是首先画出组织的关联集团结构，关联集团是指与组织使命、目标和战略有关的不同客户或对该组织有要求的集团；然后再确定集团的要求；最后定义出组织对每个关联集团的任务战略。

②进一步解释和验证战略集的方法。它是将第一步完成的对组织战略集的描述，送交组织的最高管理者审查，并得到反馈信息。提交材料的形式有书面材料和评分报表两种形式。书面材料会促使较真实地反馈信息；而评分报表则便于使最高管理者表达出同意或不同意的程度，而且能比较容易进行战略集元素优先次序的综合判断，有助于评价其他的组织战略属性。

③完成由组织战略集到管理信息系统战略集的转移。这是管理信息系统战略计划的核心。

下面是一个企业目标转化的例子，见图4.5。

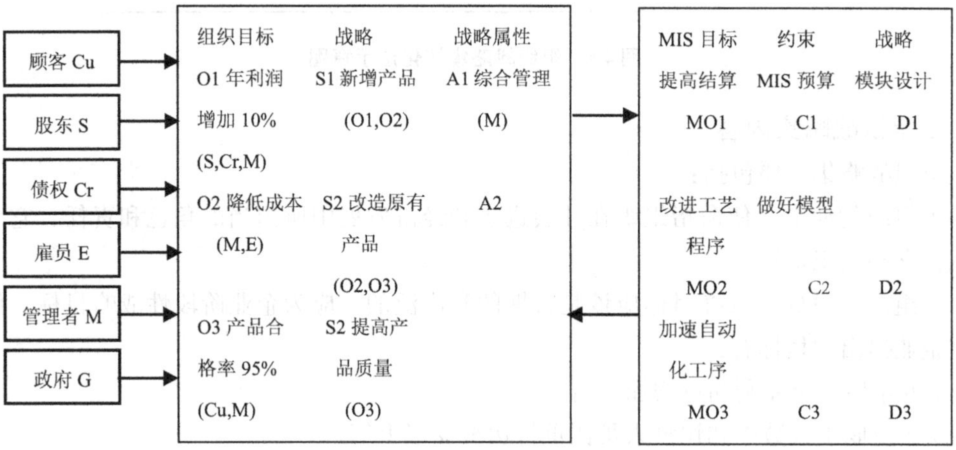

图4.5 企业目标转化为管理信息系统目标举例

由上图可以看出，这里的组织目标、组织战略等都是由不同的群体组成的。例如：组织目标O1是由股东S、债权人Cr以及管理者M引出的，组织战略S1是由目标O1和O2引出的。依次类推就可以一一对应列出管理信息系统的目标、约束以及设计战略。

SST方法从另一个角度去识别管理目标，反映了各种人员的要求，而且给出了按照要求分层，然后转化为管理信息系统目标和结构的方法。它能够保证目标的描述比较全面，但是管理信息系统开发的重点不够突出。

三、企业系统规划法

企业系统规划法（Business System Planning，BSP）是美国IBM公司在70年代初用于企业内部系统开发的一种方法。BSP法能帮助企业形成信息系统的规划和控制机制，这种方法是基于用信息支持企业运行的思想，首先从企业的最高层开始，识别系统目标、现状和存在的问题，在这个基础上提出实现这些目标所需要的过程和执行过程的机构，以及完成这些过程所需要的数据类，根据过程和数据类设计出子系统的结构，采用自上而下的规划和自下而上的实现步骤来完成系统的开发工作。

我们可以把BSP法看成是一个转化过程，即把企业的战略转化为MIS的战略，如图4.6所示。

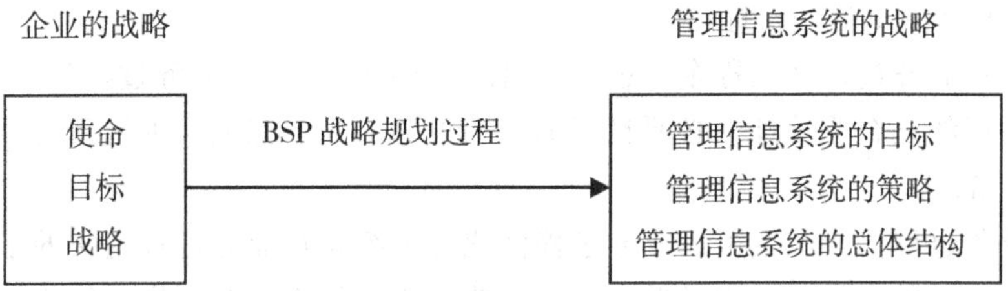

图4.6　企业的战略转化为MIS战略

1.BSP法的作用和特点

（1）BSP法的作用

企业系统规划法是一种能够帮助规划人员根据企业目标制定出MIS战略规划的结构化方法。通过这种方法可以做到：

①确定出未来信息系统的总体结构，明确系统的子系统组成和开发子系统的先后顺序。

②对数据进行统一规划、管理和控制，明确各子系统之间的数据交换关系，保证信息的一致性。

（2）BSP法的特点

BSP法的特点是：

①BSP法是一个转化过程，即将企业战略转化成信息系统的战略。

②BSP法可以表达出各管理层次的信息需求，并通过数据处理向整个组织提供一致性的信息。从而使信息对企业有全面的价值，并能为各单位共享。

③BSP法采用了企业过程的概念，对任意类型的企业可以从逻辑上定义出一组过程，只要企业的产品或服务基本不变，则过程改变会很小。

④BSP法可以应用于大型信息系统开发。它实施的战略是“自上而下”的系统规划和“自下而上”的实施。

BSP法的优点在于利用它能保证信息系统独立于企业的组织机构，使信息系统具有对环境变更的适应性。即使将来企业的组织机构或管理体制发生变化，信息系统的结构体系不会受到太大的冲击。

2.BSP法的工作步骤

用BSP制定规划是一项系统工程，如图4.7所示，其主要的工作步骤为：

①准备工作。成立由最高领导牵头的委员会，下设一个规划研究组，并提出工作计划。

②调研。规划组成员通过查阅资料，深入各级管理层，了解企业有关决策过程、组织职能和部门的主要活动和存在的主要问题。

③定义企业目标。需要在各级管理部门取得一致的看法，明确企业方向，使信息系统直接支持企业的这些目标。

④识别业务过程（又称企业过程或管理功能组）。定义业务过程是BSP方法的核心。业务过程指的是企业管理中必要且逻辑上相关的、为了完成某种管理功能的一组决策和活动的集合。

⑤业务过程优化与重组。业务过程优化与重组是在业务过程定义的基础上，找出哪些过程是正确的，哪些过程是低效的，需要在信息技术支持下进行优化处理，还有哪些过程不适合计算机信息处理的特点，应当取消。

⑥定义数据类。数据类是指支持业务过程所必需的逻辑上相关的数据集合。对数据进行分类是按业务过程进行的，即分别从各项业务过程的角度将与该业务过程有关的输入数据和输出数据按逻辑相关性整理出来归纳成数据类。

⑦定义信息系统总体结构。定义信息系统总体结构的目的是刻画未来信息系统的框架和相应的数据类。其主要工作是划分子系统，具体实现可利用U/C矩阵。

⑧确定总体结构中的优先顺序。即对信息系统总体结构中的子系统按先后顺序排出开发计划。

⑨完成BSP研究报告，提出建议书和开发计划。

3.定义企业过程

企业过程是在企业进行管理所需要的、逻辑上相关的一组活动。它们的定义无须顾及组织机构的变化。定义企业过程的目的是：

①使信息系统独立于组织机构的变化。

②分析企业如何完成它的使命与目标。

③为管理控制提供依据。

④为定义所需的信息结构决定其范围，为子系统划分和确定开发的优先次序提供依据。

⑤为定义关键的数据需求提供基础。

任何企业的活动均由三方面组成：一是计划与控制，二是产品/服务，三是支持资源。也可以说它们是企业活动的三个源泉，任何活动均由这里导出。一般我们先从第一个方面即计划与控制出发，经过分析和研究，按企业战略规划和管理控制的过程进行分类识别，然后识别产品与服务过程。

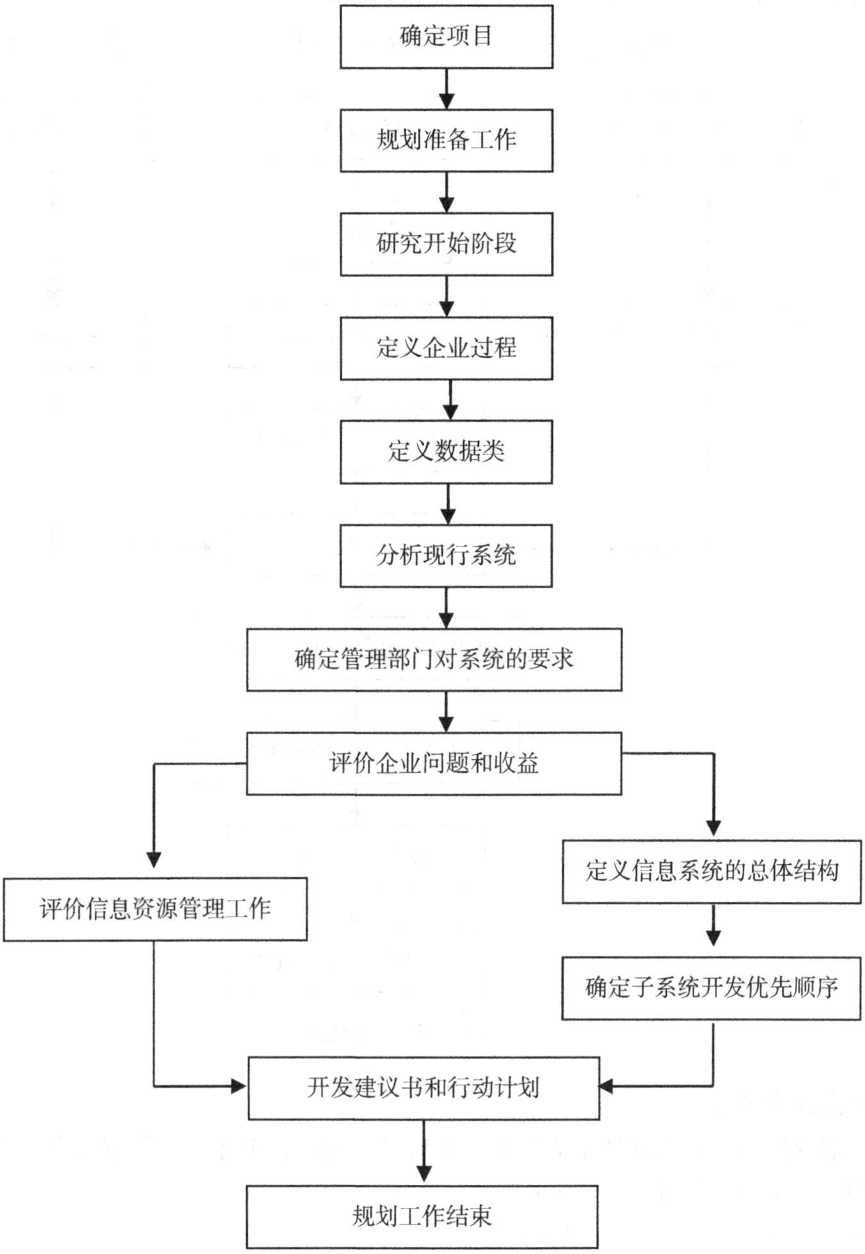

图4.7 BSP法的工作步骤

图4.8给出了过程识别的基本概貌，它指出了识别企业过程的三个主要过程。

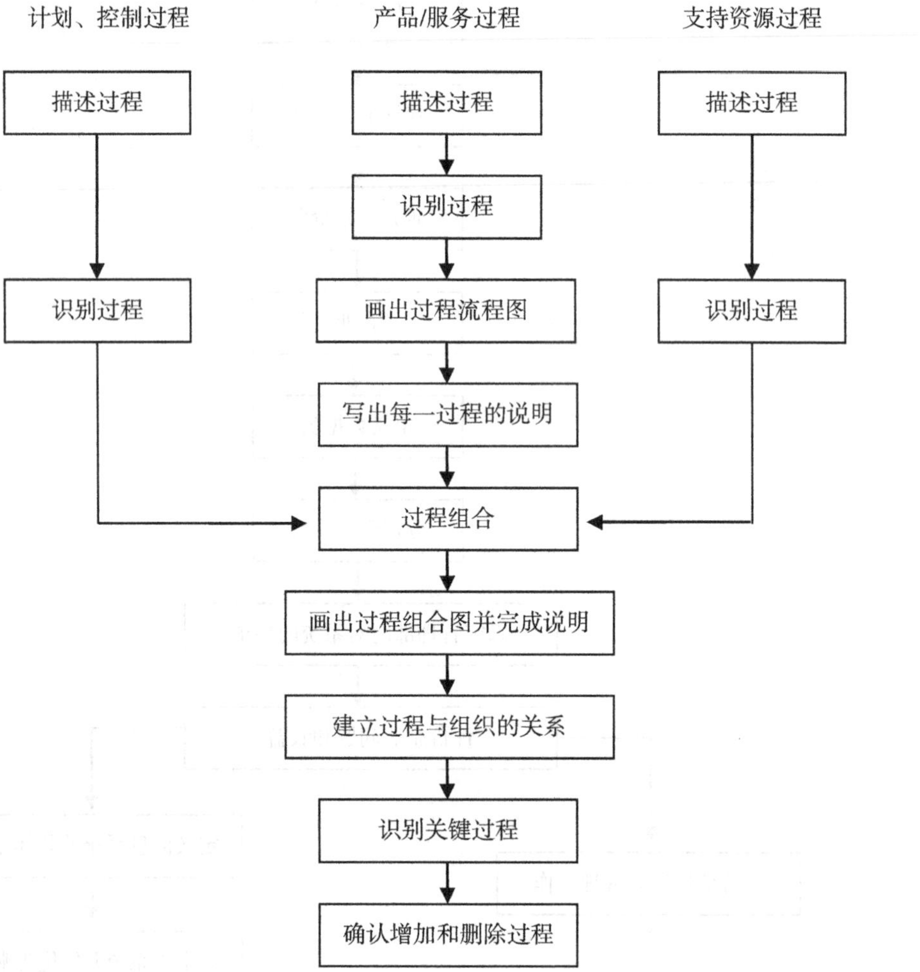

图4.8 定义企业过程

4.定义数据类

所谓数据类，是指支持企业开展业务所必需的逻辑上相关的数据集合。识别数据类的目的，在于确定下列几个方面的问题：

①各个过程产生和使用的数据类。

②支持企业过程数据的准确度、及时性和可靠性。

③企业过程之间目前和潜在的数据共享。

④确定管理信息系统总体结构所需的数据类。

⑤数据政策的确定。

⑥改进系统所需数据类。

当各个数据类被识别出来以后，就应当给出定义，数据类的定义应在整个分析过程中是不变的。

我们可以根据企业资源生命周期，把存档、事务、计划、统计四种数据类型识别出来。然后，利用企业过程中信息的输入/输出，把数据类确定下来。

具体做法为：

（1）识别数据类

识别数据类可以采用实体法，也可以采用过程法。

1）实体法

首先，以企业资源为基础，通过其数据的类型识别出数据类。数据类型应与企业资源的生命周期的各个阶段有关。其中：

存档类数据：记录资源的状况。

事物类数据：反映由于获取或分配资源活动引起的存档类数据的变更。

计划类数据：包括战略计划、预测、操作日程、预算和模型。

统计类数据：历史的和综合的数据，用作对企业的度量和控制。

其次，构造一个企业资源/数据类型矩阵。其中，列表示主要的数据类型，行表示企业资源，针对每一种企业资源对应的数据类型，填上相应的数据类，在所有的待定数据类型识别出来以后，根据共同性层次和一致性对它们进行综合和分解，得出30～60个数据类，如表4.1所示。

表4.1　识别数据类的企业资源/数据类型矩阵

数据类型＼企业资源	产品	顾客	设备	材料	资金	人事
存档	产品	客户	设备工艺 机器负荷	材料费用	会计	人员工资 技能水平
事务	订购	运输	设备维修 记录计划	采购	收付款额	档案管理 工资计算
计划	产品计划	销售区域 市场计划	设备计划	材料需求	预算	人员计划
统计	产品需求	销售情况	设备利用率	外部需求	财政统计	生产力效益

最后，确定各个过程使用或产生的数据类。确定工作是按产品/服务生命周期顺序，构造一系列的输入—处理—输出数据类图。

2）过程法

过程法即按企业过程进行识别。每个过程都有其相应的输入和输出数据，采用如下方式逐个予以识别，再与实体法识别的数据类进行比较并做相应调整，即可得到较为完整的数据类，如图4.9所示。

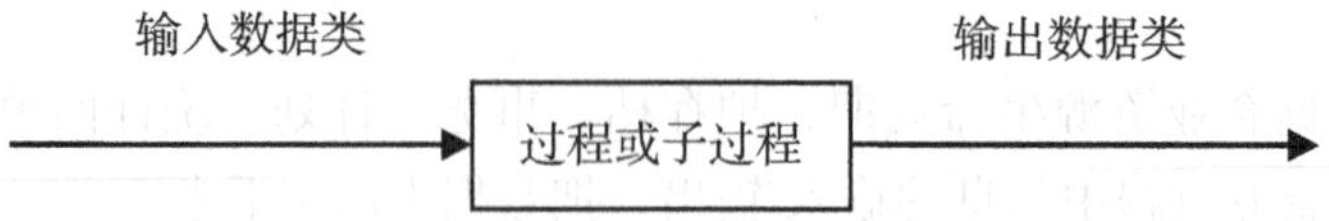

图4.9 输入—处理—输出图

（2）给出数据类定义

数据类的识别工作完成后，还要写出每一个数据类的定义，并说明它包含的数据，供讨论和定义数据结构用。

（3）建立数据类与过程的关系矩阵

建立数据类与过程的关系矩阵，即U/C矩阵。

5.设计信息系统总体结构

信息系统总体结构包括划分子系统，确定系统数据资源分布以及系统共享数据类。在过程和数据类确定后，BSP方法通过分析功能（过程）和数据类两者之间的关系来定义企业信息系统总体结构，通常采用U/C矩阵方法。

（1）建立U/C矩阵

利用U/C矩阵表达功能/数据关系。在U/C矩阵中，以U（Use）表示功能对数据类的使用，以C（Create）表示功能对数据类的创建和产生，空格表示这个功能和这个数据类不发生关系。先按功能发生的先后次序排列，如表4.2所示。

表4.2 功能/数据分析表的建立

数据类 功能	客户	订货	产品	加工路线	材料表	成本	零件规格	原材料库存	成品库存	职工	销售区域	财务	计划	设备负荷	材料供应	工作令
经营计划						U						U	C			
财务规划						U				U		C	U			
产品预测	U		U								U		U			
产品设计开发	U		C		U		C									
产品工艺			U		C		U	U								
库存控制								C	C						U	U
调度			U											U		C
生产能力计划				U										C	U	
材料需求			U		U										C	

续表4.2

功能＼数据类	客户	订货	产品	加工路线	材料表	成本	零件规格	原材料库存	成品库存	职工	销售区域	财务	计划	设备负荷	材料供应	工作令
作业流程				C										U	U	U
销售区域管理	C	U	U													
销售	U	U	U								C					
订货服务	U	C	U													
发运		U	U						U							
会计	U		U							U						
成本会计		U				C										
人员计划										C						
人员招聘考核										U						

（2）U/C矩阵检验

依据数据守恒原理对U/C矩阵进行检验，即每一项数据必定有一个产生源，而且必定有一到多个用途。可以从完备性、一致性、无冗余性三个方面进行检验。

①完备性。数据类每列只有一个C和至少一个U。

②一致性。每一列数据类有且仅能有一个C，如果有多个C出现，就会出现不一致现象。

③无冗余性。要求矩阵中不能有空行或空列。

（3）对初步建立的功能/数据分析表做重新排列

调换表中的行变量或列变量，使得“C”元素尽量地朝对角线靠近，如表4.3所示。

表4.3　功能/数据分析表整理

功能＼数据类	计划	财务	产品	零件规格	材料表	原材料库存	成品库存	工作令	设备负荷	材料供应	加工路线	客户	销售区域	订货	成本	职工
经营计划	C	U													U	
财务规划	U	C													U	U
产品预测	U		U									U	U			
产品设计开发			C	C	U							U				

续表 4.3

功能＼数据类	计划	财务	产品	零件规格	材料表	原材料库存	成品库存	工作令	设备负荷	材料供应	加工路线	客户	销售区域	订货	成本	职工
产品工艺			U	U	C	U										
库存控制						C	C	U		U						
调度			U					C	U							
生产能力计划									C	U	U					
材料需求			U		U					C						
作业流程								U	U	U	C					
销售区域管理			U									C		U		
销售			U									U	C	U		
订货服务			U									U		C		
发运			U				U							U		
会计			U									U				U
成本会计														U	C	
人员计划																C
人员招聘考核																U

（4）U/C 矩阵的求解

用矩形框将U和C最密集的地方框起来，所有的C都必须包含在矩形框内，如表4.4所示。

表 4.4　U/C 矩阵求解

功能＼数据类		计划	财务	产品	零件规格	材料表	原材料库存	成品库存	工作令	设备负荷	材料供应	加工路线	客户	销售区域	订货	成本	职工
经营计划	经营计划	C	U													U	
	财务规划	U	C													U	U
技术准备	产品预测	U		U									U	U			
	产品设计开发			C	C	U							U				
	产品工艺			U	U	C	U										

续表4.4

功能 \ 数据类		计划	财务	产品	零件规格	材料表	原材料库存	成品库存	工作令	设备负荷	材料供应	加工路线	客户	销售区域	订货	成本	职工
生产计划	库存控制						C	C	U		U						
	调度			U					C	U							
	生产能力计划									C	U	U					
	材料需求			U		U					C						
	作业流程								U	U	U	C					
销售	销售区域管理			U									C		U		
	销售			U									U	C	U		
	订货服务			U									U		C		
	发运			U				U							U		
财会	会计			U									U				U
	成本会计														U	C	
人事	人员计划																C
	人员招聘考核																U

（5）确定各子系统

每个矩形框描述了构成紧密联系的功能与数据类的结构，给矩形框起个名字，每个矩形框就是一个子系统。全部子系统产生所有的数据类并实现全部功能，从而构成一个完整的系统。按照这种划分，整个系统被划分为经营计划、技术准备、生产制造、销售、财会和人事等六个子系统，如表4.5所示。

表4.5　子系统的划分

子系统	功能＼数据类	计划	财务	产品	零件规格	材料表	原材料库存	成品库存	工作令	设备负荷	材料供应	加工路线	客户	销售区域	订货	成本	职工
经营计划	经营计划	经营计划														U	
	财务规划															U	U
技术准备	产品预测	U											U	U			
	产品设计开发			技术准备									U				
	产品工艺						U										
生产制造	库存控制																
	调度			U													
	生产能力计划								生产制造								
	材料需求			U		U											
	作业流程																
销售	销售区域管理			U													
	销售			U										销售			
	订货服务			U													
	发运			U				U									
财务	会计			U									U			财务	U
	成本会计														U		
人事	人员计划																人事
	人员招聘考核																

（6）确定系统数据资源分布

位于矩形框外的U反映了各个子系统之间的数据联系以及数据共享的程度，分析各个矩形框内的C和U以及矩形框外的U的分布情况，可以确定系统数据资源分布以及系统共享数据类。

由此得到信息系统总体结构，如表4.6所示。

表4.6　各子系统间的数据联系

功能	功能＼数据类	计划	财务	产品	零件规格	材料表	原材料库存	成品库存	工作令	设备负荷	材料供应	加工路线	客户	销售区域	订货	成本	职工
经营计划	经营计划	经营计划														U	
	财务规划															U	U
技术准备	产品预测	U		技术准备									U	U			
	产品设计开发												U				
	产品工艺						U										
生产制造	库存控制						生产制造										
	调度			U													
	生产能力计划																
	材料需求			U		U											
	作业流程																
销售	销售区域管理			U									销售				
	销售			U													
	订货服务			U													
	发运			U				U									
财务	会计			U									U			财务	U
	成本会计														U		
人事	人员计划																人事
	人员招聘考核																

6.子系统的开发顺序

子系统开发顺序的确定，有三条指导原则：

（1）基础的子系统优先开发

基础的子系统指的是为其他子系统提供大量共享数据的子系统，如上表中的技术准备子系统。如果采用分布式开发方案，可以考虑给技术准备子系统的数据库提供专门的数据库服务器，以提高数据共享的效率。

（2）重要的子系统优先开发

所谓重要的子系统，是与企业的核心业务相关，功能重要且复杂的子系统，从形式上看一般矩形区域面积较大，如表4.6中的生产制造管理子系统。

(3) 前端的子系统优先开发

前端指的是与企业的客户有关，也就是与企业的业务对象直接关联的子系统。客户与市场是企业的利润来源，让用户先对接触的子系统提出修改意见，可以提升系统的整体服务质量。在上表中，销售管理子系统就是前端子系统。

这三条指导原则不是绝对的，开发人员和用户需要协商，参考这三条指导原则共同决定子系统的开发顺序。

四、规划方法比较

①CSF方法能抓住主要矛盾，使目标的识别突出重点。由于经理们比较熟悉这种方法，用这种方法所确定的目标，经理们乐于努力去实现，或者说它和传统的方法衔接得比较好，但是一般最有利的只是在确定管理目标方面的应用。CSF方法只能识别信息的使用者，无法识别出信息的提供者。

②BSP方法虽然也首先强调目标，但它没有明显的目标引出过程。它通过管理人员提供“业务过程”引出企业目标，企业目标到系统目标的转换是通过组织/系统、组织/过程以及系统/过程的矩阵的分析而得到的。这样可以定义出新的系统以支持企业过程，也就是把企业的目标转化为系统的目标，所以我们说识别企业过程是BSP战略规划的中心，绝不能把BSP方法的中心内容当成U/C矩阵。BSP方法利用U/C矩阵表达功能/数据关系，能够定义信息的创建者和使用者，确定信息系统结构框架。

③SST（战略集合转移法）从另一个角度识别管理目标，它反映了各种人员的要求，然后将其转化为信息系统目标的结构化。它能保证目标比较全面地实现，漏洞较少，但它在突出重点功能方面不如CSF方法。

④综合。可以把CSF、SST和BSP三种方法结合起来，这称为CSB方法。CSB方法的基本思想是：先用CSF方法确定企业目标，然后用SST方法补充完善企业目标，并将这些目标转化为信息系统目标，最后用BSP方法校核两个目标，并确定信息系统结构。

采用CSB方法可以弥补单个方法的不足，但这也将使得整个方法过于复杂，从而削弱了单个方法的灵活性。但至少就目前来说，信息系统战略规划中还没有一种十全十美的方法。

由于战略规划本身的非结构性，可能永远也找不到一个唯一解，因此具体情况具体分析，综合多种思想精华，灵活运用多种方法，才是企业信息系统规划的最佳途径。

第三节 业务流程重组

一、业务流程重组的概念

1.业务流程重组的提出

1993年，Michael Hammer和Jame Champy共同出版了《企业再造》，该书迅速在全球企业管理界掀起了再造热潮。业务流程重组（Business Process Reengineering，BPR），又称企业流程再造、企业流程重组，就是要“针对竞争环境和顾客需要的变化”，对业务流程进行“根本的重新思考”和“彻底的重新设计”，利用先进的制造技术、信息技术以及现代化的管理手段，将传统的职能型组织结构（Function Organization）转变为全新的流程型组织结构（Process-Oriented Organization），以求在速度、质量、成本、服务等各项绩效考核的关键指标上取得显著的改善。

BPR强调适应“顾客、竞争和变化”的需要，建立能以最快的速度响应和满足顾客不断变化的需求的运营机制及相关的业务流程，并将决策点定位于业务流程执行的地方，在业务流程中建立控制程序，从而大大消除原有各部门间的摩擦，降低管理成本，减少无效劳动和提高对顾客的反应速度。

2.业务流程重组的概念

业务流程（过程）是指为完成企业目标或任务而进行的一系列跨越时空的逻辑相关的业务活动。企业系统规划法从过程的观点出发看待企业，更多地考虑在现行业务过程的基础上通过应用现代管理技术，借助于计算机技术来分析设计系统。虽然也涉及企业过程的优化，但力度不够。在许多情况下，应用企业系统规划法无法解决问题，无法获得预期的效益，必须从根本上重新考虑现行系统是否合理，因而提出对现行系统进行重新组织，形成了业务流程重组的概念。

信息技术的应用有可能改变原有的信息采集、加工和使用方式，甚至使信息的质量、获取途径和传递手段等都发生根本性的变化。因此管理信息系统的开发与应用，通常伴随着业务流程重组与优化。

在传统的劳动分工原则下，业务流程被分割为一段段分裂的环节，每一环节关心的焦点仅仅是单个任务和工作，而不是整个系统的全局最优。在管理信息系统建设中仅仅用计算机系统去模拟原手工管理系统，并不能从根本上提高企业的竞争能力，重要的是重组业务流程，按现代化信息处理的特点，对现有的业务流程进行重新设计，成为提高企业运行效率的重要途径。

本书认为，业务流程重组就是根据企业的战略目标，应用信息技术，从流程层面着手，对企业的运作进行重新设计，以求得企业绩效的明显提升。

业务流程与企业的运行方式、组织的协调合作、人的组织管理、新技术的应用与融合等紧密相关。因此，业务流程的重组不仅涉及技术，也涉及人文因素，业务流程重组涉及的内容包括：观念的重组，流程的重组，组织的重组。

业务流程重组的目标有：以新型企业文化代替老的企业文化；以新的业务流程代替原有的业务流程；以扁平化的企业组织代替金字塔式的企业组织。

必须加以强调的是，信息技术的应用是流程重组的核心，信息技术既是流程重组的出发点，也是流程重组的最终目标的体现者。

业务流程重组具有以下几个特点：

①业务流程重组与信息技术应用或信息系统建设是相辅相成的。

②主张以业务流程为中心。强调业务流程中每一项活动尽可能实现最大化增值，尽可能减少无效的或不增值的活动。并从整体流程全局最优（而不是局部最优）的目标出发，设计和优化流程中的各项活动。

③强调创造性与创新性。BPR的核心是创造性和创新性在流程上的应用。一个组织要想充分发挥员工的价值，就应该培育和开发这些能力。强调要用敏锐的眼光看出企业的问题，根据企业的战略目标，去发现关键的流程，并创造性地设计正确的业务流程。

④要求在技术和社会两个方面同时进行重组。BPR必须在技术和社会方面并行地展开，这两个方面是紧密联系的。技术领域包括：应用信息技术，设计新的业务流程，建立新的工作程序和统一的标准，在作业过程中建立控制机制，采用优化的控制方法等。社会方面包括：组织扁平化，适当授权，制定政策，营造改革环境，破除旧的管理规则，采用团队管理方式，建立学习型组织。业务流程重组是具有高投入、高风险和高绩效的系统工程。

3.业务流程重组的方法

业务流程重组主要有两种方法：系统化改造法和全新设计法。系统化改造法（Systematic Redesign）是在现有流程基础上创建所需的新流程。业务流程重组一般采用全新设计法（Clean Sheet Approach），从根本上重新考虑产品或服务的提供方式，零起点设计新流程。

业务流程重组的工作内容包括：

①纵向集成：将管理权限下放，减少中间管理层次，实现组织扁平化。

②横向集成：将企业内部跨越多个部门的相关业务流程打通，提高业务运行效率。

③流程工作步骤优化：减少流程中的检查、校对和控制环节，变事后检查为事前管理。在业务允许的情况下，将串行工作步骤改为并行工作步骤。

④业务流程服务对象优化：业务流程的服务对象主要有内部管理人员和客户，将相关流程集中，单点对待服务对象。

不论用什么方法，目标都是获得显著的绩效改善，都需要创造和创新。系统化改造更强调随着时间推移不断地大量渐进变革。全新设计方式通常能够带来绩效的飞跃式进步，但是取得这种进步的风险很大。这种方式的风险往往被忽略，造成BPR的高失败率。在90年代，国外BPR的失败率高达70%，主要原因在于此。

4.业务流程改进与业务流程管理

(1)业务流程改进

业务流程改进(Business Process Improvement,BPI)指在现有流程基础上做出改进,以提供业务所需的新流程。

BPI与BPR的主要区别在于:

①范围不同:BPI强调在部门内部的、小范围的变革;BPR强调跨职能部门的流程再造,是一种大范围的、涉及面广的变革。

②变革的程度不同:BPI强调一种渐进式的、逐步的变革方式;BPR强调一种革命性、跳跃性的变革方式。

③变革的性质不同:BPI强调在原有的基础上进行改进;BPR强调彻底的、围绕目标进行重新设计。

④管理者的角色不同:BPI强调一种自下而上的一种参与方式,领导者在整个变革的过程中注重参与;BPR强调在变革中发挥领导者的作用,通过组织的高层自上而下来进行推动。

⑤风险不同:BPI风险相对来说比较低;BPR的风险比较高。

⑥变革的对象不同:BPI变革的对象是那些问题不大,尚未对企业发展构成严重阻碍的一般流程;对于那些问题比较突出,已经形成企业发展"瓶颈"的流程,BPI在原有基础上的修改已经不可能解决问题,此时就需要使用BPR。

(2)业务流程管理

业务流程管理(Business Process Management,BPM),是一套达成企业各种业务环节整合的全面管理模式。BPM是人员、设备、桌面应用系统、企业级应用等内容的优化组合,实现了跨应用、跨部门、跨合作伙伴与客户的企业运作。BPM通常以Internet方式实现信息传递、数据同步、业务监控和企业业务流程的持续升级优化。业务流程的管理按照其变革的程度可以分为三个层次:业务流程的建立和规范、业务流程优化和业务流程重组。这三个不同层次的变革分别适用于不同阶段和管理基础的企业。

BPM也可以指BPMS(Business Process Management Suite),是一个实现整合不同系统和数据的流程管理软件套件。从具体实施的层面看,BPM可以分为流程定义、流程测试、流程执行、流程分析、流程管理、流程质量与效率监测、流程优化等环节。BPM将各个业务环节联系起来,实现了端到端的对接,打破部门之间的"数据孤岛",从而使企业可以实现"以客户为中心"的布局。BPM具有强大的集成能力,可以实现对OA、CRM、ERP等多个系统的整合,BPM通过管控业务流程和集成现有系统,实现业务流程的高效化和改进。

二、业务流程重组的实施

1.实施业务流程重组的框架

业务流程重组是一场深刻的变革,实施BPR,有赖于一个由各有所长的优秀人才组建而成的再造团队，他们负责针对企业各个环节的具体情况，描述、分析和诊断现有的业务流程，制定并细化新流程的设计或改造方案，最终落实新方案。

BPR工作框架由五个关键阶段组成：营造环境，分析、诊断和重新设计流程，重构组织，试点与切换和实现战略。每个阶段可以进一步分解成数个步骤，其中有些步骤可以同时进行。

（1）营造环境

开展BPR的主要挑战在于实施变革并取得预期的改进。组织通常都倾向于保守，因此，必须设法把对变革的阻力转变成积极的参与。这就需要能够营造一种有利于推动改革的环境。

①树立远景。组织中的高层负责人或者企业主管要树立对未来的远景，以改革的激情规划创造未来的蓝图，并赋予企业员工明确的目标和使命，发动人们积极投入改革之中。

②建立BPR项目团队。实施BPR项目需要组建一个团队，通常包括5～10个成员，由企业内部在被重组的流程中工作的管理人员和企业外部的流程重组专家组成。团队必须由组织的最高层管理者担任领导，并由在组织中有影响力、有威信、受尊重的一位高级管理者具体负责。在下一阶段中，团队亦可分成若干小组或组建一些任务团队。

③挑选作为重组对象的业务流程。

④设立远景和目标，明确改进的必要性和改进计划。

（2）流程的分析、诊断和重新设计

①理解现有流程。

②分析现有流程。

③重新设计流程。

④审评、检验新流程设计。

（3）组织重构

①审评组织的人力资源。

②设计新的组织形式。

③建设新的技术基础结构和技术应用。

（4）试点与切换

①选定试点流程。

②组建试点流程团队。

③启动试点，对试点监督并提供支持。

④审评试点和来自其他流程团队的反馈。

⑤排定切换次序，在整个组织范围分阶段实施。

（5）实现远景目标

①评价流程重组的收效。

②获取改进绩效的效益。

③发展流程重组所得能力的新用途。

2. 业务流程重组的几个关键步骤及方法

（1）挑选作为重组对象的业务流程

流程重组工作往往不能全线出击，必须首先分析全部作业流程，选择存在问题最突出的若干环节或核心业务流程实施重组。在面对众多的有待改进的业务流程选择BPR作为切入点时，可考虑如下的业务流程作为重组的对象：

①不完整的业务流程。

②对全局工作都有影响的核心业务流程。

③重组后能解决企业面临的危机的业务流程。

④提供高附加值的业务流程。

⑤对客户影响大的业务流程。

⑥居于企业发展的瓶颈的业务流程。

⑦对速度、质量、成本、服务等绩效指标影响显著的业务。

⑧实施重组有相当把握的业务流程。

（2）理解现有流程

业务流程往往会由于组织结构的关系而被分割，变得模糊不清。人们通常想到的是各个部门，而不是他们参与的流程，部门都有人负责，却没有一个人被授权对完成整个工作的流程负责。因此，业务流程是无形的，需要识别和理解企业现有的流程。

理解现有流程的最有效方法是将它画在图上。流程图使得流程易于阅读和理解。要认识到对同一项任务，不同的人可能会有不同的看法和采取不同的处理方法。这里需要关注的最重要的是每一步骤的输入和输出，流程图提供了一个关于人们如何工作的讨论焦点，有助于形成对工作方式的共识。

绘制流程因需要人们打破组织机构的隔阂进行思考。团队中来自不同部门的成员互相合作，绘制出他们工作于其中的流程的完整的图。绘图过程增加了对彼此的任务和问题以及应该如何支持同伴完成任务的认识。明显的浪费、笨拙的步骤、错误的环节等都会在流程图的绘制中得到修正和改进。

（3）业务流程分析

业务流程分析是对需要重新设计的流程进行分析，应首先确定流程的目标。通常目标有以下几种：

①降低成本。

②提高质量。

③增进顾客满意程度。

④缩短处理时间。

⑤增强竞争力。

确定目标之后，再根据目标的要求，分析组成流程的各项活动及其关系，分析活动所需的资源及投入和产出。

在业务流程分析中，一定要以对现有流程相当程度的理解为基础，如果忽视现有的流程，就会造成组织无法充分利用自己长期以来积累的知识和经验，以至于有重犯过去的错误的危险。对现有流程分析过细过深也不利，这样会造成考虑设想新的工作方式时易受老框框的约束。

3.业务流程重组应遵循的原则

业务流程重组实际上是站在信息的高度，对企业流程的重新思考和再设计，是一个系统工程，包括在系统规划、系统分析、系统设计、系统实施与评价等整个规划与开发过程之中。

在进行业务流程重组时，应遵循以下几个基本原则：

①以过程管理代替职能管理，取消不增值的管理环节。

②以事前管理代替事后监督，减少不必要的审核、检查和控制活动。

③取消不必要的信息处理环节，消除冗余信息集。

④以计算机协同处理为基础的并行过程取代串行和反馈控制管理过程。

⑤用信息技术实现过程自动化，尽可能抛弃手工管理过程。

4.业务流程重组的适用情况

①企业濒临破产，不改只能倒闭。

②企业竞争力下滑，需要调整战略和进行重构。

③企业领导认识到BPR能大大提高企业竞争力，而企业又有此需要和扩张。

④BPR的策略在自己相关的企业获得成功，影响了本企业。

三、业务流程重组与管理信息系统的关系

业务流程重组就是在信息技术条件下重新创建组织内部的流程。信息技术的价值在于它提供了必要的工具和手段，创造出新的工作方式，从而给企业带来活力。因此，信息技术是建立新流程的重要推动因素，它在BPR中起着至为关键的作用。将新技术融入现有的信息技术结构中，确保不同的技术成分能够始终有机地融为一体，以建立新系统来支持新流程，最终实现新系统取代旧系统。所以说没有信息技术，就不可能有业务流程重组。

同时，信息技术的运用必然要求设计全新的业务流程。业务流程重组不仅应该在系统规划中受到高度重视，而且需要贯彻到系统分析、系统设计、系统实施等整个开发过程之中，其流程如图4.10所示。

由上面的论述可以看出：

①管理信息系统开发通常伴随着BPR。由于信息技术和信息系统的应用，或者由手工方式转变为自动化方式，或者管理信息系统的范围扩大、目标提升、功能增强导致业务管理发生同步的变动，就会造成业务流程不同程度的变革，但有可能是BPR、BPI或BPM任何一种类型。

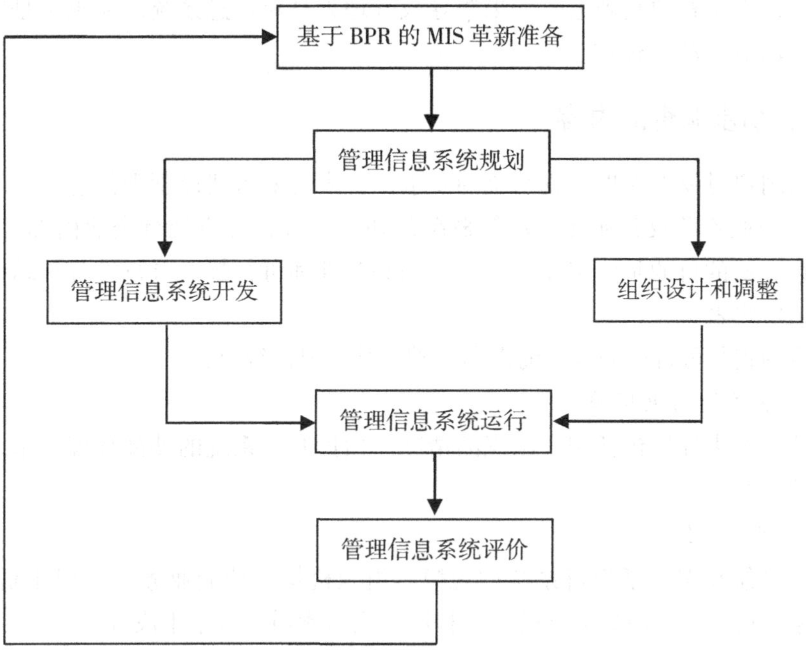

图4.10　基于BPR的管理信息系统变革步骤

②不同开发方式导致BPR方案生成的时间有所差异。开发管理信息系统方式有两大类型，从无到有地构建系统和购买现成的商业软件包。如果采用构建系统方式，BPR方案一般在系统分析阶段完成；如果采用购买现成的商业软件包开发方式，BPR方案需要在项目规划阶段完成。

③从宏观角度讲，BPR与管理信息系统的开发过程是并行的。BPR是管理层面业务流程的变革，而管理信息系统的开发是技术层面的工作，两者相互促进，相辅相成，共同推进企业信息化工作。

第四节　系统初步调查与可行性分析

系统的可行性分析是在完成了现行系统管理功能的调查之后，如何确立新系统模型的第一个内容。这一阶段的主要任务是：根据系统建设的功能要求，对现行系统进行初步调查；了解现行系统的概貌，明确现行系统存在的问题；初步确定新系统的目标，并论证所分析的对象系统是否具备建立新系统的条件，预测新系统建设所需的成本费用和技术力量等，从而做出建设新系统的初步计划。

可行性分析的目标是明确管理信息系统项目开发的必要性和可行性。必要性来自实现开发任务的迫切性，而可行性则取决于实现管理信息系统的资源和条件。这项工作需要建立在初步调查的基础上。如果领导或管理人员对信息系统的需求不是很迫切，或者条件尚不具备，就是不可行。

一、初步调查的内容

根据用户对建设管理信息系统的要求，首先对要求建设管理信息系统的企业进行企业目标、企业资源及其业务活动等概况的初步调查，分析现行企业内部与外部的条件。初步调查分析的目的是确定新系统开发的必要性和可行性。可行性分析结果以可行性分析报告的形式表达。

初步调查是可行性分析的前提和基础，其主要内容有：

（1）系统的约束环境

系统的约束环境包括用户组织的情况、预计开发系统的外部环境、系统规模、组织中存在的问题。

（2）现行系统概况

现行系统概况包括现行系统的规模、组织机构、功能业务、管理体制、工作方式、工作效率、可靠性、原始数据的完备程度、人员素质和技术手段等。

（3）系统的资源情况

系统的资源情况包括组织的财务状况、技术力量、计算机设备资源以及为改善现行系统能够投入的人力和财力资源。

（4）系统各类人员对系统的态度

系统各类人员对系统的态度包括领导和有关管理业务人员对现行系统的看法，对新系统开发的支持和关心程度。

二、可行性分析与开发方案提出

1.可行性分析

开发新系统的必要性取决于需求的迫切性和实现的可行性。可行性并不等于可能性，它还包括必要性。

必要性分析的内容主要如下：

（1）“显见”的必要性

企业的发展导致数据量越来越大，或由于精确度要求的提高及技术本身的复杂性，导致不使用计算机就不能解决的问题越来越多等，而自然地提出要建立一个手工无法比拟的新信息系统——基于计算机的管理信息系统。这种情况的必要性易分析，结论也易得。

（2）“预见”的必要性

企业的发展及技术的进步，使得一些企业领导者预见未来不久信息处理手段必须更新，否则不能适应未来信息处理的需要，不能适应竞争的环境，于是，企业领导提前采取措施，建立一个新的管理信息系统。

（3）“隐见”的必要性

有些系统如社会服务系统，服务效率很低，明显地影响社会效益和经济效益，但这种影响不是直接看得见、摸得着的，而是隐见的。因此，必须重视这些隐见的必要性，应毫不犹豫地放弃效率低下、隐含着许多浪费和消耗的旧系统，建立一个高效的全新的管理信息系统。

可行性分析的主要内容有：

（1）技术可行性分析

根据新系统的目标来考虑系统的软硬件设备、环境条件和技术力量是否具备，即技术上实现的可能性。技术可行性分析需要考虑技术方案是否可行，以及技术能力是否可行。

对于计算机系统，主要考虑其技术先进性、成熟性、适应性、可靠性和安全性等。硬件方面主要应考虑计算机的内存容量、外存储器、运算速度、网络通信能力、安全保护措施和外部设备的功能效率等。系统软件方面应考虑操作系统、数据库管理系统的配置和功能、程序设计语言的种类和表达能力等。应用软件的目标、架构、功能、开发方法是否合理。

在技术力量方面，管理信息系统在系统开发、使用、维护各阶段需要系统分析员、系统设计员、程序员、操作员、录入员及软硬件维护员等各类专门人员。由于系统维护是管理信息系统生命周期中一项长期且繁重的工作，新系统投入正常运行后，不可能一直依靠开发人员进行系统维护。因此，在技术可行性分析时，必须考虑单位业务人员的文化素质，经过培训后能承担使用和维护工作的可能性。

（2）经济可行性分析

经济可行性分析需要对系统开发的投资方面、成本/效益进行分析。经济可行性分析需要考虑投资规模和来源是否可行，以及新系统的经济与社会效益。

①新系统所需投资包括：系统开发成本，包括设备费用（计算机硬、软件，外部设备，网络通信设备，电源设备，机房和空调等费用）、人员费用（开发费，操作人员、维护人员的工资及培训费用）、材料和消耗品费用（打印纸、电等的费用）、系统管理和维护费用、其他费用（除上述所列以外的一切有关费用）。

②新系统的效益包括：增加利润和市场份额；降低生产管理费用，加快了资金的周转，因而降低了产品的成本；提高数据处理的及时性和准确性；节省人力，减轻劳动强度；管理体制改进，使用信息方便，从而领导决策更为及时、准确；提高了与同行业务竞争的能力；取得了良好社会效益。

（3）管理可行性分析

管理可行性分析需要考虑现有的管理是否规范，再就是管理人员对开发新系统的态度。

①从制度、组织、流程、标准等方面，判断企业现在的管理情况是否规范。管理不规范的企业，不具备开发管理信息系统的基础。即使勉强开发管理信息系统，应用效果也会大打折扣。

②企业领导对新系统开发态度是否坚决。

③管理人员对新系统开发的态度如何。

④对新系统运行后将对各方面产生的影响力加以考虑。新系统的开发将导致管理模式、数据管理方式及工作习惯的改变，这些改变的变动程度如何，管理人员能否接受。

2.提出开发方案

在可行性分析报告中，规划小组要在备选的几个开发方案中推荐一个最优的开发方案。详细的进度安排和各项任务的具体完成时间以及具体的负责人等，都将在项目开发计划中给予说明。项目开发计划常用甘特图（Gantt Chart）和项目计划表加以说明。

（1）甘特图

甘特图原是用于工程方面控制项目进度的方法，现用来规划信息系统开发的时间进度。

（2）项目计划表

这种表示方法比甘特图方法更加具体，它往往是各项目具体任务的详细说明，包括每项工作的开始时间、结束时间、计划用时，并且指出每项工作的具体执行人或者是每项工作对执行者的能力要求等。项目计划表如表4.7所示。

表4.7　项目计划表

项目名称：　　　　日期：

项目负责人：　　　　制表：

活动/任务	活动/任务的描述	具体执行者或能力要求	计划用时	实际用时	计划日期		实际日期	
					开始	结束	开始	结束

项目开发计划一般采用图表的方式来说明项目开发的具体进度，能给人一种直观的、具体的印象，使之成为可行性研究报告的一种很有效的补充说明。

3.可行性研究报告

可行性研究报告是开发人员对现有系统初步调查、分析和规划的结论，反映了开发人员对系统开发的看法，也是系统开发过程中的第一个正式文档。参考《计算机软件文档编制规范》（GB-T8567-2016）中对可行性研究（分析）报告的内容规定，可行性研究报告的主要内容及格式如表4.8所示。

表4.8 可行性研究报告的主要内容及格式

(一)引言	(1)摘要。摘要说明新系统的名称、目标和功能。 (2)背景。说明系统建设的承担者、用户及本系统与其他系统或机构的联系和背景。 (3)参考和引用的资料及专门术语定义。说明本系统的文件、合同和资料，报告中所用的专门术语等。
(二)系统建设的背景、必要性和意义	(1)现行系统分析。对现行系统进行初步调查分析，包括：现行系统的组织结构、业务流程、工作负荷；现行系统的人员情况、运行费用开支及设备状况和设备使用情况；现行系统的硬件配置、使用效率和局限性；现行系统的问题及需要改进方面。 (2)需求调查和分析。对系统需要的资源进行调查和说明，并考虑各种制约因素。 (3)需求预测。
(三)拟建系统的候选方案	(1)拟建系统的目标。 (2)系统的建设规模和初步设计方案。 (3)系统建设的实施计划。 (4)预算及投资方案。 (5)人员培训及补充方案。 (6)期望收益。
(四)可行性分析	(1)技术可行性分析。 (2)经济可行性分析。 (3)管理可行性分析。
(五)候选方案的比较研究	对所有的候选方案,从技术、经济和管理三个方面进行比较分析。
(六)结论	(1)可以立即开发。 (2)需对系统目标进行某些修改后才能进行。 (3)需等待某些条件具备后才能进行。 (4)目前不可行。

可行性分析报告要提交给领导小组，然后召开会议讨论。为了做出尽可能符合实际的判断，有必要聘请一些外单位有经验的专家参加讨论，广泛听取他们的意见。

讨论的结果可能有两种情况：一是各方面对所提出的报告可以形成一致意见，按照报告所提的建议，或立即开始执行，或修改目标后执行，或等待某种条件具备后执行，或取消项目。二是不能形成一致意见，对某些问题的判断有不同看法。这时如果不同点不影响整个问题的结论，那么可以把问题留待详细调查时解决，项目可以照常进行；如果影响整个问题的结论，那就要回过头来，重新进行调查分析，当然这时的调查就是着重于对有不同看法的问题进行深入的调查。

如果可行性报告讨论通过，它就成为整个组织的领导、管理人员和系统开发人员的共同认识。这个文件不但明确规定了信息系统开发工作所要达到的目标，而且规定了所需要的资源条件。可行性分析报告将成为下一阶段工作的依据。

本章小结

诺兰阶段模型主要包括初装、蔓延、控制、集成、数据管理和成熟六个阶段，诺兰阶段模型主要用于选择系统战略规划的时机。

信息系统战略规划的内容、特点和步骤。常用的战略规划方法有：关键成功因素法、战略集合转移法和企业系统规划法。

业务流程重组的概念与实施过程，以及业务流程重组与MIS战略规划的关系。

初步调查和可行性分析的内容，可行性分析主要从三个方面进行，即技术可行性分析、经济可行性分析和管理可行性分析。可行性分析的结果以可行性分析报告的方式表达出来，要求指明可行性分析的结论。

习题

1. 诺兰阶段模型的实用意义何在？它把信息系统的成长过程划分为哪几个阶段？

2. 什么是业务流程重组？为什么说业务流程重组不仅涉及技术，而且涉及人文因素？人文因素体现在哪些方面？

3. 制定MIS战略规划时使用BSP方法主要想解决什么问题？BSP方法的主要步骤是什么？

4. 什么是可行性分析？可行性分析涉及哪些方面？

5. 为什么要进行MIS的战略规划？其任务是什么？

6. MIS战略规划有什么特点？

第五章 系统分析

本章首先介绍了详细调查的原则、内容和方法，并讨论了用户需求分析的内容与方法。接下来研究了组织结构分析、业务流程分析、数据流程分析、子系统划分和E-R图设计等内容，在分析工作完成后，形成新系统的逻辑方案，并完成系统分析报告。

学习目标

1. 了解详细调查的原则、内容和方法。
2. 掌握业务流程分析和业务流程图的画法。
3. 掌握数据流程分析和数据流程图的画法。
4. 熟悉系统逻辑方案的内容。

第一节 系统分析概述

在系统规划阶段，需要完成可行性分析报告并上报组织领导审批。在可行性分析报告得到批准以后，就可以进入下一个阶段即系统分析阶段。在系统分析阶段需要完成新系统逻辑设计，这对于管理信息系统开发而言，是一个非常关键的阶段。

1. 系统分析的含义

系统分析阶段的主要任务就是明确开发系统目标机构的业务逻辑，并建立各种逻辑模型。业务逻辑是指一个机构开展业务的步骤与方法，在结构化生命周期法中主要用业务流程图和数据流程图表示。系统分析方法就是从系统的观点出发，对组织内各种事务流程进行分析与综合，找出各种系统建设的可行方案，供决策者选择。

2. 系统分析的基本原则

在进行系统分析时，需要注意以下几个基本原则：

①外部条件和内部条件相结合。

②当前利益和长远利益相结合。

③局部利益和整体利益相结合。

④定量分析与定性分析相结合。

⑤协调性原则。

⑥客观性原则。

⑦“自顶向下”的工作原则。

3.系统分析的特点

（1）工作内容涉及面广、不确定性大

系统分析需要对组织的管理机构、功能设置、业务流程、数据流程、管理模型等各方面进行调查和分析，将企业目标与系统开发有机地结合起来。因此，会涉及组织管理的方方面面，具有一定的不确定性。

（2）面向组织管理问题，与各类人员进行交流

系统分析不仅需要考虑到具体业务处理人员的职责，还需要对必要的管理职责进行分析与协调，就需要同下至普通业务人员上至组织高层领导的各类人员进行沟通和交流。

（3）用图表的方法给出建模结果，直观易懂

系统分析需要采用组织结构图、功能层次图、业务流程图、数据流程图、判断树、判断表等各类图表的方法来表示系统分析的过程和结果。用图表的方法同用户进行交流，直观易懂。

（4）强调逻辑结构而不是物理实现

在系统分析阶段，主要考虑系统应该具备什么样的功能，而不必去考虑应该如何实现这些功能。也就是说，只对系统进行逻辑上的分析，而不去考虑系统的物理实现。

（5）追求的是有限目标

在系统分析阶段，通过对组织的详细调查和需求分析，并与管理信息系统的目标相结合，追求一些可以实现的有限目标。通过对这些具体目标的实现来达到管理信息系统目标与企业战略目标的统一。

一、系统分析的任务

管理信息系统分析的任务是在系统详细调查的基础上，对组织内部的管理状况和信息处理过程进行分析，在系统分析完成之后，提出新系统的逻辑方案。

系统分析的主要任务是：

（1）详细调查

对机构情况和业务逻辑进行详细地调查，并借助一些工具进行描述，这是系统分析最基本的任务。只有充分了解了业务逻辑的现状，才有可能发现管理和业务流程中存在的薄弱环节并进行改进。

（2）分析用户需求

用户需求是指用户希望新系统应具有的全部功能和特性。主要包括：功能需求，性能需求，完整性要求，安全、保密要求，界面需求，数据需求等。

（3）业务流程分析和数据流程分析

在对组织结构和功能层次进行分析的基础上，描述出现行系统的具体业务流程，并进行优化和重组；抽象出现行系统的数据流程图，并进行优化。

（4）提出新系统的逻辑模型

在上述基础上提出新系统的逻辑模型。之所以称它为逻辑模型，是因为它只在逻辑上确定了新系统模型，而不涉及具体的物理实现，也就是要解决系统“做什么”，而不是“如何做”。逻辑模型由一组图表工具进行描述，用户可通过逻辑模型了解未来新系统，并进行讨论和改进。

（5）编写系统分析报告

对上述采用图表描述的逻辑模型进行适当的文字说明，就构成了系统分析报告，它是系统分析阶段的主要成果。

二、分析的步骤

系统分析阶段的工作步骤为：

1.详细调查和分析用户需求

在系统规划阶段进行的初步调查只是为了满足总体规划和可行性分析的需要，相对比较概括。到了系统分析阶段，则应在初步调查的基础上，进一步系统地收集组织有关信息，分析用户需求，明确系统分析的目标。

在系统分析阶段，需要对该机构涉及的各种管理和业务活动，采用“自顶向下”的方法进行详细的调查，确定其具体的工作流程，调查结果可以用业务流程图来表达。然后对业务流程进行抽象，识别出信息流程，画出数据流程图。这是对现行业务全面的、概要性的描述。

在详细调查的基础上，要了解并分析用户对系统的需求，其中包括：

①系统的功能需求：新系统所应该实现的，支持组织管理、决策和业务处理的各项功能。

②系统的性能需求：用户对新系统在性能方面的考虑，如联机系统的响应时间、系统需要的存储速度等方面的考虑。

③安全性与完整性要求：需要考虑新系统的安全措施，并考虑系统软件与数据库的备份与恢复、可靠性等方面的要求。

④界面要求：系统的输入与输出会涉及用户界面和系统界面，需要明确使用系统的人员与内部部门，并考虑与其他系统或设备的集成关系。

⑤数据需求：需要了解用户在工作中用到的业务数据，并分析与系统功能的关联关系。

⑥其他需求：包括开发时间和费用需求，以及将来可能提出的要求。目前尚不属于开发范畴，但将来随着外界环境的变化及系统的发展，可能会提出一些新的需求。

2.组织结构、管理功能与业务流程分析

在详细调查的基础上，用图表和文字对现行机构的业务展开情况进行描述。开发管理信息系统通常伴随着业务流程重组或优化工作，因此需要详细了解各级组织的职能和有关人员的工作职责、开展业务的步骤与内容等情况。如果存在优化的必要，需要给出与新系统功能相一致的业务流程优化方案。业务流程的分析应当顺着机构中信息流动的方向和过程逐步地进行，通过业务流程图详细描述各环节的处理业务及信息的来龙去脉。

3.数据流程分析

数据流程分析就是把数据在组织内部的流动情况抽象地独立出来，舍去具体组织机构、信息载体、处理工作、物资、材料等，仅从数据流动过程考察实际业务的数据处理模式。主要包括对信息的产生、流动、处理与存储的分析。数据字典是数据流程分析中的一个重要的补充工具。

4.确定初步的逻辑模型

逻辑模型是指仅在逻辑上确定的新系统模型，而不涉及具体的物理实现，也就是要解决系统“做什么”，而不是“如何做”的问题。在系统分析阶段，假定技术是完美的，不考虑现实世界中的各种制约因素。

在进一步明确新系统的开发目标的基础上，通过对现有业务逻辑的分析和优化，确定出新系统的逻辑功能结构。同样，对新系统也需要使用业务流程图和数据流程图进行描述，并借助于管理模型做出企业内部管理与决策的规范。

5.编制系统分析报告

系统分析报告包括新系统的目标、业务流程图、数据流程图与数据字典、子系统划分、E-R图等。系统分析报告既是系统分析阶段的主要成果，又是进行下一阶段工作即系统设计的基础，同时也是将来系统开发完毕后进行系统验收的主要依据。因此，系统分析报告是管理信息系统生命周期中的一项重要文档。

三、分析方法与工具

1.分析方法

结构化系统分析方法是目前进行系统分析的主要方法。结构化思想强调规则明确、范围清晰，它限定了采用结构化生命周期法开发系统的阶段与阶段内的工作步骤。系统思想则采用层层分解的方法，将复杂的对象分解为相互联系的一组简单对象，在分解过程会应用控制加功能原则，即下层子系统或模块的功能总和等于上层子系统的功能，上层子系统可以完全控制下层子系统或模块。

（1）面向处理的功能分解法

功能分解法是结构化分析方法中最早使用的一种方法。功能分解法将所研究的问题视为一个大的处理过程，然后逐步将其分解为多个子处理过程，用数据描述各子处理过程之间的联系，重复此过程直到将整个系统分解为多个简单的、易于处理的过程为止。

接下来解决系统的总体控制问题，即各子处理过程的执行顺序。其数据基本上是按照各处理过程的联结关系来组织的。

功能分解法很直观，易被接受，涉及的概念也比较简单，但不同的分析者对同一问题的分析结果不尽相同。

（2）面向控制的事件响应法

事件响应法将系统视为一个黑箱，分析各种事件产生的预期响应。首先识别与系统有关的各类事件如外部事件、时序事件与状态事件，外部事件是最主要的事件，指来自于系统外部的输入消息。通过事件响应，可以说明系统的总体功能需求。外部事件刻画了系统的界面，将某个外部事件的响应定义为一个处理过程，最后从处理过程的联系中推知系统中需要的数据。

事件响应法分析出的模型易于理解，缺点是必须假定系统需求是完整的、一致的，系统分析时所涉及的概念比较复杂。

2.系统分析的工具

为了便于分析和交流，在系统分析过程中需要使用多种图形工具。图形工具形象直观，可以帮助理解，提高效率。

系统分析的主要工具有：

①描述处理逻辑的工具，如结构化语言、决策树和决策表等。

②其他工具，如组织结构图、功能层次图等。

第二节　详细调查

详细调查的对象是现行系统（包括手工系统和已应用计算机的管理信息系统）。详细调查的目的在于完整掌握现行系统的现状，发现问题和薄弱环节，收集资料，为下一步的系统化分析和提出新系统的逻辑设计做好准备。

详细调查的范围应该围绕组织内部业务所涉及领域的各个方面。详细调查需要弄清现行系统的基本逻辑功能及信息流程，其重点在于调查分析系统内部功能结构，包括组织结构、业务流程、数据流程、数据存储及其组成等。这些正是新系统研制中有可能要加以修改、更换的内容。详细调查的细致程度比初步调查要高得多，工作量也大，参加的人也多，而且要有一些熟悉现行系统业务和管理工作的人参加。

系统规划阶段的初步调查是为了论证建立一个新系统的必要性，提出初步设想，并对实现新系统的可行性从技术、经济和管理三个方面进行分析。而系统分析阶段的详细调查是深入弄清组织中信息的处理及流程、组织结构、业务流程等，它是相对于系统规划阶段所进行的初步调查而言的，这两次调查在目的、内容、详略程度和工作量等方面有很大的差别，见表5.1所示。

表 5.1 详细调查与初步调查的对比

	初步调查	详细调查
目的	为可行性分析提供依据	为确定新系统的逻辑模型提供依据
内容	（1）原系统的概况 （2）原系统的总体功能 （3）原系统存在的问题 （4）新系统的开发条件与约束条件	（1）原系统的详细情况和具体结构 （2）原系统的功能层次结构 （3）原系统存在问题的具体情况以及改进途径 （4）原系统的信息流程、数据结构以及业务处理办法
详细程度	粗略	详细
工作量	小	大

一、详细调查的原则

详细调查应遵循以下原则：

1. 用户参与的原则

在采用结构化生命周期法开发过程中，用户参与系统开发的主要阶段是系统分析阶段，因为分析阶段的系统需求工作需要与用户的大量交互。在系统规划阶段、系统实施阶段、系统运维阶段，用户参与是为了配合完成系统的开发，在系统设计阶段，用户参与开发工作程度最低，主要由系统开发人员完成相关工作。用户与开发人员两者结合，能够互补不足，更深入地发现现行系统存在的问题，共同研讨解决的方案。

2. 系统性原则

组织内部的每一个管理部门和每一项管理工作都是根据组织的具体情况和管理需要而设置的，详细调查需要搞清这些管理工作之间的相互关系、环境条件以及工作的详细过程。此外，系统分析还需要考虑在新管理信息系统支持下的管理和业务流程的优化问题。

3. 真实性原则

不完整甚至虚拟的调查资料会严重影响系统分析和设计人员的判断，给系统开发带来障碍。在详细调查阶段，不应对所得到的资料进行评价和选择，应该保持资料的客观真实。

二、系统调查的内容

详细调查主要针对管理业务调查和数据流程调查两部分进行。

1. 环境调查

环境调查的内容包括：企业的管理水平、原始数据完备程度和精确程度、规章制度是否健全和切实可行、用户对开发新系统的认识等。

2. 新系统的目标调查

进行新系统的目标调查，主要目的是进行目标分析，目标分析的好坏是系统开发成败之关键。管理信息系统开发的好坏主要并不在于硬件、软件技术水平的高低，而在于所开发的系统是否符合组织的战略目标。

除了要确认新系统的目标是否与企业的目标相一致外，如果存在企业整体信息化规划，还要检查管理信息系统的目标与信息化战略目标、信息化战略规划内容是否相符。在信息化深度推进，企业面临数字化转型的大背景下，管理信息系统的目标与企业战略目标、信息化战略目标密切相关。

通过对所开发系统的目标调查，可以全面地了解本单位的职能，为管理信息系统的总体方案设计奠定基础。在管理信息系统的开发研制过程中，我们要保证管理信息系统的每一环节确切支持系统目标的实现，使信息系统的分析、设计，直到运行做到有效。并且每个具体目标在管理信息系统中得到落实和支持，使管理信息系统更为完整、全面。从长远的观点来分析目标，会增强管理信息系统的适应性。

3. 组织结构调查

在一个组织中，整个组织的功能是分解给各个部门实现的。由企业目标分解为部门职能，再由部门职能展开为业务流程，是一个管理职能层层分解的过程。因此，组织结构调查需要弄清楚一个组织的内部机构设置情况，调查的结果用组织结构图来表示。

4. 管理功能调查

对于每个部门担负的管理职责，需要进一步调查并理清。在完成组织结构调查后，就必须明确各级管理部门中，每一个部门的管理职责。一方面，各管理层级的所有部门协作，完成整个组织的功能，部门的职责总和等于组织的整体职能；另一方面，每个部门的职能又可以进一步细分，分解为工作步骤，用业务流程图进行表达。

因此，管理功能调查需要形成一个组织机构内部的功能层次图，把整个组织的职能通过层层分解，落实到各个部门，以实现整体的协调一致。管理功能的调查结果用功能层次图来表达。

5. 管理业务流程调查

业务流程是组织中各项具体业务的运作过程。一个组织往往是通过诸多不同的业务活动把各个部门组成一个有机整体而去实现组织目标的。

调查管理业务流程应顺着各项业务的信息流动的过程逐步地进行，内容包括各环节的处理业务、信息来源、处理方法与计算方法、信息去向、提供信息的时间和形态（报告、单据、屏幕显示等）。

一个组织的业务流程可用业务流程图来表示。

6. 数据流程调查

（1）数据流程调查的内容

数据流程调查的内容为数据流程图和数据字典服务，数据流程图中的每个处理都会涉及输入、处理过程、输出和数据存储（IPO+S），而数据字典则涉及对数据的详细描述。

①收集原系统全部输入单据（如入库单、收据、凭证）、输出报表和数据存储介质

（如账本、清单）的典型格式。

②弄清各环节上的处理方法和计算方法。

③在上述各种单据、报表、账本的典型样本上（或用附页）注明制作单位、报送单位、存放地点、发生频度（如每月制作几张）、发生的高峰时间及发生量等。

④在上述各种单据、报表、账册的典型样本上注明各项数据的类型（数值、字符等）、长度、取值范围。

（2）数据的来源

在数据流程调查环节，主要涉及各类文档。管理信息系统所涉及的数据可从以下途径调查得到：

①现行组织机构的有关资料。

②现行各部门的业务流程相关数据。

③各种会议的文件。

④计算机文件（或数据库）系统的数据。

⑤上级下达的各种文件和各项任务指标。

⑥与本单位有关的其他单位的有关信息。

⑦其他各种报表、报告、图表。

7.决策方式和管理方法调查

详细了解各部门负责人的工作职责、决策内容、存在问题和对新系统的要求等，以便发现各种现存问题和薄弱环节。现行系统中的各个薄弱环节正是新系统中要解决和改进的主要问题。对这些薄弱环节进行分析，提出改进方案，使之成为新系统的重要组成部分。

三、系统调查的方法

对当前系统的调查研究是一项繁琐而艰巨的工作，为了使调查工作能顺利进行并获得预期成效，需要掌握有关方法和技巧。在管理信息系统开发中采用的调查方法通常有以下几种：

（1）收集资料

将企业内各部门日常业务中所用的计划、原始凭据等样本统统收集起来，以便对它们进行分类研究。

（2）问卷调查法

针对所需调查的各项内容，编制相应的各种形式的调查表，用这些调查表对企业管理岗位上的工作人员进行全面的需求调查（填表），然后分析整理这些调查表逐步得出我们所要调查的内容。

常见的调查表有：

①上级单位对企业要求调查表。

②系统功能需求调查表。

③企业业务流程调查表。

④企业各业务部门组织结构及业务范围调查表。

⑤信息需求调查表。

⑥业务文件/报表调查表。

发调查表的方式适用于需要对许多单位进行调查，而调查的信息量又不大的情况，调查表的设计要抓住中心，提问要简单、直接。

（3）深入实际的调查方式

深入实际的调查方式指参加业务实践，对于复杂的计算过程如能亲自动手算一算，对以后设计和编写程序设计说明书都是很有益的一步。一个好办法是在这个阶段就收集出一套将来可供程序调试用的测试数据，这对系统实施阶段检验程序的正确性很有用处。

（4）开调查会

开调查会是一种集中征询意见的方法，适合于对系统的定性调查。

①按职能部门召开调查会。用于了解各部门业务范围、工作内容、业务特点以及对新系统的想法和建议。

②各类人员联合座谈。着重听取对目前作业方式和对新系统的要求。

（5）访谈

开调查会有助于大家互相补充见解，以便形成较为完整的印象。但是由于时间限制等其他因素，不能完全反映出每个与会者的意见，因此，在会后根据需要再进行个别访问。

（6）发电子邮件

如果企业已经具有网络设施可通过互联网和局域网发电子邮件进行调查，这可以大大节省时间、人力、物力和金钱。

（7）电话和电视会议

如果有条件，可以利用电话和电视会议进行调查，但只能作为补充手段，因为许多资料需要亲自收集和整理。

第三节 用户需求分析

一、用户需求分析概述

1.用户需求的定义

需求分析是一项困难的工作，其主要原因如下：

①客户对需求不能清晰地表述。

②需求自身经常变动。

③分析人员或客户理解有误。

通过对新系统目标的调查和讨论，将新系统的目标具体化。同时，结合对用户需求的调查和分析，产生新系统的逻辑模型，如图5.1所示。

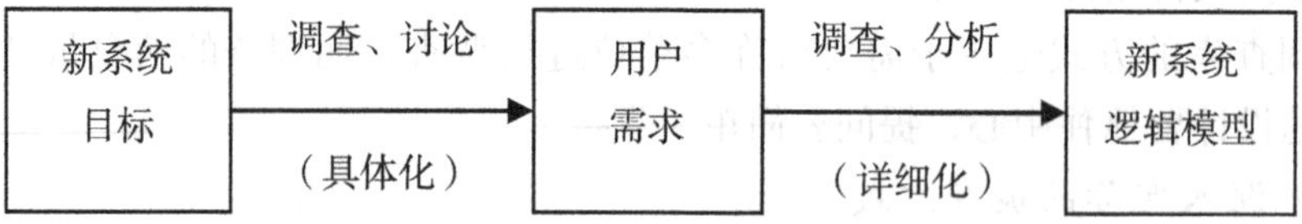

图5.1 新系统目标、用户需求和逻辑模型的关系

2.用户需求分析的作用

(1) 用户需求分析的含义

①全面理解用户的各项要求，但又不能全盘接受所有的要求，因为并非全部要求都合理。

②要准确地表达被接受的用户要求。

(2) 用户需求分析的作用

借助于当前系统的逻辑模型导出新系统的逻辑模型，解决新系统"做什么"的问题，如图5.2所示。

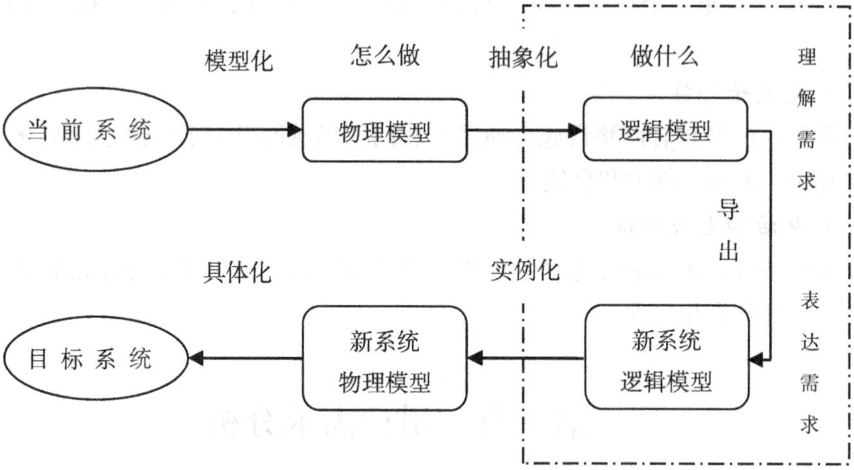

图5.2 参考当前系统建立新系统模型

二、确定用户需求

1.明确用户需求的调查来源

需求的来源主要包括用户、管理实践、文档和老系统等。不同的需求来源可以为不同的需求内容提供参考。

①通过对用户进行调查，可以了解用户对现有业务流程的改进意见，老系统存在的

问题，以及对未来系统各个方面的需求建议。

②通过观察业务流程或亲身实践，可以了解机构开展业务的详细过程，为业务流程图和数据流程图的绘制奠定基础。

③通过对文档的整理与分析，可以了解系统的输入输出相关数据或文档，可以了解业务过程的相关制度、标准等方面的约束。

④如果企业需要对已有的系统进行升级或替代，通过使用老系统，并且征求用户的意见，就可以明确新系统需要解决的关键问题。

2.选择合适的调查方法

常用的调查方法有实地调查、访谈、问卷调查、会议调查、文献调查、专家调查等。

①对于用户，可以采用访谈方法、问卷调查方法、会议调查方法等。

②对于管理实践，建议采用实地调查方法，观察业务人员处理业务的过程，或者采用亲身实践的方式，对业务逻辑进行深入地了解。

③对于文档的调查，主要采用文献调查方法，搜集与业务管理、系统开发有关的数据、资料与文档，之后对其进行挑选与分析。

④对于老系统，可以进行亲身实践，并结合文献调查、访谈等方法，找出原系统中存在的主要问题，并探讨可能的解决方向。

此外，对于如何采用先进的管理学理论或原型，可以采用专家调查方法，专家调查方法又可以分为专家会议法和德尔菲方法。如果由于行业术语等原因导致用户不能充分表达需求，还可以应用丢弃式原型诱导用户充分表达自己的需求。快速制作一个功能、界面、数据库或报表的原型，之后让用户表达意见进行修正，通过多次迭代，就可以相对准确地获取用户的需求。

3.确定需求调查的内容

系统的需求分为功能需求与非功能需求两组，在结构化生命周期法开发过程中，功能需求优先于非功能需求。

①功能需求是未来管理信息系统的核心模块，用来提供对业务逻辑的支持。通过系统功能的运行，可以用信息化的方式处理业务问题，让业务运行效率更高，效果更好。

②非功能需求包括性能、安全性、完整性、界面、数据等。性能是指一组通常与时间有关的指标，用来评判未来管理信息系统运行的速度与效率。安全性要考虑与系统有关的安全技术、安全措施、安全规范，让系统的功能与数据不被越权使用。完整性包括一组措施，保证系统的功能和数据不被破坏，通常应用软件部分采用备份与恢复机制，数据库部分除备份与恢复工作外，还要考虑实体完整性、参照完整性和用户自定义完整性等数据库完整性工作。界面是与功能需求高度相关的输入/输出界面，重点考虑人机界面的友好性，并需要兼顾系统界面，以实现相关系统的集成。数据需求要综合考虑输入数据、存储数据和输出数据，一方面能让信息系统顺畅运行，另一方面要能有效地支持组织机构内业务的有效运行。

4.整理需求清单，并按优先权排序

①可以按功能需求与非功能需求分组，也可以按各项具体的需求分组，对各项需求按照优先权进行排序。优先权是指对业务功能的支持能力、用户需要的迫切程度、系统功能的相关程度等，优先权高的需求对于实现系统来说更加重要。

②明确与系统开发有关的重要约束。对于系统开发来说，重要的约束因素主要有资金、开发时间、开发人员的技术能力等。由于存在管理信息系统项目的资源约束，所以系统开发的目标必须合理，系统开发的内容必须清晰地界定。

③综合需求与约束，与用户进行协商，通过多次迭代，最终确定需求清单。最终的需求清单需要使用用户需求说明书清晰、准确地描述出来。通常用户需求说明书由系统开发方完成，由系统委托方确认。用户需求说明书是技术文档，项目合同是法律文档，两者共同说明管理信息系统开发的要求。

第四节　组织结构与业务流程分析

一、组织结构与管理功能分析

1.组织结构调查

组织在这里是指一个单位、企业或部门。组织结构调查，就是要弄清楚组织内部的部门划分及部门之间的相互关系，如图5.3所示。信息的流动关系是以组织结构为基础的，同一组织的各部门之间存在着各种信息和物质的交换关系。原料由外界流入，进入某一部分加工或处理后，又流向另一个部分，最后流出系统，成为系统的输出。在这种物质流动的过程中，各种数据在组织的相应部分产生出来，并通过一定的途径流向管理部门，经过进一步加工整理的信息再流向组织领导，组织领导也会下达各种指令（这也是信息）给下属各单位。

组织结构调查中还应详细了解各级组织的职能和有关人员的工作职责、决策内容、存在问题以及对新系统的要求等。

2.管理功能调查

管理功能调查的任务，就是要了解与系统功能相对应的管理功能层次结构。在掌握机构组织体系的基础上，以组织机构为线索，层层了解各个部门的职责、工作内容和内部分工，就可以掌握现行组织的功能体系，并用功能层次图来表示。功能层次图的一般形式如图5.4所示。

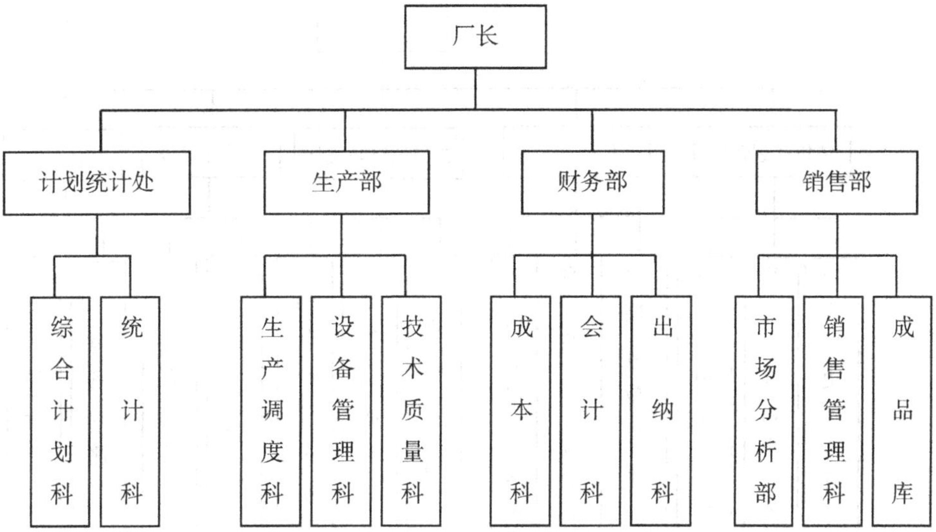

图5.3　某工厂组织结构图

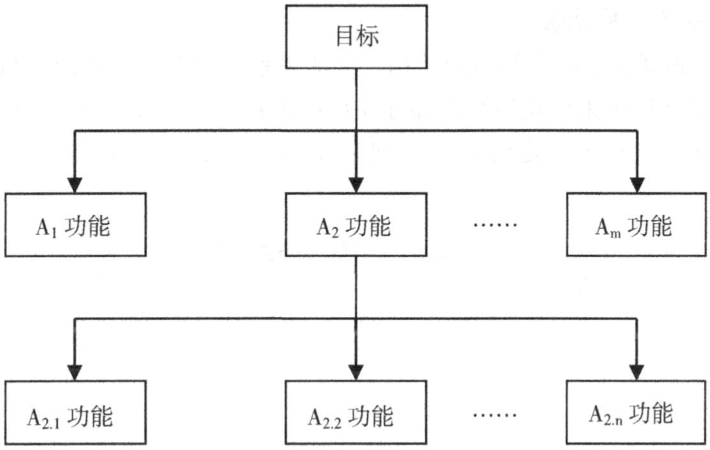

图5.4　功能层次图的一般形式

在上图中，A_1，A_2，…，A_m为组织机构的第一层功能，应在调查的基础上对这些功能进行分解。例如上图中的功能A_2可分解为$A_{2.1}$，$A_{2.2}$，…，$A_{2.n}$功能，也可以再将这层子功能进一步分解成更细的子功能，直到功能分解足够详细为止。

功能要依靠组织机构来具体实现。因此，一个企业的功能层次图和组织结构图有一定的对应关系。图5.5给出了某销售部门的管理功能（业务结构）。

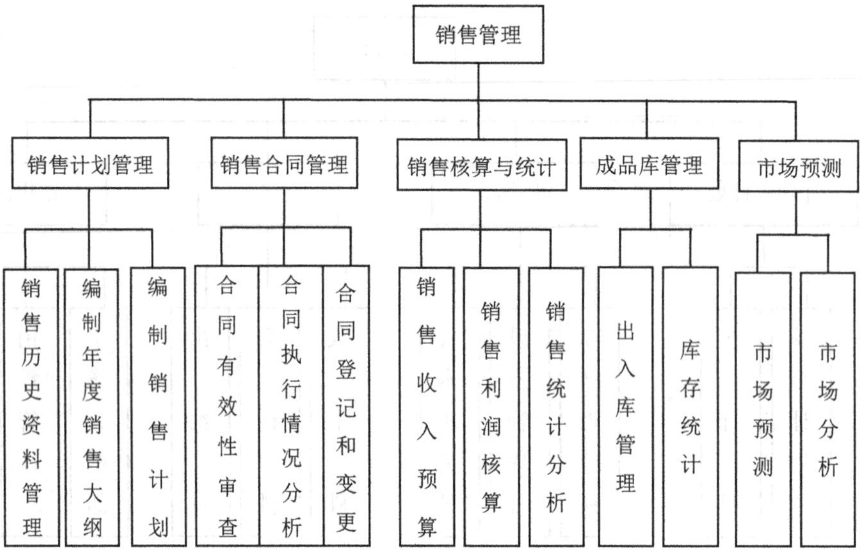

图5.5 某销售系统的管理功能图

3. 组织业务关系调查

为了反映管理业务功能与组织结构之间的关系，需要进行它们之间的相关分析。组织/业务关系表能够用来反映组织各部分在承担业务时的关系，及各单位在执行业务过程中的作用。在组织/业务关系表中，列表示各单位，行表示各种业务功能或过程，如表5.2所示。

表5.2 组织/业务关系表

序号	组织 业务	计划科	质管科	生产科	供应科	销售科	仓库	……
1	生产计划	*		A	A	A	A	
2	产品销售	A		R		*	R	
3	产品、原材料库存	R	R	A	R		*	
4	物料采购	R	A		*		A	
5	生产装配	R	A	*		R	R	
6	质量控制		*	A	R		A	
7	……							

表中：*表示该项业务是对应组织的主要业务。

A表示该单位是参与该项业务的辅助单位。

R表示该单位是该项业务的相关单位。

二、业务流程分析

根据对组织机构图和功能层次图的分析，决定下一步重点调查的部门后对该部门的业务信息、业务流程等进行详细调查。

1. 业务流程调查

按现行系统物质、信息或数据流动的过程，逐个调查现行系统中每个环节物质流、信息流或数据的流动，以弄清每个环节的物质流和信息流的来源和去向，并将现行系统的业务按数据的加工顺序进行描述。

如果一个部门有多项职能，各项职能展开为工作步骤后，可能会通过共同的人员（实体）、管理环节（业务处理）、数据资料（数据存储、文档资料）联结起来，形成一张网络。

2. 现行系统薄弱环节调查

现行系统中的各个薄弱环节应该引起开发人员的充分注意。通常这些薄弱环节正是目标系统中要解决和改进的主要问题，对它们的有效解决，有可能极大地增加目标系统的经济效益和社会效益，从而提高用户对目标系统开发的兴趣和热情。在进行业务流程调查工作中，所接触的业务人员对现行系统最熟悉、最有发言权，他们对现行系统的薄弱环节也最了解。只要开发人员精心设计出调查表以方便被调查人员回答，经过开发人员的仔细分析和认真思考，就能发现现行系统的薄弱环节并找到其产生的原因。

3. 业务流程图

开发人员通过对现行系统业务流程进行详细调查，并对调查结果进行充分认识、深入理解和认真分析，可在详细调查的基础上描述出已经实际存在的现行系统业务流程，即将调查结果用图表和图形描述出来，形成现行系统业务流程图（Flow Chart）。

管理业务流程图是一种描述系统内各单位、人员之间业务关系、作业顺序和管理信息流向的图表，利用它可以帮助分析人员找出业务流程中的不合理流向。

（1）管理业务流程图常用符号

常见的业务流程图符号如图5.6所示。

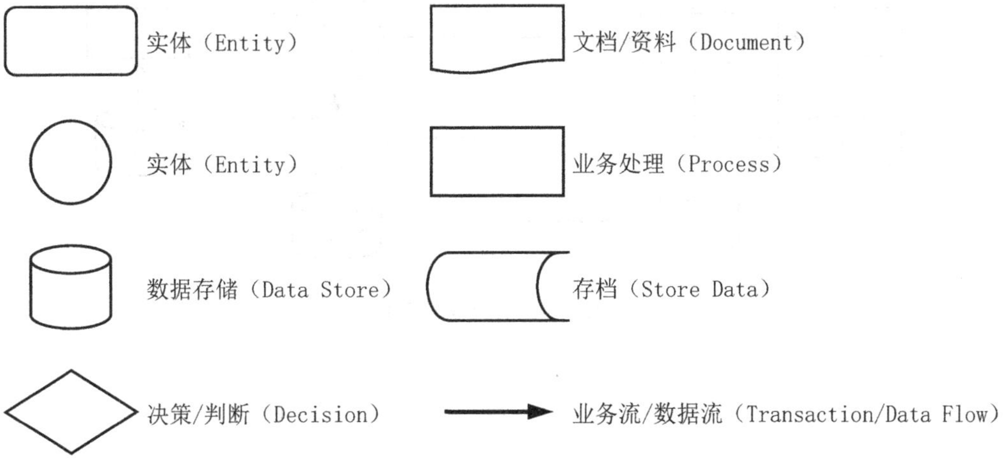

图5.6　业务流程常用符号

（2）业务流程图实例

某出版社邮购业务流程可用图5.7表示。

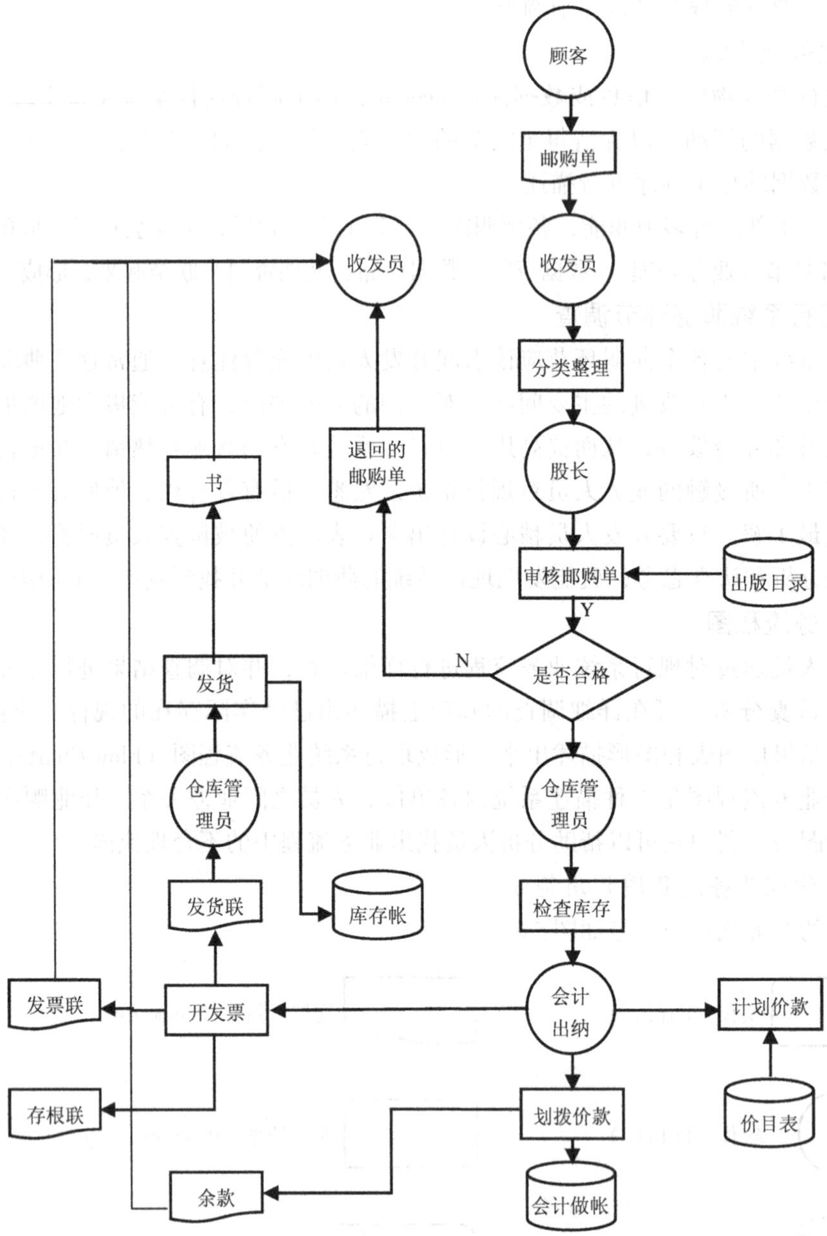

图5.7 业务流程图实例

4. 分析业务流程

分析原有系统中存在的问题以对现有业务流程进行优化，产生新的更为合理的业务流程。

业务流程分析过程包括以下内容：

（1）原有流程的分析

分析原有的业务流程的各处理过程是否具有存在的价值，其中哪些过程可以删除或合并，原有业务流程中哪些过程不尽合理，可以进行改进或优化。对于履行部门职能来说，有没有需要增加的新业务流程。

（2）业务流程的优化

由于原则上一个业务流程对应部门的一项职能，因此要首先对一个部门的职能进行优化，考虑可能的增删并改，其次才能对某一项职能所对应的业务流程中各个工作步骤进行优化，考虑可能的增删并改。

业务流程优化要充分考虑到信息化背景，如由手工系统切换到管理信息系统，或者老系统切换至新系统，基于新管理信息系统的业务流程可能与原有的业务流程存在差异，要充分考虑在新管理信息系统支撑下，业务流程可能做出的优化。

（3）确定新的业务流程

画出新系统的业务流程图。对由现行系统业务流程到新系统业务流程的变动，进行整理和标记，它就是管理层面业务流程优化的各项工作，可以形成专门的业务流程优化的方案。

（4）新系统的界面

在人机界面部分，明确新业务流程中人与机器的分工，即哪些工作可由计算机自动完成，哪些必须有人的参与。

在系统界面部分，如果新管理信息系统是组织信息化方案的一部分，就要考虑与其他系统的集成关系，需要明确集成的方法，明确系统界面。

5. 表格分配图

表格分配图是一种辅助图表，如果存在多联单据或报告与多个部门发生关联的情况，采用表格分配图可以帮助分析员表示出系统中各种单据和报告都与哪些部门发生业务关系，如图5.8所示。表格分配图不能表达完整的业务流程，而只对多联票据的流动做出重点说明。

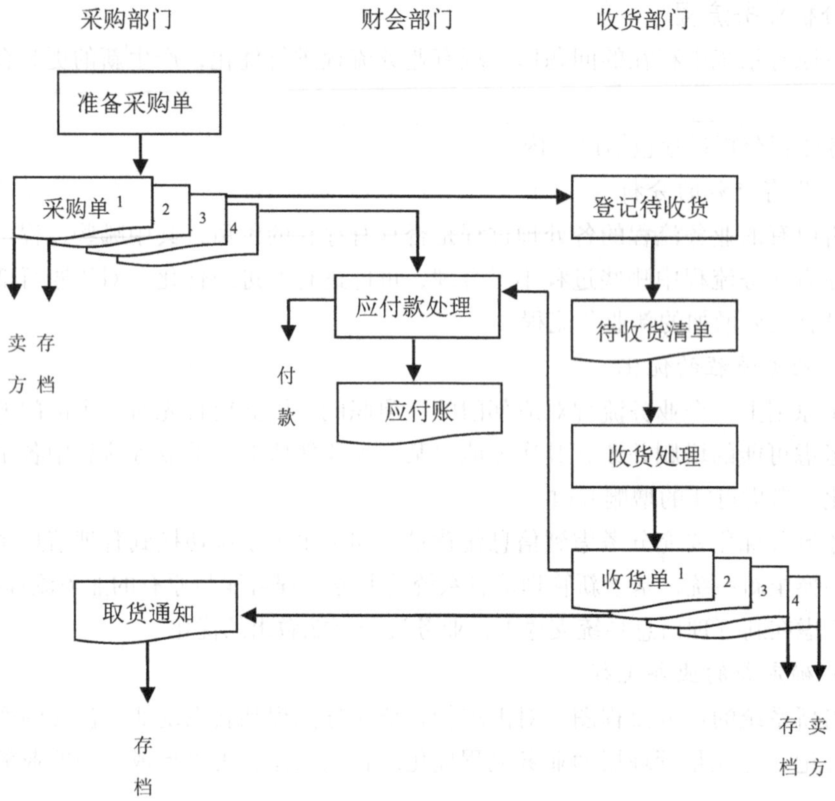

图 5.8 表格分配图实例

第五节 数据流程分析

一、数据收集

数据收集的工作量是很大的，它不单纯只是收集，而往往是伴随着相应的数据分析工作，以确定哪些是有效的、真实的数据，而哪些则是不反映实际情况的、无用的、多余的数据。

数据的来源在一个组织中大致可分成三大类。一是已经存在于组织中的各种文档之中，这往往是以文字或图表的形式来体现的；二是没有以文档形式现存于组织中，而是要靠系统分析人员去进行调查收集的；三是来自组织外部环境的与组织密切相关的文档资料及信息。

（1）现有的文档资料

每个组织都有档案资料，这是数据收集工作的主要信息来源。对于这部分数据来源，要求系统分析人员具有比较充分的管理方面的知识，对所调查的工作过程及管理特点有比较充分的了解，使所收集到的各方面档案资料能最大限度地反映组织的真实情况，而又不至于被大量的无用信息所包围而束手无策。

一个组织的基本文档资料包括：

①组织的正式报告，如组织结构图、各种行政管理手册、各项工作的职责划分及操作过程说明、各种会议记录、各种卡片和报表等。

②现行计算机系统的说明性文件，如各种流程图、数据字典、计算机操作手册，计算机程序说明书及对应程序清单等。

③组织中其他非正式的但对系统分析有参考价值的资料。

（2）非文档化资料

这部分数据资料，虽然不像前面提到的文档资料那么规范、完整，但对于系统分析工作来说却是很重要的。非文档化资料往往存在于组织中的信息系统用户和组织管理者那里，能最真实地反映一个组织及组织中的人对信息系统的要求，很大程度上决定系统分析及以后系统设计的方向，即所建立的新信息系统的根本目标和服务方向。

（3）来自组织外部的信息

对来自于组织外部环境的信息，必须在信息收集过程中给予高度的重视。这部分信息应有效地体现在新信息系统的分析与设计中，使得新信息系统尽快地适应组织所处的复杂环境，为组织的管理决策提供适应环境的方案。组织的外部信息来源包括：

①同行业其他组织的各种信息。

②国家发布的各有关法令、条例及统计资料。

③涉及本组织的原料、产品等的市场信息。

④本组织上级部门的有关文件。

⑤各种计算机厂商提供的产品目录及价格信息。

⑥各种有关的出版物、展览会、讨论会、演示会上的书面资料等。

二、数据分析

1.数据的分析

（1）围绕系统目标进行分析

1）从业务处理角度

为满足正常的业务处理，需要哪些信息，哪些是冗余的，哪些信息暂缺，有待进一步收集。

2）从管理的角度

信息的精度如何，能否满足需要；及时性如何；对于定量化的分析能否提供信息支持等。

（2）弄清信息源周围的环境

弄清信息是从现有组织机构中的哪个部门来的，目前用途如何，受周围哪些环境影响较大，它的上一级（或称层次）和下一级的信息机构是什么等。

（3）围绕现存的业务流程进行分析

① 分析现有报表的数据是否全面，能否满足需要，能否反映业务的事务流。

② 分析业务流量，找出弊端，需要做何改进。

③ 根据业务流程分析哪些信息是多余的，哪些信息是系统内部产生的，哪些信息是需要长期保存的。

2. 数据分析的工具

（1）数据一览表

数据一览表的主要功能：统计输入、输出和存放数据的总量，及精确地表示各种数据流和数据存储的数据结构，如表5.3所示。

表5.3 数据一览表

编号	名称	性质	使用频度	编制单位	使用单位	数据项			
						序号	项名	类型	长度
1	考勤表	输入	1次（月）	劳资科	财务科	1	职工编号	N	5
						2	出勤天数	N	2
						3	……		
2	工资条	输出	1次（月）	财务科	职工	1	职工编号	N	5
						2	姓名	C	10
						3	基本工资	N	5,2
						4	……		

（2）重复数据分析表

调查中应对数据进行重复情况的分析，使用重复数据分析表。从表中可以看出哪些数据是公用的，以确定有无必要或可能对它们精简和合并，如表5.4所示。

表5.4 重复数据分析表

日期：	页号：	仓库提货单	发票		
分析人：					
序号	分析目的数据	表格号:4	表格号:5	表格号:n	合计
1	顾客号	√	√		
2	姓名	√	√		
3	订货号	√	√		

续表5.4

序 号	分析目的数据	表格号:4	表格号:5	表格号:n	合 计
4	地址	√	√		
5	订货数	√	√		
6	发运指令	√	√		
7	仓库地点		√		
	合 计				

三、数据流程分析的方法

1.数据流程图

(1)数据流程图的定义

通过调查可以绘制出原系统的数据流程图（Data Flow Diagram，DFD）。数据流程图是一种能全面地描述信息系统逻辑模型的主要工具，它可以用四种符号即外部实体、处理、数据流和数据存储，综合地反映出信息在系统中的流动、处理和存储情况。

(2)数据流程图的特征

1）抽象性

在数据流程图中具体的组织机构、工作场所、人员、物质流等都已去掉，只剩下数据的存储、流动、加工、使用的情况。这种抽象性能使我们总结出信息处埋的内部规律性。

2）概括性

概括性把机构内部各种业务的处理过程联系起来考虑，形成一个总体。而业务流程图只能孤立地分析各个业务，不能反映出各业务之间的数据关系。

(3)数据流程图的常用符号

1）外部实体

外部实体指系统以外而又与系统有联系的人或事物。它表达该系统数据的外部来源和去处，如顾客、职工、供货单位等。外部实体也可以是另外一个信息系统。

外部实体用一个正方形，并在其左上角外边另加一个直角来表示，如图5.9中左图所示，在正方形内写上这个外部实体的名称。在数据流程图中为了减少线条的交叉，同一个外部实体可在一张数据流程中出现多次，这时在该外部实体符号的右下角画上小斜线，表示重复。若重复的外部实体有多个，则在相应的外部实体画数目相同的小斜线，如图5.9中右图所示，外部实体如果有两个重复实体，就应该在右下角画一道小斜线。

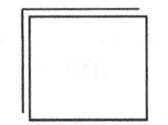

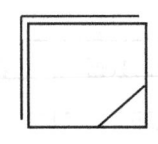

图5.9　外部实体、外部实体（重复）符号

2）处理

处理是指对数据的逻辑处理功能，也就是对数据的变换功能。在数据流程图中，用长方形来表示处理，长方形分为三个部分，如图5.10所示。

标识部分用来给一个功能编号，一般用字母加数字表示，如P1、P1.1等。

功能描述部分是必不可少的，它直接表达这个处理的逻辑功能。一般用一个动词加一个作宾语的名词表示。恰如其分地表达一个处理的功能，有时需要下一番功夫。

功能执行部分表示这个功能由谁来完成，可以是一个人，也可以是一个部门，也可以是一个计算机程序。

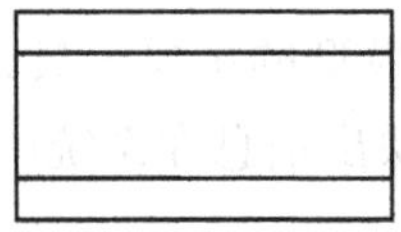

图5.10　处理符号

3）数据流

用一个带箭头的直线表示数据流，箭头指出数据的流动方向，如图5.11所示。这里指的是逻辑流，它可以代表是信件、票据，也可以是电话等。

对每个数据流要加以简单的描述，使用户和系统设计人员能够理解一个数据流的含义。对数据流的描述写在箭头的上方，一些含义十分明确的数据流，也可以不加说明。有时很难用简单而适当的词来描述一个数据流。

流向外部或外部流入的数据流，如在上一层中未出现，应在其与边界相交处画上“×”，交叉线要画半圆弧线。

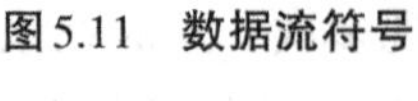

图5.11　数据流符号

4）数据存储

数据存储表示数据被保存的地方。它可以代表一个实际的账簿、文件夹、一叠登记表，也可以代表磁介质上记录的计算机文件等。

在数据流程图中，数据存储用右边开口的长方条表示，如图5.12所示。在长方条内写上数据存储的名字。其名字也要恰当，以便用户理解。为了区别和引用方便再加一个标识，用字母和数字组成。

指向数据存储的箭头，表示送数据到数据存储（存放、改写等）。从数据存储发出的箭头，表示从数据存储读取数据。有时可用小三角形▲来表示搜索关键字。

只是处理内部使用的数据存储，画在内部，如外部也要使用，则画在外部或跨在边界上。

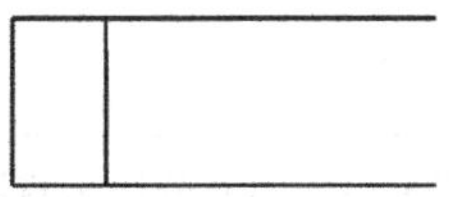

数据存储（Data Store）

图5.12　数据存储符号

（4）画数据流程图的步骤

第一步：绘制零层图。说明系统的外部实体以及系统与这些外部实体之间的数据交换。

第二步：绘制一层图。相对概括地反映出信息系统最主要的处理功能、外部实体、输入和输出数据流、数据存储。

第三步：分解加工，画出各级子图。描述父图中某一个子系统或过程的扩展数据流程图。

DFD层次分解的两种方法：扩展法和爆破法。

扩展法：下一层数据流程图是上一层数据流程图更为详细的描述。

爆破法：分层次构造一系列数据流程图，将环境图中的处理过程分解为一系列子过程，而每一个子过程又进一步分解为一系列更为详细的子过程（子过程按层次编号）。

一个处理框经过展开，一般以分解为4个至10个处理为宜。绘制数据流程图的基本规则是自顶向下、从总到分、逐层细化、递进求精。数据流程图的分解通常要求到最基本的处理（元素级处理），以便能实现编制计算机处理程序。

第四步：构造总体数据流程图。把分解后的DFD碎片装配起来，画出DFD的总图。如果最底层基本加工装配太庞大，而高层DFD又过于抽象，可选择适当层次的子图来装配总图。要求总图既有全局概念，又清晰易懂。

数据流程图的分层绘制如图5.13所示。

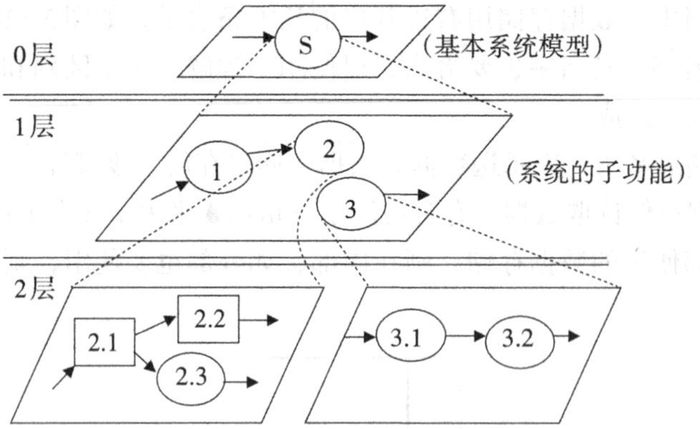

图5.13　DFD分层示意图

（5）数据流程图的作用

①系统分析员用这种工具自顶向下分析系统信息流程。

②可在图上画出计算机处理的部分。

③根据逻辑存储，进一步做数据分析，可向数据库设计过渡。

④根据数据流向，确定存取方式。

⑤对应一个处理过程，可用相应的处理工具来表达处理方法，向程序设计过渡。

（6）数据流程图实例

某教材购销系统的数据流程，如图5.14、图5.15、图5.16、图5.17所示。

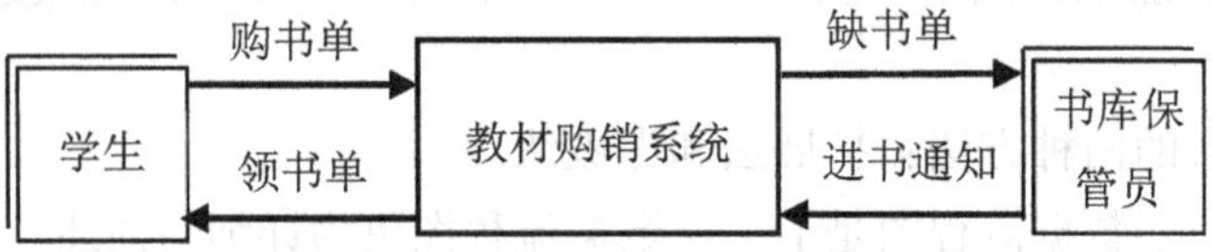

图5.14　某教材购销系统零层DFD

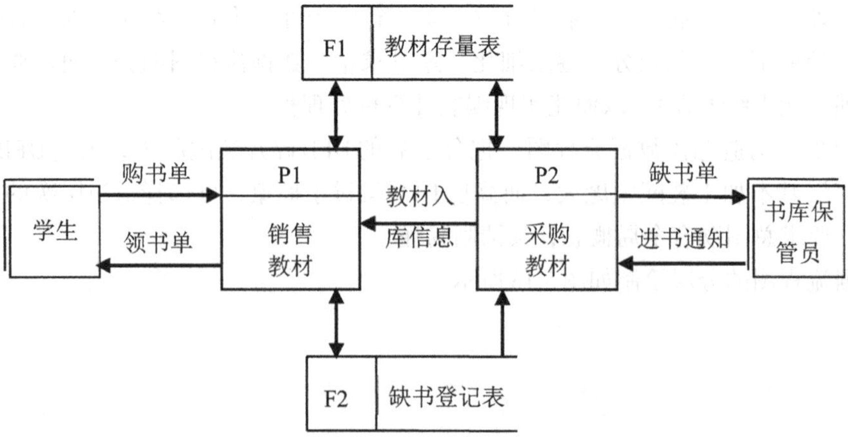

图5.15　某教材购销系统第一层DFD

从图中可看到数据流程图是分层次的，绘制时采取自顶向下逐层分解的办法。首先画出顶层数据流程图。顶层数据流程图只有一张，它说明了系统的总的处理功能、输入和输出。下一步是对顶层数据流程图中的“处理”进行分解，也就是将上一层的处理分解为更多的处理。

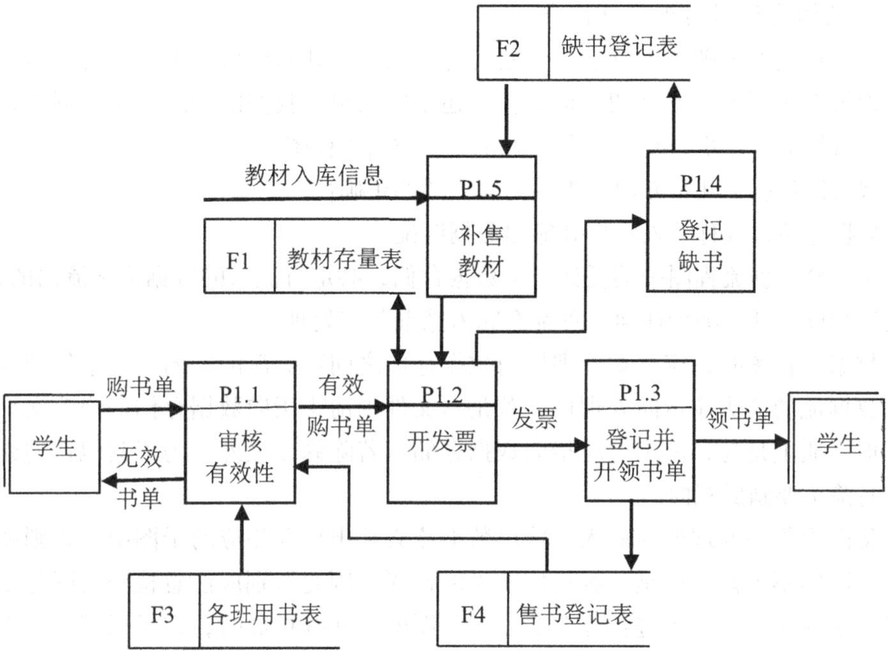

图 5.16　某教材购销系统第二层 DFD 展开（1）

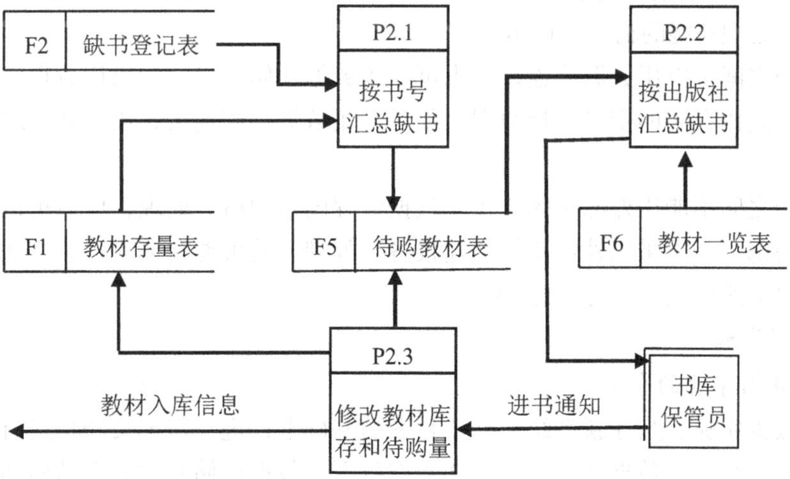

图 5.17　某教材购销系统第二层 DFD 展开（2）

数据流程图分多少层次应视实际情况而定，对于一个复杂的大系统，有时可分至七八层之多。为了提高规范化程度，有必要对图中各个元素加以编号。

通常在编号之首冠以字母，用以表示不同的元素，可以用P表示处理，D表示数据流，F表示数据存储，S表示外部实体。例如：P3.1.2表示第三子系统第一层图的第二个处理。

（7）数据流程图的正确性检查

对一个系统的理解，不可能一开始就完美无缺。开始分析一个系统时，尽管我们对问题的理解有不正确、不确切的地方，但还是应该根据我们的理解，用数据流程图表达出来，进行核对，逐步修改，获得较为完美的数据流程图。

通常可以从以下几个方面检查数据流程图的正确性：

①数据守恒，或称输入数据和输出数据匹配。

②在一套数据流程图中的任何一个数据存储，必定有流入的数据流和流出的数据流，即写文件和读文件，缺少任何一种都意味着遗漏某些处理。

画数据流程图时，应注意处理框与数据存储之间数据流的方向。一个处理过程要读文件，数据流的箭头应指向处理框，若是写文件则箭头指向数据存储。修改文件要先读后写，但本质上是写，箭头也应指向数据存储。若除修改之外，为了其他目的还要读文件，此时箭头要画成双向的。

③父图中某一处理框的输入、输出数据流必须出现在相应的子图中，否则就会出现父图与子图的不平衡。这是一种比较常见的错误，因此特别应注意检查父图与子图的平衡，尤其是在对某些子图进行修改之后。父图的某些框扩展时，在子图用大长方形框表示，就有利于这种检查。

④任何一个数据流至少有一端是处理框。也就是说，数据流不能从外部实体直接到数据存储，不能从数据存储到外部实体，也不能在数据存储之间或外部实体之间流动。即数据流是处理功能的输入或输出。

⑤处理之间可以用数据流连接，也可以用数据存储连接。如果用数据流连接，表示处理之间通过内存中的变量交换数据，如果采用数据存储连接，表示处理之间用数据表交换数据。

⑥处理之间不能用外部实体连接。数据流程图中的所有处理，应该可以放到一个自动化边界内部。如果采用外部实体来连接各个处理，就可能会造成没有办法画出自动化边界，导致不能构成一个完整的系统。

2.数据字典

（1）数据字典的含义

所谓数据字典，是在新系统数据流程图的基础上，进一步定义和描述所有数据的工具，包括对一切动态数据（数据流）和静态数据（数据存储）的数据结构和相互关系的说明，是数据分析和数据管理的重要工具，是数据库设计形成E-R图的参考依据。

数据字典是数据流程图重要补充工具，数据流程图与数据字典一主一辅、一图一文、一动一静，相辅相成，共同完成系统分析工作中的数据流程分析任务。

（2）数据字典的内容

数据字典的内容主要是对数据流程图中的数据项、数据结构、数据流、处理逻辑、数据存储和外部实体等六个方面进行具体的定义。数据流程图配以数据字典，就可以从图形和文字两个方面对系统的逻辑模型进行完整的描述。

1）数据项的定义

数据项又称数据元素，是数据的最小单位。分析数据特性应从静态和动态两个方面去进行。在数据字典中，仅定义数据的静态特性，具体包括：

①数据项的名称、编号、别名和简述。

②数据项的长度。

③数据项的取值范围。

下表5.5示意数据项定义。

表5.5 数据项定义

数据项定义	
数据项编号	I01-02
数据项名称	商品编号
别名	商品编码
简述	所销售商品的代码
类型及宽度	字符型,4位
取值范围	“0000”-“9999”

2）数据结构的定义

数据结构描述某些数据项之间的关系。一个数据结构可以由若干个数据项组成，也可以由若干个数据结构组成，还可以由若干个数据项和数据结构组成。例如表5.6所示订货单就是由三个数据结构组成的数据结构，表中用DS表示数据结构，用I表示数据项。

表5.6 用户订货单的数据结构

DS02-01:用户订货单		
DS02-02:订货单标识	DS02-03:用户情况	DS02-04:商品情况
I1:订货单编号	I3:用户代码	I10:商品代码
I2:日期	I4:用户名称	I11:商品名称
	I5:用户地址	I12:商品型号
	I6:用户姓名	I13:订货数量
	I7:电话	
	I8:开户银行	
	I9:账号	

数据字典中对数据结构的定义包括以下内容：

①数据结构的名称和编号。

②简述。

③数据结构的组成。

如果是一个简单的数据结构，只要列出它所包含的数据项。如果是一个嵌套的名称，这些被包含的数据结构在数据字典的其他部分已有定义。

下表5.7示意数据结构定义。

表5.7 数据结构定义

数据结构定义	
数据结构编码	DS02-01
数据结构名称	用户订货单
简述	用户所填用户情况及订货要求等信息
数据结构组成	DS02-02+ DS02-03+ DS02-04

3）数据流的定义

数据流由一个或一组固定的数据项组成。定义数据流时，不仅要说明数据流的名称、组成等，还应指明它的来源、去向和数据流量等。描述数据流时，需要使用以下一些简单的符号：

A+B 表示数据项A与数据项B。

［A|B］表示数据项A或B，即选择括号中的某一项。

（A）表示可选项，即此项可有可无。

$\{A\}_n$ 表示重复项，A可以重复若干次。

下表5.8示意数据流定义。

表5.8 数据流定义

数据流定义	
数据流编号	F03-08
数据流名称	领料单
简述	车间开出的领料单
数据流来源	车间
数据流去向	发料处理模块
数据流组成	材料编号+材料名称+领用数量+日期+领用单位
数据流量	10份/小时
高峰流量	20份/小时（上午9:00-11:00）

4）处理逻辑的定义

处理逻辑的定义仅对数据流程图中最底层的处理逻辑加以说明。

下表5.9示意处理逻辑定义。

表5.9 处理逻辑定义

处理逻辑定义	
处理逻辑编号	P1.2
处理逻辑名称	催货
简述	根据缺货单A和订货合同处理缺货事件
输入的数据流	由库存管理报来缺货单;订货合同情况来源于数据存储
处理	根据缺货单A检索订货合同文件,确定某种缺货是否已订货。将已订货而尚未到货的缺货列入催货单,尚未订货的缺货列入缺货单B
输出的数据流	催货单送至供货单位;缺货单B送至签订合同
处理频率	对每张缺货单A中的每种缺货处理一次

处理可以用文字逐步说明，也可以采用公式、流程图来说明，还可以采用一些处理逻辑描述工具如决策树、决策表、结构化英语等来说明。不管采用哪种说明方式，必须能够让程序员或用户能够明白由输入数据转换为输出数据的加工过程。

5）数据存储的定义

数据存储在数据字典中只描述数据的逻辑存储结构，而不涉及它的物理组织。

下表5.10示意数据存储定义。

表5.10 数据存储定义

数据存储定义	
数据存储编号	F03-08
数据存储名称	库存账
简述	存放配件的库存量和单价
数据存储组成	配件编号+配件名称+单价+库存量+备注
关键字	配件编号
相关联的处理	P02,P03

6）外部实体的定义

外部实体定义包括：外部实体编号、名称、简述，及有关数据流的输入和输出。

下表5.11说明了外部实体定义。

表5.11 外部实体定义

外部实体定义	
外部实体编号	S03-01
外部实体名称	用户
简述	购置本单位配件的用户
输入的数据流	DS03-06,DS03-08
输出的数据流	DS03-01

（3）数据字典的使用

数据字典是在整个系统开发过程中不断修改、不断补充建立的。建立数据字典的过程本身促使系统分析人员对系统中的数据有所了解，找出可能遗漏的数据流，检查重复的数据定义，核查处理过程没有使用的数据。数据字典建立后，无论在系统分析或设计阶段，还是程序设计和系统测试阶段，都要用到数据字典。数据字典能按要求列表，提供标准术语和词汇，说明各种数据、各个处理过程之间的关系，使整个系统内的数据保持一致性和完整性。

对系统分析人员来说，数据字典可以帮助他们修改系统分析阶段建立的逻辑模型，即使系统有变动或在原有基础上发展一个新系统，系统分析人员可在原有数据字典基础上做适当修改和补充，这样大大减少了工作量。

对系统设计人员或程序设计人员来讲，由于数据字典包括了系统中所有数据定义，因此可以通过数据字典软件包，自动产生程序中的数据格式，减少了编制程序的工作量。

数据字典有两种方式：一种是手工的，记录在卡片上；另一种是自动化的，记录在计算机内，是一种自动化数据字典软件包实现的。通常，对于中小型的管理信息系统，建立手工数据字典就可以了，对于大型的数据处理系统，则需要建立一部自动化的数据字典。不论是手工的或自动化的数据字典，都应该由专职的数据管理员负责管理，为系统分析开发服务。

四、描述处理逻辑的工具

数据流程图中简单的处理逻辑可以在数据字典中直接给出定义，对于逻辑上比较复杂的处理，则有必要运用一些描述处理逻辑的工具来加以说明。下面介绍几种能够简要描述处理逻辑的工具。

1.判断树

判断树比较直观，容易理解，但当条件多时，不容易清楚地表达出整个判别过程。

一个处理订货单构造的判断树，如图5.18所示。

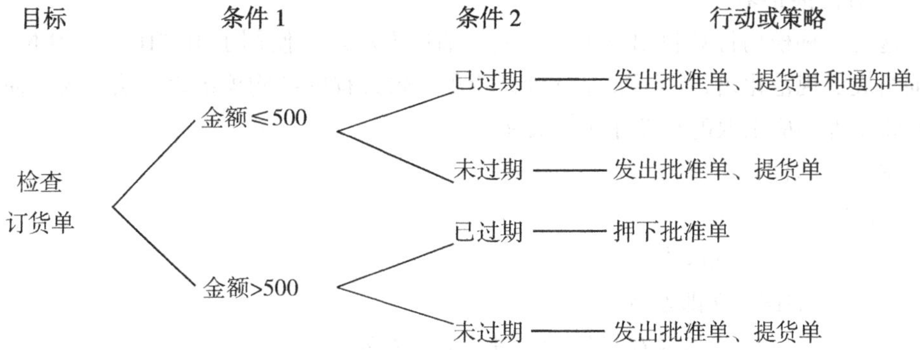

图 5.18 处理订单的判断树

2. 判断表

判断表又称决策表，是采用表格方式来描述处理逻辑的一种工具。如用文字表达这种多元的逻辑关系，不仅十分繁琐，而且难以看清，采用了判断表可以清晰地表达条件、决策规则和应采取的行动之间的逻辑关系，容易为管理人员和系统分析人员所接受。

判断表可分成四大部分。左上角为条件，左下角为应采取的行动说明，右上角为各种条件的全部组合，右下角为各种条件组合下应采取的行动。

判断表要反映出所有的条件组合，若有 C_1，C_2，…，C_n共 n 个条件，每个条件分别可能取 S_1，S_2，…，S_n个值，则全部的条件组合有 $S_1 \times S_2 \times \cdots \times S_n$ 个。表中“Y”为条件成立，“N”为条件不成立，“√”表示采取此行动。

由上我们可以总结出构造判断表的方法：

①列出所有可能的条件及方案。

②按全部方案列出其选择的行动。

③缩小表的列数。即在相同的行动列中，寻找不必要存在的条件所列出的方案，将这些方案从表中删除。

一个处理订货单构造的判断表，如表 5.12 所示。

表 5.12 处理订货单的判断表

决策规则号		1	2	3	4	5	6
条件	欠款时间≤30天	Y	Y	N	N	N	N
	欠款时间>100天	N	N	Y	Y	N	N
	需求量≤库存量	Y	N	Y	N	Y	N
应采取行动	立即发货	√					
	先按库存量发货，进货后再补发		√				
	先付款，再发货					√	
	不发货						√
	要求先付欠款			√	√		

3. 结构英语表示法

这是一种模仿计算机语言的处理逻辑描述方法。它使用了由"IF""THEN""ELSE"等词组成的规范化语言。下面是处理订货单逻辑过程的结构英语表示法。为了使用方便，这里将条件和应采取的行动用中文表示：

```
IF 欠款时间<30天
THEN
        IF 需要量<库存量
        THEN 立即发货
        ELSE 先按库存量发货，进货后再补发
        ENDIF
ELSE
        IF 欠款时间<100天
        THEN
                IF 需求量<库存量
                THEN 先付款再发货
                ELSE 不发货
                ENDIF
         ELSE 要求先付欠款
         ENDIF
ENDIF
```

如果使用结构化英语表示处理逻辑，建议使用ENDIF来封装每一个判断条件，并采用适当的缩进，使处理过程结构清晰。

4. 三种逻辑处理工具的比较

本节介绍的三种表达工具各自具有不同的优点和不足之处，它们之间的比较如表5.13所示，通过比较可以看出它们的适用范围。

表5.13 三种表达工具的比较

比较指标	判断树	判断表	结构英语
用户检查	不好	好	不好
可修改性	一般	差	好
逻辑检查	一般	很好	好
表示逻辑结构	一般	很好	好
机器可读性	不好	很好	很好
程序说明	很好	一般	很好
可变性	不好	一般	好

①判断树适用于10～15种行动的一般复杂程度的决策。

②判断表适合于多个条件的复杂组合。虽然判断表也适用于多数目行动或多条件组合，但数目庞大时使用不方便。

③结构英语可以表达程序设计中的顺序、分支和循环结构，与程序员表达方式相同。

第六节　确定新系统的逻辑模型

一、系统目标

根据详细调查的结果，对可行性分析报告中提出的系统目标做再次考察，对项目的可行性和必要性进行重新考虑，并根据系统建设的环境和条件情况修正系统目标，使系统目标适应组织的管理需求和战略目标。

新系统目标是新系统建成后要求达到的运行指标，即新系统的目的，包括对系统的功能高度概括和对管理业务的支撑能力。新系统的目标需要与企业的战略目标相一致，如果企业已有信息化战略，还需要与信息化战略目标相一致。

1.确定新系统目标的原则

在确定新系统目标时，要考虑下述几个原则：

①总体战略性。

②先进性。

③适用性。

④经济性。

⑤长期性。

2.确定新系统目标的依据

①以现行系统存在的问题作为系统开发的突破口。

②根据系统开发的资源情况，恰当地确定新系统开发需求范围。

二、研究和确定管理模型

组织机构或企业的管理是分层次的，可以简单地分为决策层、管理层和作业层，这三个层次涉及的工作性质是不同的。高层管理人员的主要职责是决策，而决策主要面向企业的特定问题，决策很少重复，因而采用各类决策支持系统、主管信息系统、OLAP、大数据分析平台等，根据决策问题选择数据和决策工具。各类管理信息系统主要是针对企业的管理层开发的，主要解决企业的运营问题，会涉及企业的采购与仓储、生产与制造、营销与销售、财务与会计、人力资源管理等多个环节，在每个领域都有多个管理学理论或模型，组织机构或企业应该根据自己的具体情况，选择适合的管理模型。作业层主要解决工作效率问题，主要涉及具体问题的解决方法，基本在算法层面，属于处理逻辑。

管理信息系统的开发会在各个管理信息系统的决策环节涉及决策类型的模型，但决策主要还是依靠各类决策平台解决。管理信息系统的各个子系统，要根据业务所属的管理学领域，选择适用的管理学模型。管理信息系统一般不涉及作业层的管理问题。

因此，管理模型的应用一般是系统级别或子系统级别的，不用于最基本的功能单元开发。最基本的功能单元开发多在算法级别，通常用数据字典中的处理逻辑来描述。

确定新系统的管理模型就是要确定今后系统在特定管理环节上的处理方法。这个问题一般应根据系统分析的结果和管理科学方面的知识来定。在此无法给出一个预先规定的管理模型或产生该模型的条条框框。但为了方便读者，这里示意性地给出若干新系统管理模型，以供借鉴和参考。

1.综合计划模型

综合计划是企业一切生产经营、管理活动的纲领性文件。一个切实可靠的综合计划方案，基本上就奠定了企业生产、经营活动的基础。综合计划模型一般由综合发展模型和资源限制模型两大部分构成。

（1）综合发展模型

综合发展模型，主要是用来决定企业的近期发展目标，它包括盈利指标、生产规模等，常用模型包括：

①企业的中长期计划模型。

②厂长（或经理）任期目标的分解模型。

③新产品开发和生产结构调整模型。

④中长期计划滚动模型。

（2）资源限制模型

资源限制模型，主要是反映企业现有各类资源和实际情况对企业发展模型的制约，常用的限制模型有：

①数学规划模型。

②资源分配限制模型。

2.生产计划管理模型

生产计划的制定主要包括：生产计划大纲的编制，详细的生产作业计划。

（1）生产计划大纲

生产计划大纲，主要是安排和综合与生产计划有关的生产指标。常见的模型有：

①物料需求计划模型。

②能力需求计划模型。

③投入产出模型。

④数学规划模型。

（2）生产作业计划

生产作业计划，具体安排产品生产数量、加工路线、加工进度、材料供应及能力平衡等方面。常用方法有：

①投入产出矩阵模型。

②网络计划模型。

③排序模型。

④物资需求模型。

⑤设备能力负荷平衡模型。

⑥滚动式生产作业计划模型。

⑦经验方法。

3.库存管理模型

库存管理有很多不同的模型，如最佳经济批量模型等。常见的程序化管理模型如下：

①库存物资的分类法。据统计分析，一般库存物资都遵循ABC分类规律。即A类物资品种数占库存物资总数的不到10%，但金额数却占总数的约75%；B类物资这两项比例数分别为20%和20%左右；C类物资则为70%和5%，据此建立模型。所以库存管理首先得确定库存物资的分类以及具体的分类方法。

②库存管理模型。例如，把库存量的时间变动曲线画出，根据重订货点和经济订货批量等控制模型。

4.财会管理模型

财会管理模型相对比较固定，确定一个财会管理模型主要有如下几方面：

①会计记账科目的设定（一般第一、二级科目都由国家和各行业/部门规定，第三、四级由单位自定）。

②会计记账方法的确定（主要是借贷法）。

③财会管理方法（如计划、决策、调整以及具体的管理措施等）。

④内部核算制度或内部核算部门的建立以及具体的核算方法等。

⑤安全、保密措施以及与其相对应的运行制度和管理方法。

⑥文档、数据、原始凭证的保存方法与保存周期。

⑦审计和随机抽查的形式、范围和对账方法等。

5.成本管理模型

成本管理模型包括成本核算模型、成本预测模型和成本分析模型三种类型。

（1）成本核算模型

产品的成本一般由两部分组成，故成本核算也必须考虑两方面的计算问题。

①用于间接费用的分配。目前常用的方法有完全成本计算方法和变动成本计算方法。

②用于直接生产过程消耗的计算。目前常用的计算方法有品种法、分步逐步结转法、平行结转法、定额差异法等。

（2）成本预测模型

目前常用的有数量经济模型、投入产出模型、回归分析模型、指数平滑模型等。

（3）成本分析模型

成本分析模型有很多种，一般常用的方法有：

①实际成本与定额成本比较模型。

②本期成本与历史同期可比产品成本比较模型。

③产品成本与计划指标比较模型。

④产品成本差额管理模型。

⑤量、本、利分析模型。

6.经营管理决策模型

经营管理决策是一个广义的概念，它涉及企业高层管理人员围绕经营管理目标所进行的所有努力，它包括信息的收集、信息的处理（模型算法等）、决策者的经验、背景和分析判断能力、环境条件的约束限制等多个方面。经营管理决策模型可以说是整个信息系统的核心和最高层次的处理环节，也是企业领导层（决策者）最为关心的内容。

确定一个有效的经营管理决策模型不是一件容易的事情，一般需要同用户（即决策者）在系统分析阶段进行反复的协商来共同确定。其研究的范围包括：

①组织决策体系的研究。

②确定适当的决策过程。

③收集、处理、提炼对决策有用信息的渠道、步骤和方法。

④确定适当的决策模型，对确定性的决策问题可得到具体的优化模型，对不确定性（半结构化）的决策问题得到今后动态地构成这些决策模型的方式，如模型库系统、知识系统、推理方式等。

⑤确定和选择最优解的方式，对确定性问题得到的是唯一的解，但对不确定性问题必须确定选择和最优解的方式。

⑥确定系统支持决策的方式。

⑦确定模拟决策执行过程。

⑧确定决策评价指标体系的研究方式，以及反馈控制决策系统运行的方式。

7.统计分析模型

统计分析模型常常用以反映销售状况、市场占有情况、质量指标、财务状况等变化情况和未来发展趋势。这类模型在信息系统中常用各种分析图形的方式给出，而常用的统计分析方法有：

①产品市场占有率分析。

②市场消费变化趋势分析。

③产品销售额与利润变化趋势分析。

④质量状况及指标分布状况分析。

⑤生产统计分析。

⑥财务统计分析。

⑦综合经济效益指标统计分析。

8.预测模型

常用的预测模型有：

①多元回归预测模型。

②时间序列预测模型。

③普通类比外推模型。

三、系统化分析

分析阶段的工作可以分为三层台阶。

第一层台阶包括四个模型：组织结构图、业务流程图、数据流程图、数据字典。这都是描述管理现状或老系统的。

第二层台阶包括三个模型：新业务流程图、新数据流程图、新数据字典。这是跨度最大的一步，包括业务流程重组与业务流程优化。

第三层台阶包括两个模型：子系统划分、E-R图。子系统划分向功能分析推进，E-R图向数据分析推进，逐渐往设计阶段过渡。

1.分析业务流程

分析原有系统中存在的问题以对现有业务流程进行重组，产生新的更为合理的业务流程。

业务流程分析过程包括以下内容：

（1）原有流程的分析

分析原有的业务流程的各处理过程是否具有存在的价值，其中哪些过程可以删除或合并，原有业务流程中哪些过程不尽合理，可以进行改进或优化。

（2）业务流程的优化

原有业务流程中哪些过程存在冗余信息处理，可以按计算机信息处理的要求进行优化，流程的优化可以带来什么好处。

（3）确定新的业务流程

画出新系统的业务流程图。

业务流程分析会涉及业务流程的增删并改，部门职能的变化会导致以业务流程为单位的优化，基于管理学或信息化背景的变化会导致业务流程内工作步骤的优化。由老业务流程图得到新的业务流程图后，就相当于得到了业务流程优化的方案。

2.分析数据流程

与业务流程的改进和优化相对应，数据流程的分析和优化一直是系统分析的重要内容。数据流程分析的内容包括：

(1) 原有数据流程的分析

结合业务流程图的分析过程与结果，分析原有的数据流程的各处理过程是否具有存在的价值，其中哪些过程可以删除或合并，原有数据处理流程中哪些过程不尽合理，可以进行改进或优化。

(2) 数据流程的优化

原有数据流程中哪些过程存在冗余信息处理，可以按计算机信息处理的要求进行优化，流程的优化可以带来什么好处。

(3) 确定新的数据流程

画出新的数据流程图。

(4) 新系统的人机界面

新的数据流程图中人与机器的分工，即哪些工作可由计算机自动完成，哪些必须有人的参与。

业务流程与数据流程有着紧密的逻辑关系，数据流程是业务流程的抽象与概括，因此新数据流程图需要以新业务流程图为主，适当参考旧数据流程图。业务流程图与数据流程图的不同在于，数据流程图引入了系统思想，可以根据处理的复杂程度进行层层分解。

数据流程更接近计算机的处理方式，因而需要确定自动化边界，区分人和计算机的不同任务。通过分析新系统的人机界面和系统界面（如果存在其他系统的集成工作），可以更好地实现人和计算机的协作，共同完成管理任务。

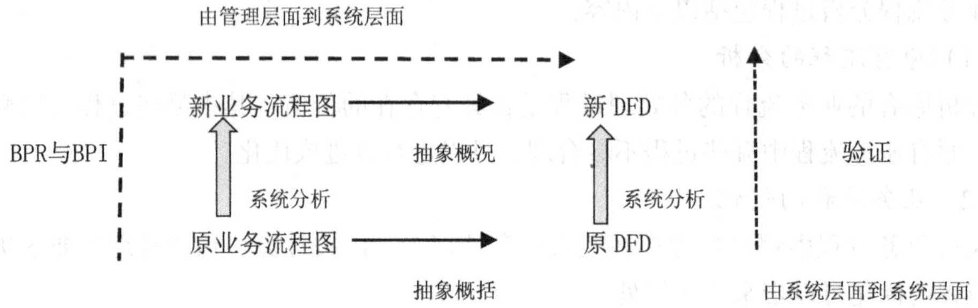

图5.19 系统分析路径图

如图5.19所示，新数据流程图既与新业务流程图有关又与老数据流程图有关。由原业务流程图优化得到新的业务流程图，这个过程称为业务流程优化，数据流程图应同步反映这个优化工作。因此，由原业务流程图得到新业务流程图，再由新业务流程图概括抽象得到新的数据流程图为相对合理路径，可降低重复工作，所需工作量最小。此外，在最终的系统分析方案中，也只要求给出新的数据流程图，也就是说原数据流程图是中间结果。

3.功能分析和划分子系统

（1）子系统划分

为了实现系统目标，系统必须具备一定的功能。功能就是做某项工作的能力。目标可看作是系统，第二层的功能可看作是子系统，再下面就是各项更具体的功能。

子系统的划分有以下几个原则：

①子系统对其他子系统的数据依赖应尽可能小。

②子系统包含的各个过程内在联系应尽可能强。

③子系统的划分应便于在系统设计阶段实现。

把系统划分为子系统可以大大简化设计工作，因为划分以后，只要子系统之间的接口关系明确，每一子系统的设计、调试，基本上可以互不干扰地各自相对独立地进行。将来，如要修改或扩充系统，可以在有关系统范围内进行而不至于牵动全局。

对于大系统来说，划分子系统的工作应在系统规划阶段进行，常用的是U/C矩阵。划分子系统的下一步工作是确定各子系统的目标和下属功能。为此，有必要分析原系统的数据流程图，由此来确定应当增加、取消、合并或改进的功能。

（2）数据流程图中的处理与子系统划分之间的关系

子系统划分时，主要参考依据是新数据流程图中的处理，即层层展开的P。子系统划分一般情况下与数据流程图中的各层处理一一对应，但可能有所不同：

①如果数据流程图中某个处理展开的下层处理个数太多，可能会按逻辑关系分组，每一个分组成为一个子系统（合并）。

②如果某个处理中的功能过于复杂，可能会进一步分解为多个子系统（拆解）。

总的来看，数据流程图中的处理是从功能角度出发的，考虑系统的完整性；子系统是从技术角度出发的，要合理组织与整合处理功能，方便技术实现。

4.数据存储分析

数据存储分析是数据库设计在系统分析阶段要做的工作，其内容首先是分析用户要求，也就是调查清楚用户希望从MIS中得到哪些有用信息，然后通过综合抽象，用适当的工具（如E-R图等）进行描述。因为这是从用户角度看到的数据库，所以称之为数据库的概念模型。

E-R图的生成一般有两种方式：由问题领域的实体及其联系概括得到，或者由数据流程图与数据字典推导得到。数据流程图与数据字典推导相对复杂，本书主要介绍如何由问题领域内的实体及其联系概括得到。

①界定问题领域。结合系统开发背景与系统目标，设定系统的边界，边界内的各类客观存在的事物就是问题领域内的实体。

②识别问题领域内的实体。实体是客观存在的事物，一类是看得见摸得着的存在，如教师和学生；一类是以无形方式的客观存在，如课程。

③识别实体之间的联系。实体之间有三种联系，包括1：1联系，1：N联系和M：N联系，需要识别实体之间是否存在联系，以及联系的类型。

④确定实体的属性以及联系的属性。属性是实体或联系某一方面的特征，实体通常会有一个属性，可以唯一地确定每一个实体，它可以充当未来关系表的主码。

5.数据查询要求分析

数据查询要求分析的内容如下：

①列出用户所有可能使用的查询提问语句。

a.查询的内容目标。

b.查询的提出方式。

c.查询结果所希望的表达方式。

②分类并综合用户的数据查询要求。

③用查询方式示意图表达用户的数据查询要求。

如图5.20是一个查询方式的示例。

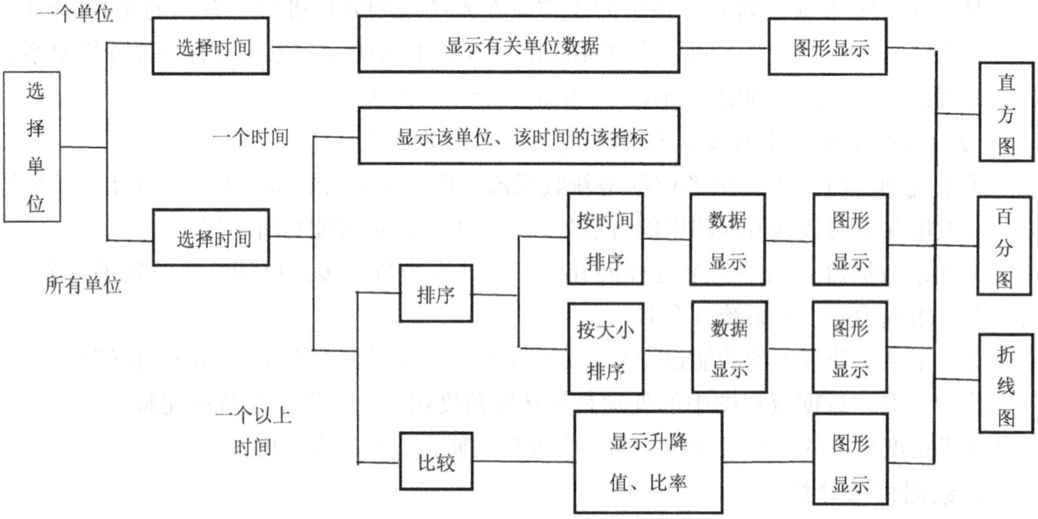

图5.20 查询方式

6.数据的输入输出分析

分析各种数据输入的目的和适用范围、数据量的大小以及存在的问题。例如，输入的数据是否都得到了有效的利用，哪些数据的输入是多余的或者是不符合实际需要的，现在的数据输入方式是否能满足要求，输入速度是否能完成数据量的要求，是否需要改变输入方式和增加输入设备，哪种输入方式更符合用户的需要，还要分析数据的精确程度和数据间的相互联系等。

对于数据输出，除了要考察数据输出的目的、适用范围和数据输出存在的问题以外，还需要分析数据输出的形式和特殊介质。如对各种输出报表的目的和适用范围进行分析，弄清哪些报表是多余的，或者是不符合实际要求的，系统的处理速度和打印速度是否能满足输出的要求等。

7.绘制新系统的数据流程图

新系统的数据流程图是在以上分析过程中逐步完善的。这是一项需要经过多次反复的、去伪存真的细致工作。为了明确新系统的人机接口，还应在绘成的数据流程图上标明哪些部分由计算机完成，哪些部分由人工完成。

为新的数据流程图配套相关的描述文档，包括数据流程图的相关注释及说明、数据字典和处理逻辑说明等。

8.确定新系统的数据处理方式

数据处理的方式可分为两类：成批处理方式和联机实时处理方式。成批处理方式按一定时间间隔（小时、日、月）把数据积累成批后一次输入计算机进行处理。例如：订货系统将一天内收到的订货单在计算机处理之前集中起来，并做一定的汇总工作，然后加以处理。成批处理的特点是费用较低而又可有效地使用计算机，通常适用于以下四种情况：

①固定周期的数据处理。

②需要大量的来自不同方面的数据的综合处理。

③需要在一段时间内累积数据后才能进行的数据处理。

④没有通信设备而无法采用联机实时处理的情况。

联机实时处理方式的特点是面向处理，数据直接从数据源输入中央处理机进行处理，由计算机即时做出回答，将处理结果直接传给用户。这种处理方式的特点是及时，但费用较高。通常适用于以下三种情况：

①需要反应迅速的数据处理。

②负荷易产生波动的数据处理。

③数据收集费用较高的数据处理。

四、新系统逻辑方案的建立

1.逻辑方案的含义

逻辑方案的名称由来，一方面是分析阶段的模型主要目的是说明业务逻辑，另一方面是因为分析工作假定技术是完美的，不考虑现实客观世界的约束。系统分析阶段的详细调查、系统化分析都是为建立新系统的逻辑方案做准备。逻辑方案是系统分析阶段的最终成果，也是今后进行系统设计和实施的依据。

2.逻辑方案的内容

（1）新系统的目标

再次检验并确认系统目标，并予以说明。

（2）新系统的业务流程

新系统的业务流程是业务流程分析和业务流程优化重组后的结果，包括以下内容：

①删去或合并了哪些多余的或重复处理的过程。

②说明哪些业务处理过程进行了优化和改动，改动的原因是什么，改动（包括增补）后将带来哪些好处。

③给出新系统的业务流程图。

④指出在业务流程图中哪些部分新系统可以完成，哪些部分需要用户完成。

（3）新系统的数据流程

新系统的数据流程是数据流程分析的结果，包括下列内容：

①删去或合并多余的或重复的数据处理过程。

②说明哪些数据处理过程进行了优化和改动，改动的原因是什么，改动（包括增补）后将带来哪些好处。

③给出新系统的数据流程图。

④完成新系统的数据字典。

⑤指出在数据流程图中哪些部分新系统可以完成，哪些部分需要用户完成。

（4）新系统的逻辑结构

新系统的逻辑结构即新系统中的子系统划分。

（5）新系统数据分析

新系统数据分析指进行新系统中数据库概念结构设计，即建立E-R图。

确定新系统的数据处理方式，并说明新系统中数据资源的分布，即确定数据资源如何分布在服务器或主机中。

（6）新系统中的管理模型

确定在管理业务中采用的管理模型和处理方法。

经过上述过程，我们已经完成整个系统分析阶段的工作。作为该阶段的一个工作成果，应提交一份完整的系统分析报告。将上述逻辑方案的内容整理成系统分析报告，系统分析报告一经确认，就成为具有约束力的指导性文件，成为下一阶段系统设计工作的依据和今后验收目标系统的检验标准。

本章小结

系统分析的步骤主要包括：详细调查和分析用户需求、确定系统的初步逻辑模型和编制系统分析报告。

详细调查包括：系统环境调查、系统目标调查、组织结构调查、管理功能调查、业务流程调查、数据流程调查、决策方式和管理方法调查。

用户需求分析的定义、作用、内容和确定用户需求的方法。

业务流程分析包括原有流程分析、业务流程优化、确定新系统的业务流程，业务流程分析的主要工具是业务流程图。

数据流程分析研究了数据收集的来源、数据收集的方法和步骤，数据分析方法和工具。数据流程分析的主要工具是数据流程图，数据流程图使用外部实体、处理、数据流和数据存储四种符号来描述数据流程。数据字典是对数据流程图中的数据项、数据结构、数据流、处理逻辑、数据存储和外部实体等六个方面进行具体的定义。数据流程图从图形、动态方面描述数据流程，数据字典从文字、静态方面描述数据流程，二者相辅相成。

描述处理逻辑的工具主要有判断树、判断表和结构英语表示法。

常见的管理模型有综合计划模型、生产计划管理模型、库存管理模型、财会管理模型、成本管理模型、经营管理决策模型、统计分析模型和预测模型。

系统化分析包括分析业务流程、分析数据流程、功能分析和划分子系统、数据属性分析、数据存储分析、数据查询要求分析、数据的输入输出分析、绘制新系统的数据流程图和确定新系统的数据处理方式。

逻辑方案的内容包括确定新系统的目标、新系统的业务流程、新系统的数据流程、新系统的逻辑结构、新系统中数据资源说明、新系统中的管理模型。通过撰写系统分析报告，详细说明逻辑方案的各项内容。

习题

1. 系统分析阶段的任务、工作特点及工作成果是什么？
2. 系统分析工作分哪几步进行？
3. 系统分析中，经常使用哪些图表和工具进行调查分析？它们之间是什么关系？
4. 详细调查有什么特点，它与初步调查有什么区别？
5. 逻辑设计和物理设计的关系和区别是什么？为什么要区分这两个工作阶段？
6. 为什么说数据流程图是表达逻辑模型的主要工具？它与其他图表之间的关系如何？
7. 数据字典和处理逻辑说明有什么作用？
8. 新系统的逻辑方案主要包括哪些内容？
9. 画数据流程图时应注意哪些问题？
10. 某银行储蓄所存（取）款过程如下：

储户将填好的存（取）单及存折送交分类处理处。分类处理处按三种不同情况分别处理。如果是存折不符或存（取）单不合格，则将存折及存（取）单直接退还储户重新填写；如果是存款，则将存折及存款单送交存款处处理。存款处理处取出底账登记后，将存折退还给储户；如果是取款，则将存折及取款单递交取款处处理，该服务台取出底账及现金，记账后将存折与现金退给储户，从而完成存（取）款处理过程。试按此画出数据流程图。

第六章　系统设计

系统设计是管理信息系统开发的重要组成部分，是继系统分析之后的重要阶段。本章全面而详细地介绍系统概要设计和详细设计的内容和步骤，使读者系统地掌握从事系统开发所必需的知识。

学习目标

1. 了解系统设计阶段的任务。
2. 掌握从数据流程图导出功能模块结构图的方法。
3. 熟悉模块设计的评价标准。
4. 掌握处理流程图的绘制和程序设计说明书的编写。
5. 掌握系统物理配置设计的内容。
6. 熟悉代码的种类、代码结构的设计及代码校验的设计。
7. 掌握数据库设计的步骤与内容。
8. 熟悉系统输入与输出的内容、格式、方式。

第一节　系统设计的目标与任务

系统分析阶段重点对将开发信息系统机构的业务逻辑进行了研究，由业务管理层面向技术层面逐步过渡。在系统分析阶段，假定技术是完美的，不考虑现实世界中各种物理条件制约。因而，系统分析阶段提出的各个模型均为逻辑模型。

系统设计是在系统分析的基础上，根据系统分析阶段所提出的新系统逻辑模型，建立起新系统的物理模型。也就是说，系统设计阶段需要考虑系统开发的技术细节，包括功能结构、编程语言、数据库管理系统、技术环境等。

具体地讲，就是根据新系统逻辑模型所提出的各项功能要求，结合实际条件详细地完成新系统的概要设计和详细设计，并为系统实施阶段的各项工作准备好必要的技术资料和有关文件。

一、系统设计的目标

系统设计的基本目标就是要使所设计的系统必须满足系统逻辑模型的各项功能要求，同时尽可能地提高系统的性能。系统设计的目标是评价和衡量系统设计方案优劣的基本标准，也是选择系统设计方案的主要依据。评价与衡量系统设计目标实现程度的指标主要有以下方面：

1.系统的可靠性

系统的可靠性是指系统在正常运行时对各种外界干扰的抵抗能力。这是对系统的基本要求。对系统的外界干扰来自很多方面，大致可分为对硬件的干扰，对软件以及对数据的干扰。这些干扰既有自然灾害导致的事故，又有人为的不经意的或恶意的侵入与篡改。提高系统可靠性可基本归结为保证系统安全和提高数据的完整性，需要从技术层面、管理层面、政策法规层面等综合考虑。

2.系统的可维护性

系统的可维护性指系统的可变更性或可修改性，也可称为系统的适应性。系统投入运行以后，系统的环境和条件会不断变化，系统在设计上的缺陷和功能上的不完善，以及在使用过程中出现的硬、软件故障等会影响系统的正常运行。可维护性强的系统便于变更、便于扩充完善。软件的设计水平是影响系统可维护性的主要因素。结构化模块设计、数据存储结构的优化、系统功能设计的前瞻性都是提高系统可维护性的重要措施。

3.系统的效率

系统的效率主要反映在系统对处理请求的响应时间和单位时间内处理的业务量方面，主要和硬件平台的选择、系统软件的性能、系统的工作方式等因素有关。

4.系统的通用性

系统的通用性是指同一软件系统在不同使用单位的可应用程度。这一指标对商品化软件尤为重要。提高系统通用性的措施主要是进行充分的系统分析，业务处理的规范化、标准化，功能与数据结构设计的模块化以及系统参数的较大包容性等。

5.系统的工作质量

系统的工作质量是指系统处理数据的正确性、友好的人机界面，即操作的方便性与输出信息的易读易懂性。主要与系统的硬件设备和软件设计的质量有关。

二、系统设计的任务

系统设计的主要任务有：

1.代码设计

代码设计就是对系统中数据进行编码，用以代表客观存在的实体或属性，以保证它的唯一性和便于计算机分类处理。

2.软件设计

（1）概要设计

概要设计主要完成系统组成模块间关系的设计，以及建立系统的结构。包括信息系统流程图设计、功能模块结构图设计。

（2）详细设计

详细设计针对每个模块内的数据处理展开，包括每个模块的输入、处理和输出等。工作结果包括处理流程图以及编写程序设计说明书等。

3.数据库设计

数据库设计主要是根据系统分析阶段所得到的实体-联系图（E-R图），映射为关系表并规范化。

4.界面设计

界面设计包括输入设计、输出设计等。

5.技术支撑环境设计

技术支撑环境设计包括设备配置、网络的选择和设计，以及数据库管理系统的选择等。

6.其他设计

其他设计包括系统安全与数据完整性设计等。

三、系统设计的原则

系统设计总的原则是保证系统设计目标的实现，并在此基础上使技术资源的运用达到最佳。系统设计中应遵循以下原则：

1.系统性原则

系统是一个有机整体。因此，在系统设计中，要从整个系统的角度进行考虑，使系统有统一的代码、统一的设计规范和标准、统一的数据组织方法，以此来提高系统的设计质量。

2.经济性原则

经济性原则是指在满足系统要求的前提下，尽可能减少系统的费用支出。一方面，在系统硬件投资上不能盲目追求技术上的先进，而应以满足系统需要为前提。另一方面，系统设计中应避免不必要的复杂化，各模块应尽可能简洁。

3.可靠性原则

可靠性既是评价系统设计质量的一个重要指标，又是系统设计的一个基本出发点。只有设计出的系统是安全可靠的，才能在实际中发挥它应有的作用。一个成功的管理信息系统必须具有较高的可靠性，如安全保密性、检错及纠错能力、抗病毒能力、系统恢复能力等。

4.管理可接受的原则

一个系统能否发挥作用和具有较强的生命力，在很大程度上取决于业务管理方面是否可以接受。因此，在系统设计时，要考虑到用户的业务类型、用户的管理基础、用户的人员素质、人机界面的友好程度、掌握系统操作的难易程度等诸多因素的影响。在进行系统设计时，必须充分考虑到这些因素，才能设计出用户可接受的系统。

第二节　代码设计

在进行系统设计之前，有必要对系统中涉及的代码进行规范。系统设计会用到很多方面的代码，包括业务对象的代码、程序模块的代码、技术设备的代码等。代码是代表客观存在的事物名称、属性和状态等的符号。代码可以由数字、字母或者数字和字母混合组成。

一、代码的功能与设计原则

1.代码的功能

①使用代码可以提高计算机处理的效率和精度。按代码对事物进行分类、合并、更新、检索或按某种规定算法进行统计分析，可以十分迅速。

②利用代码可以节省计算机的存储空间，提高运算速度。例如在仓储管理系统中，通过相应的代码就可以反映出物资的种类、规格、型号等内容，因此可以减少计算机处理的数据量，提高处理速度，并可以节省存储空间。

③利用代码可以提高系统的可靠性。通过在代码中加入校检码，可以在输入数据时利用计算机进行检验，以保证输入的数据准确可靠，从而可以提高整个系统的可靠性。

④利用代码可以提高数据的全局一致性。对同一事物，即使在不同场合有不同的叫法，都可以用代码统一起来，减少了因数据不一致而造成的错误。

⑤代码是人和计算机的共同语言，是两者交换信息的工具。

现代企业的编码系统已由简单的结构发展成为十分复杂的系统。为了有效地推动计算机应用和防止标准化工作走弯路，我国十分重视制定统一编码标准的问题，并已公布了GB/T 2006—2007中华人民共和国行政区划代码、GB/T 1988—1998信息处理交换的七位编码字符集等一系列国家标准编码，在系统设计时要认真查阅国家和部门已经颁布的各类标准。代码设计最好优先选用国家标准，其次是省部级或行业标准，接下来考虑国际标准，最后才由企业自行设计标准。

代码设计在系统分析阶段就应当开始。由于代码的编制需要仔细调查和多方协调，是一项很费事的工作，需要经过一段时间，在系统设计阶段才能最后确定。

2.代码设计的原则

合理的编码结构是信息处理系统能具有生命力的一个重要因素，在代码设计时，应遵循以下基本原则：

（1）唯一性

每一个代码只能唯一地代表系统中的一个实体或实体属性，而一个实体或实体属性也只能唯一地由一个代码来表示。

（2）标准性

代码设计时要尽量采用国际或国家的标准代码，以方便信息的交换和共享，并可为以后对系统的更新和维护创造有利条件。

（3）合理性

代码设计必须与编码对象的分类体系相适应，以便代码对编码对象的分类具有标识作用。

（4）可扩充性

编码时要预留足够的备用代码，以适应今后扩充代码的需要。但备用代码也不能留得过多，以免增加处理的难度。

（5）简单性

代码结构要简单，要尽量缩短代码的长度，以方便输入，提高处理效率，并且便于记忆，减少读写的差错。

（6）适用性

代码设计要尽量反映编码对象的特点，以便于识别和记忆，使用户容易了解和掌握。

（7）规范化

代码的结构、类型、编码格式必须严格统一，以便于计算机处理。

二、代码的种类

从编码对象实际状况和使用方便两个方面进行考虑，常用的代码主要有以下几种：

1.顺序码

顺序码是用一串连续的数字来代表系统中的客观实体或实体属性。例如，一个大学里面的各个学院可以采用顺序编码：

01经济管理学院

02化工学院

03纺织学院

04机械工程学院

……

顺序码的优点是简单、易处理。缺点是不能反映编码对象的特征，代码本身无任何含义。另外，由于代码按顺序排列，新增加的数据只能排在最后，删除数据则要造成空码、缺乏灵活性。因此顺序码通常作为其他编码的一个组成部分。

2. 区间码

区间码是按编码对象的特点把代码分成若干个区段，每一个区段表示编码对象的一个类别。例如，全国行政区邮政编码即为典型的区间码。这种代码共有6位数字组成，分成三个区段：第1位和第2位表示省或直辖市级顺序码；第3位和第4位表示地市级顺序码；第5位和第6位表示县区级顺序码。因此，通过一个代码就可以反映出一个地区所在的省、地和县。

区间码的优点是从结构上反映了数据的类别，便于计算机分类处理，排序、分类，插入和删除也比较容易。它的缺点是代码的位数一般都比较多。区间码往往要和顺序码混合使用。

3. 助忆码

助忆码是指用可以帮助记忆的字母和数字来表示编码对象。例如，表示电视机可以用代码：

TV-B-30表示30 cm黑白电视机；

TV-C-51表示51 cm彩色电视机。

助忆码的优点是直观、便于记忆和使用。缺点是不利于计算机处理，当编码对象较多时，也容易引起联想出错，所以这种编码主要用于数据量较少的人工处理系统。

4. 缩写码

缩写码是把人们习惯使用的缩写字直接用于代码。例如：

kg——千克；cm——厘米。

缩写码的优点是简单、直观，便于记忆和使用。但由于缩写字符有限，所以它的使用范围也有限。

三、代码的校验

代码作为数据的一个组成部分，是系统的重要输入内容之一，它的正确与否直接影响到整个处理工作的质量。特别是人们需要重复抄写代码和通过手工将它输入到计算机中时，发生错误的可能性就比较大。为了保证输入代码的正确性，人们在设计代码时，可以在原有代码的基础上再加上一个校验码，使其成为代码的一个组成部分。校验码通过事先规定好的数学方法计算出来，当带有校验码的代码输入到计算机中时，计算机也利用同样的计算方法计算代码的校验码，并将它和输入的代码校验码进行比较，以检验输入是否正确。

利用代码校验码可以检测出以下各种在代码使用中产生的错误：

抄写错误，如1写成7；

易位错误，如12345写成12534；

双易位错误，如36819写成31869；

随机错误，由以上两种或三种错误综合形成的错误。

1.校验码的设计

校验码的设计过程可以分为以下步骤：

（1）原代码的每一位乘以一个权数，然后求它们的乘积之和

设原代码有n位：$C_1C_2C_3\cdots C_n$

对应的权数因子：$P_1P_2P_3\cdots P_n$

它们的乘积之和：$S=C_1P_1+C_2P_2+C_3P_3+\cdots+C_nP_n$

其中：权数因子可以取自然数列1，2，3，…，N；几何级数2，4，8，…，2N；质数等其他数列。

（2）对乘积之和取模

$$R=S_{mod}(M)$$

其中：R表示余数，S为乘积之和，M为模数，可选用11或12等数。

（3）用模减去余数即得校验码

$$C_{n+1}=M-R$$

其中：C_{n+1}表示校验码，M表示模，R表示余数。

下面举例说明校验码的设计过程。

设原代码为：12345

对应的权数：32，16，8，4，2

对应的乘积之和：$S=1\times32+2\times16+3\times8+4\times4+5\times2=114$

取模（设模为11）：$R=S_{mod}(11)=4$

得校验码：$C_6=11-4=7$

最后得到带校验码的代码123457，其中7是校验码。

2.对输入的代码进行校验

利用校验码对输入的代码进行校验的过程是上述校验码设计的逆过程。因此可利用下面的公式对输入的代码进行校验，若（原代码与权数乘积之和+校验码）/模＝整数，则认为输入是正确的，否则认为输入有错。

四、代码设计举例

1.代码设计任务书

在进行代码设计时，要首先填写代码设计任务书，作为代码设计的主要依据，并且作为系统文档资料的一个重要组成部分，需要妥善保管。

代码设计任务书的基本格式和所反映的基本内容如表6.1所示。

表 6.1　代码设计任务书

<table>
<tr><td colspan="7">系统设计　　　　　　　　　　　　　　　　　　　　代码设计
资料编码　　　　　　　　　　　　　　　　　　　　任务书编号
代码设计任务书
年　月　日</td></tr>
<tr><td>编码对象名称</td><td colspan="3">编码方式</td><td colspan="2">位数</td><td>校验码</td></tr>
<tr><td>会计科目</td><td colspan="3">区间码</td><td colspan="2">8</td><td>有</td></tr>
<tr><td>编码对象数量</td><td colspan="3">使用时间</td><td colspan="3">适用范围</td></tr>
<tr><td></td><td colspan="3">2022.5.1</td><td colspan="3">财务管理信息系统</td></tr>
<tr><td>代码化目的</td><td colspan="6">1. 便于输入和检验
2. 便于计算机分类处理</td></tr>
<tr><td>构成</td><td colspan="6">1—3 位表示一级科目；第 4、5 位表示二级科目；第 6、7 位表示三级科目；第 8 位是校验码</td></tr>
<tr><td>编码要求</td><td colspan="6">1. 一级科目编码采用国家会计制度规定的统一编码
2. 校验码采用几何级数法设计</td></tr>
<tr><td rowspan="2">序号</td><td colspan="3">代码</td><td colspan="3">意义</td></tr>
<tr><td>一级科目</td><td>二级科目</td><td>三级科目</td><td>一级科目</td><td>二级科目</td><td>三级科目</td></tr>
<tr><td>1</td><td>101</td><td>01</td><td>00</td><td>现金</td><td>人民币</td><td>无意义</td></tr>
<tr><td>2</td><td>101</td><td>02</td><td>00</td><td>现金</td><td>美元</td><td>无意义</td></tr>
<tr><td>3</td><td>102</td><td>01</td><td>00</td><td>银行存款</td><td>人民币</td><td>无意义</td></tr>
<tr><td>4</td><td>102</td><td>02</td><td>00</td><td>银行存款</td><td>美元</td><td>无意义</td></tr>
<tr><td>…</td><td>…</td><td>…</td><td>…</td><td>…</td><td>…</td><td>…</td></tr>
</table>

2. 代码设计举例

下面根据代码设计任务书的要求说明会计科目代码设计的过程。

由代码设计任务书可以看到，会计科目代码共有 8 位数字组成，其中前 7 位数字是基本代码，按区间码设计，第一位到第三位表示一级科目；第四位和第五位表示二级科目；第六位和第七位表示三级科目；第八位是校验码，按几何级数法计算得到。

（1）一级科目代码设计

对于一级科目的编码，是利用国家会计制度中对会计科目的统一编号来实现。一级科目代码共有三位数字组成，其中 100 到 199 表示资产类会计科目；200 到 299 表示负债类会计科目；300 到 399 表示所有者权益类会计科目；400 到 499 表示成本类会计科目；500 到 599 表示损益类会计科目。在一级科目的编码中，第一位数字表示了科目的大类，第二位和第三位数字表示了科目的小类和序号。在某些会计科目之间留有空号，是供增设会计科目时之用。

（2）明细科目代码设计

明细科目反映的内容极为广泛，并且由于企业不同，其明细科目的名称也不尽相同。因此，代码设计必须考虑到各企业会计核算系统的特点和管理上的要求。这里是在一级科目编码的基础上，添加两位数字表示一级科目下属的二级科目代码，二级科目代码按顺序方式设计。三级科目代码是在每一个二级科目代码后再用两位数字表示，三级科目代码仍然按顺序码设计。

3. 校验码的设计

原代码设计完成之后，就可以进行校验码设计。校验码的权数按几何级数排列，模数取11。由于会计科目代码较多，为了减少计算的工作量和保证代码校验码的正确性，我们可以设计一个专门的计算机程序，以自动完成校验码的计算并将计算结果自动添加到原代码的后面。

第三节　概要设计

概要设计是从计算机实现的角度出发，对分析阶段划分的子系统进行校核，使其关系更加清楚和明确，并根据工作量和性质进行优化。从20世纪70年代以来，出现了许多种先进的系统结构设计方法，比较有代表性的是杰克逊方法、帕纳斯方法、结构化设计方法等。在众多的系统结构设计方法中，结构化设计方法是应用比较广泛并且比较受重视的一种方法。

一、概要设计的起因

在进行概要设计时，必须把系统的可维护性放在首要位置进行考虑。因为整个系统的工作效率、工作质量和可靠性等都在很大程度上依赖于系统的可维护性。系统在设计和运行过程中，根据条件的变化和发现的新问题，不可避免地要对系统进行修改和维护，以提高系统的工作效率、工作质量和可靠性。

由于任何一个系统，不论多么复杂，都可以通过一定的方式将其逐层分解为相对简单的子系统。因此，对于一个系统的修改，无非是对其子系统的修改，或是对各子系统之间相互关系的修改。由于在系统的各个组成部分之间存在着互相调用，互相控制和信息交换等关系，所以对系统的某一部分的任何修改，都可能影响到系统的其他部分。因此，要想提高系统的可维护性，必须从系统的内部结构入手。

由模块组合构成的系统一般称之为模块化结构系统。在模块化结构系统中，由于各个模块之间基本上是相互独立的，所以每个模块都可以独立地被理解、编程、调试和修改，使复杂的系统设计工作变得相对简单。模块的相对独立性也能有效地防止某个模块出现错误在系统中扩散的问题，从而可以提高系统的可靠性。另外，在模块化结构系统中，想要增加或删除一些功能时，只要增加或删除相应的模块就可以了，对系统的其他功能和结构不会产生太大的影响，使系统的修改和维护工作比较容易进行。而采用结构化设计方法就是要将系统设计成模块化结构系统。

二、概要设计的原理

结构化设计方法的基本思想是使系统模块化，即把一个系统自上而下逐步分解为若干个彼此独立而又有一定联系的组成部分，这些组成部分称为模块。对于任何一个系统都可以按功能逐步由上向下，由抽象到具体，逐层将其分解为一个多层次的、具有相对独立功能的模块所组成的系统。在这一基本思想的指导下，系统设计人员以逻辑模型为基础，并借助于一套标准的设计准则和图表等工具，逐层地将系统分解成多个大小适当、功能单一、具有一定独立性的模块，把一个复杂的系统转换成易于实现、易于维护的模块化结构系统。

在系统设计阶段，需要对模块的复杂程度和工作量进行优化。要考虑到系统实施阶段程序员的工作量和进度安排，对于简单的子系统可以进行合并，对于复杂的子系统可以进行必要地分解，以让系统各个模块复杂程度相对均衡。

在系统设计阶段，需要增加系统通用模块。系统分析阶段的模型，主要针对业务逻辑做出分析，各子系统的功能也主要完成对机构的业务支持，对于信息系统的通用功能一般不予考虑。系统的通用功能包括用户的登录与退出、报表打印、数据的导入导出等。在系统设计阶段，要考虑增加系统的通用模块，以让系统的功能更加完善。

结构化设计的工作过程可以分为两步，第一步是根据数据流程图、子系统划分导出系统初始结构图。第二步是对结构图的反复改进过程。因此，系统结构图是结构化设计的主要工具，它不仅可以表示一个系统的层次结构关系，还反映了模块的调用关系和模块之间数据流的传递关系等特性。

三、概要设计模型

概要设计主要针对模块间关系进行，因此包括功能模块图和信息系统流程图。

1.功能模块图

(1) 功能模块图的构成

所谓功能模块图就是将系统的功能进行分解，按功能从属关系表示的图表。管理信息系统的各子系统可以看作是系统目标下层的功能，对其中每项功能还可以继续分解为第三层、第四层……甚至更多的功能。从概念上讲，上层功能包括（或控制）下层功能，越上层功能越笼统，越下层功能越具体。

系统分解的原则是控制加功能原则，即上级模块必须能够控制下级模块，下级模块的功能之和等于上级模块的功能。功能分解的过程就是一个由抽象到具体、由复杂到简单的过程。

功能模块图中每个框称为一个功能模块。功能模块可以根据具体情况分得大一点或小一点。分解得最小的功能模块可以是一个程序中的每个处理过程，而较大的功能模块则可能是完成某一任务的一组程序（某级子系统）。

功能模块图设计过程就是把一个复杂的系统分解为多个功能较单一的功能模块的过程。这种把一个信息系统设计成若干模块的方法称作模块化。模块化是一种重要的设计思想，这种思想把一个复杂的系统分解为一些规模较小、功能较简单的、更易于建立和修改的部分。

在系统分析阶段会绘制功能结构图（子系统划分），但功能结构图重点考虑与业务逻辑有关的功能如何进行划分，功能模块图则增加通用功能模块，并考虑编程工作量和难度。

图6.1是某企业销售管理信息系统的功能模块图。

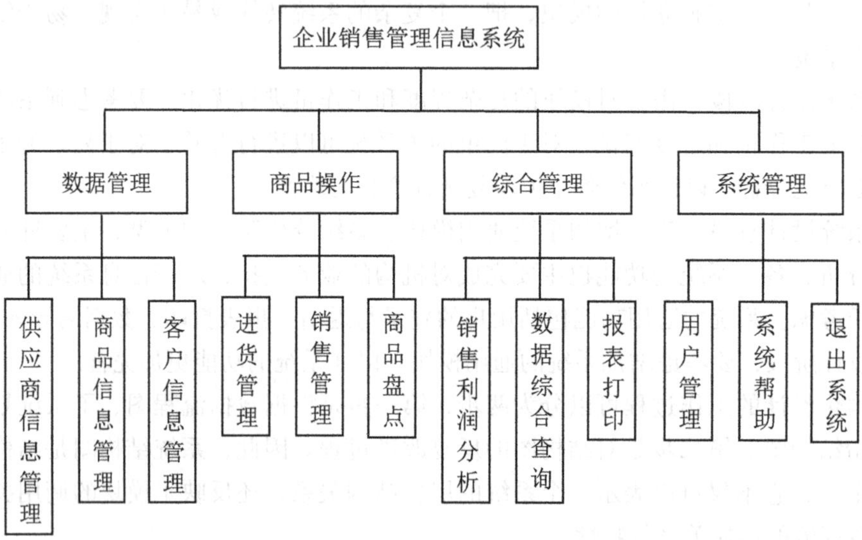

图6.1 功能模块图示例

（2）模块划分的标准

为了能够合理地划分系统的各个模块，使其具有较强的独立性，在划分模块时要遵循的总原则是：尽量把密切相关的子问题划归到同一模块；把不相关的子问题划归到系统的不同模块。

1）模块耦合与内聚

块间耦合（coupling）指一个系统内模块之间互联程度的一种度量，主要包括模块间的调用（控制）和数据交换。块内聚合（cohesion），又称内聚，指一个模块内部各个元素之间结合紧密程度，主要包括模块目标和功能。

①模块耦合。模块之间耦合形式包括数据耦合、控制耦合、公共耦合和内容耦合。数据耦合指模块之间通过数据交换信息，数据耦合是最理想的模块连接。控制耦合指两个模块彼此间传递的信息中有控制信息。公共耦合是两个模块通过一个公共的数据区域传递信息。内容耦合指一个模块需要涉及另一个模块内部信息。如一个模块访问另一个

模块内部数据，或一个模块调用另一个模块中间的程序代码。

模块设计的原则主要有：尽量使用数据耦合；必要时才采用控制耦合；对公共耦合应限制模块数；坚决不用内容耦合。

②模块的内聚。模块内部的聚合度，是用来描述和评价模块内部各个组成部分之间联系的紧密程度。一个模块内部的各个组成部分之间联系得越密切，其聚合度越高，模块的独立性也就越强。最理想的模块就是只有一项功能，只为一个目标服务。模块的聚合度是由模块的聚合方式决定的。根据模块内部的构成情况，其聚合方式可以分成以下七种形式：

a.偶然性聚合：将几个毫无联系的功能组合在一起，形成一个模块，叫偶然性聚合模块。这种模块内部的各个组成部分之间几乎没有什么联系，只是为节省存储空间或提高运算速度而结合在一起，因此聚合度最低。

b.逻辑性聚合：将几个逻辑上相似，但彼此并无联系的功能组合在一起所形成的模块，叫逻辑性聚合模块。这种聚合形式，其聚合度也非常低，模块中的各种功能要通过控制变量选择执行。

c.时间性聚合：将几个需要在同一时段进行处理的各项功能组合在一起所形成的模块，叫时间性聚合模块。如系统的初始化模块、结束处理模块等均属于时间性聚合方式。

d.过程性聚合：将为了完成某项业务处理过程，而执行条件受同一控制流支配的若干个功能组合在一起所形成的模块，叫过程性聚合模块。这类模块的聚合度较前几个要高一些。

e.数据性聚合：将对同一数据加工处理的若干个功能组合在一起所形成的模块，叫数据性聚合模块。这种模块能合理地定义功能，结构也比较清楚，因此其聚合度也较高。

f.顺序性聚合：把若干个顺序执行的、一个处理的输出是另一个处理的输入的功能组合在一起所构成的模块，叫作顺序性聚合模块。这种模块的聚合度要更高一些。

g.功能性聚合：为了完成一项具体任务，由简单处理功能所组成的模块，叫作功能性聚合模块。这种模块功能单一，内部联系紧密，易于编程、调试和修改，因此其独立性最强，聚合度也最高。

在上述七种模块聚合方式中，其聚合度是依次升高的。由于功能性聚合模块的聚合度最高，所以在划分模块的过程中，应尽量采用功能性聚合方式。另外，根据需要可以适当考虑采用顺序性聚合或数据性聚合方式，但要避免采用偶然性聚合和逻辑性聚合方式，以提高系统的设计质量和增加系统的可维护性。

2）模块的划分

①依据模块的关联度判断。模块之间的关联度，是用来表示一个模块与其他模块之间联系的紧密程度。关联度越低则说明模块之间的联系越少，模块的独立性就越强，就越容易独立地进行编程、调试和修改。一个模块中产生的错误对其他模块的影响也就越小。对于模块之间的关联度，可以从以下三个方面来衡量和评价：

a.模块之间的联系方式。如果一个模块直接调用另一个模块内部的数据或指令，这说明被调用模块内含有多方面不相关的内容，导致模块间联系增多，修改一个模块将直接影响其他的模块，降低了模块的独立性。因此在系统设计中，应尽量避免使用这种联系方式。另一种联系方式是通过被调用的模块的名称来调用整个模块，使其完成一定的功能，这样可以降低模块间的联系，增加其独立性。因此在系统设计中，应尽量采用这种联系方式。

b.模块之间使用控制信息的数量。由于控制信息直接影响程序的运行过程，所以过多地使用控制信息，必然会增加模块之间的联系，影响模块的独立性。因此，在模块之间尽可能不用或少用控制信息。

c.模块之间传送数据的数量。模块之间通过调用关系传送数据，是一种比较理想的联系方式。但是，如果模块之间传送的数据过多，同样会给理解和修改模块带来困难，降低系统的可维护性。一个模块同其他模块之间传递的数据越少，模块间的相互独立性就越强，也就越便于系统的设计和维护。

要降低模块之间的关联度，除了从以上几方面考虑之外，还可以从模块界面的清晰度来考虑。模块之间的界面越简单、清晰、易于理解，则关联度越低，模块的独立性也就越强。

②依据模块的层次和结构宽度判断。在划分系统模块的设计时，除了要考虑降低模块之间的关联度和提高模块的聚合度这两条基本原则之外，还要考虑到模块的层数和模块结构的宽度。如果一个系统的层数过多或宽度过大，则系统的控制和协调关系也就相应复杂，系统的模块也要相应地增大，将会导致设计和维护的困难增大。

（3）概要设计过程

系统结构的设计过程，可以分成两个阶段进行。第一阶段主要是从新系统数据流程图出发导出初始结构图，即首先把整个系统看作一个模块，然后对其逐层分解。分解时，要遵守划分模块的基本原则和完成数据流程图所规定的各项任务及其处理顺序。每分解出一层模块，都要标明信息传递情况并考虑每一模块的实现方法，同时还要考虑系统结构的层数。第二阶段是对系统结构图进行改进，即从提高模块的独立性目标出发，检查每一个模块，考虑是否还可以降低关联度，提高聚合度，如果可以，就要对其改进，直到理想为止。

2.信息系统流程图

系统结构设计的重点在于描述系统的功能特征及其各功能模块之间的调用关系，但并未表达各功能之间的数据传递关系。因此，为了进一步表达系统的处理过程和系统中数据传递关系，还必须进行系统处理流程设计和具体模块的处理流程设计，以便为程序设计提供详细资料。

（1）信息系统流程图符号

信息系统流程图是以新系统的数据流程图为基础绘制的。先为数据流程图中的处理功能画出数据关系图。图6.2是数据关系的一般形式，它反映了数据之间的关系，即输入数据、中间数据和输出信息之间的关系。

后把各个处理功能的数据关系图综合起来，形成整个系统的数据关系图，即系统处理流程图。

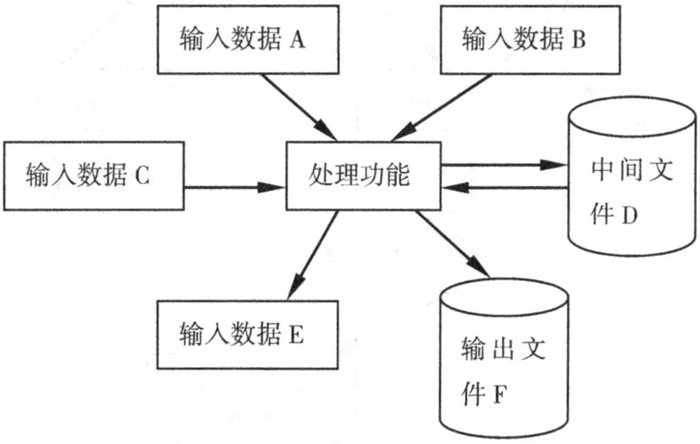

图6.2 数据关系的一般形式

绘制信息系统流程图应当使用统一符号。目前我国国家标准GB 1526—1989的信息处理流程图符号和国际标准化组织标准ISO5807的图形符号，以及美国国家标准协会ANSI的图形符号大致相同，常用的符号如图6.3所示。

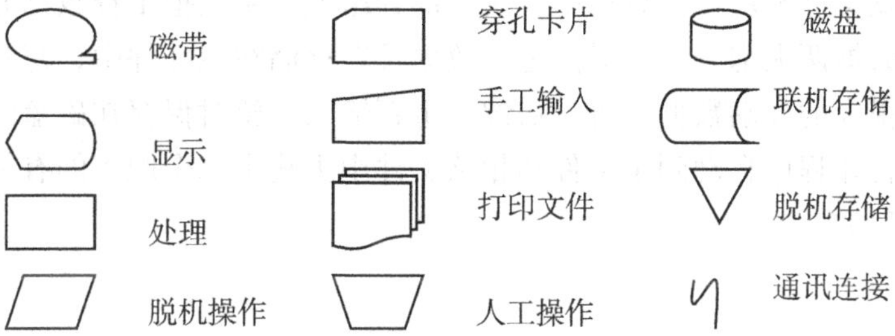

图6.3 常用的系统流程图符号

（2）信息系统流程图示例

从数据流程图到信息系统流程图并非单纯的符号变换，信息系统流程图表示的是计算机的处理流程，而并不像数据流程图那样还反映了人工操作那一部分。因此绘制信息系统流程图的前提是已经确定了系统的边界、人机接口和数据处理方式，同时还要考虑哪些处理功能可以合并，或可以进一步分解，把有关的处理看成是信息系统流程图中的一个处理功能。

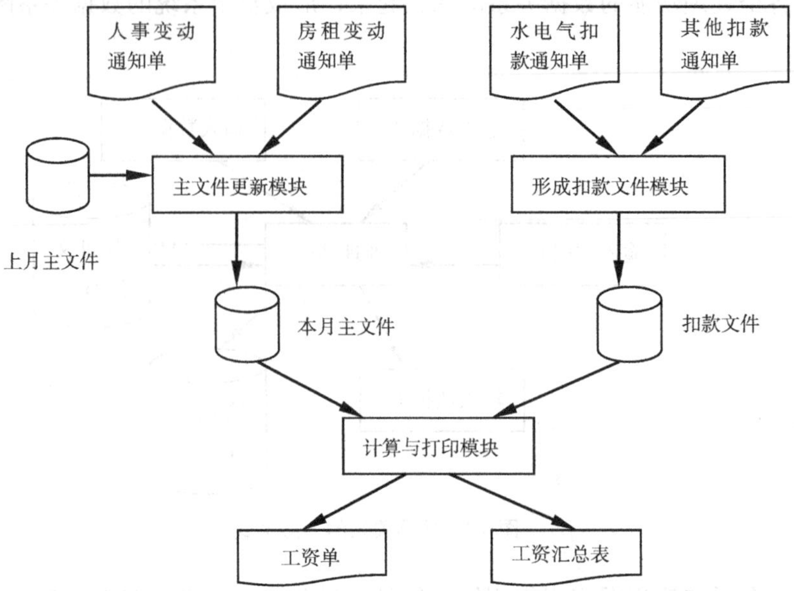

图6.4 工资管理子系统的信息系统流程图

图6.4是工资管理子系统的信息系统流程图。由图可知，该子系统由主文件更新模块、形成扣款文件模块和计算打印模块三部分组成。系统把工资数据分为固定、半固定数据和变动数据两大部分。相对固定的数据长期存储在主文件中，每月只做少量更新工作。对变化很大的变动数据，每月从键盘重新输入，暂时保存在磁盘的扣款文件上。最后由计算和打印程序自动到主文件和扣款文件中去找出每个职工的有关数据，计算后打印出工资单和工资汇总表。

第四节 详细设计

详细设计包括处理流程图设计和程序设计说明书。

1. 处理流程图设计

处理流程图是信息系统流程图（或其中某个处理）的展开。系统中每一个功能模块都可以作为一个独立子系统分别进行设计。由于每个处理功能都有自己的输入和输出，对处理功能的设计过程也应从输出开始，进而进行输入、数据文件的设计，并画出较详细的处理流程图。处理流程图的基本结构如图6.5所示。

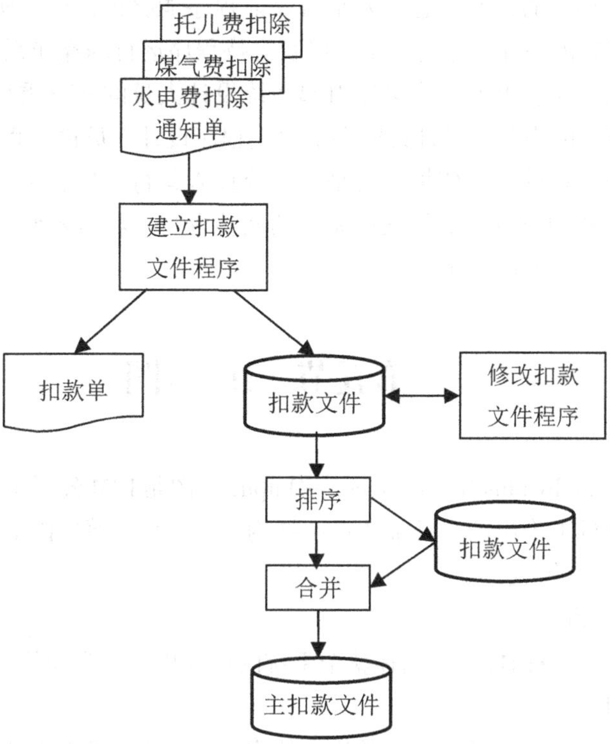

图6.5 处理流程图的基本结构

处理流程图需要对展开的上级模块内部处理过程进行详细说明，因此详细化的展开包括模块的输入数据、处理过程和输出数据。

2.程序设计说明书

程序设计说明书是对程序框图注释性说明的书面文件，以帮助程序设计人员进一步了解程序的功能和设计要求。程序设计说明书由系统设计人员编写，交给程序设计人员使用。因此程序设计说明书必须写得清楚明确，以便增加程序设计人员对所要设计程序的处理过程和设计要求的理解。

程序设计说明书主要包括以下内容：

①程序名称。它包括反映程序功能的文字名称和标识符。如录入模块LU.PRG等。

②程序所属的系统和子系统名称。

③编写程序所用的语言。

④输入数据的方式与格式。当有多种数据输入时，应当分别对每种数据的输入方式和格式做出具体而详细的说明。

⑤输出信息的方式与格式。当有多种信息按不同方式输出时，应当分别说明按各种方式输出时的格式要求。

⑥程序处理过程说明。它包括在程序中使用的计算公式、数学模型和控制方法等。

⑦程序运行环境的说明。它主要是对保证程序能够正常运行所需要的输入、输出设备的类型和数量，内部存储器的容量，以及支持程序运行的操作系统等内容进行说明。

编写程序设计说明书的工作必须引起系统设计人员的充分重视，并作为一项重要的工作内容来完成。因为程序设计说明书不仅是程序设计人员进行程序设计时的重要参考，也是系统修改和维护的技术依据。就是在系统投入运行之后，由于要经常根据情况的变化对系统进行调整和修改，如果没有完善的文档资料，将既不利于程序的设计工作，也不利于系统的修改和维护工作。

第五节　HIPO图

HIPO（Hierarchy plus Input-Process-Output）图是IBM公司于20世纪70年代中期在层次结构图的基础上推出的一种描述系统结构（H图）和模块内部处理功能的工具（IPO表），由以下两部分组成：

（1）层次结构图

层次结构图（简称H图），描述整个系统的设计以及各类模块之间的关系。

（2）IPO图

IPO图（或称表），描述了某个特定模块内部的处理过程和输入/输出关系。

其中H图用于概要设计，而IPO表用于详细设计。由于HIPO图直观明了、简单易懂，因而获得了较广泛的应用。

一、H图

H图用到了一组符号，详见图6.6。

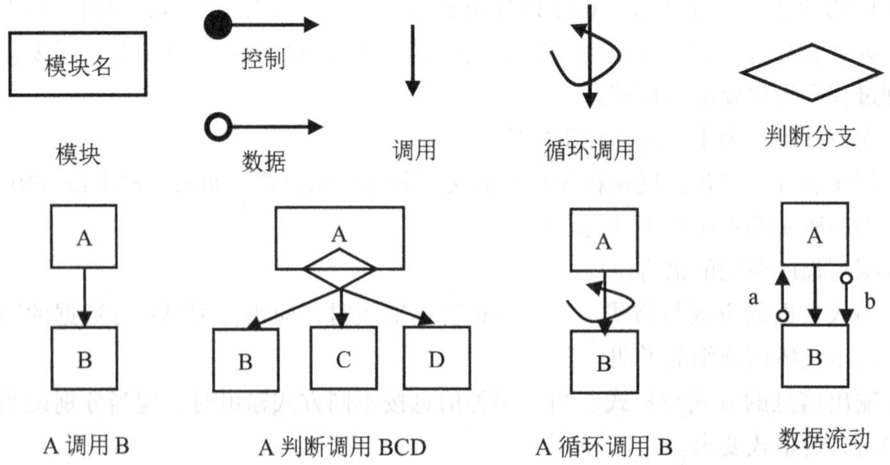

图6.6　控制结构图示例

H图的结构如图6.7所示。

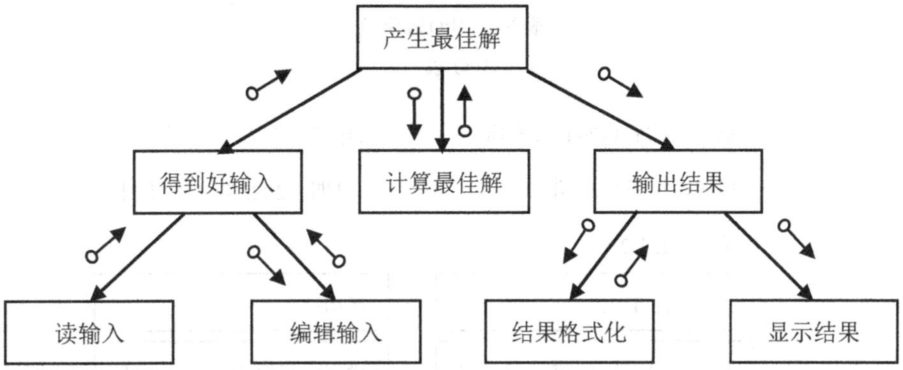

图6.7 H图示例

H图的最顶端模块称为总控模块，它负责系统的总体控制，完成对第二层模块的调用和控制。第二层模块无论有几个，总可以划分为三组，即输入、处理、输出三组。第二层模块根据需要，展开对更下级模块的调用。

H图根据功能复杂程度对模块进行调用，调用的层次深度没有限制。

二、IPO表

IPO表对H图中某一个模块进行展开，详细说明模块的内部处理过程，以及上级模块的调用关系。IPO表的格式如表6.2所示。

表6.2 IPO表的主要格式与内容

IPO 表

系统： 作者：

模块： 日期：

编号：

被调用：	调用：
输入：	输出：
处理：	
局部数据元素：	注释：

IPO表的一个例子如表6.3所示。

表6.3 IPO表示例

IPO表

系统：读者借阅管理系统　　作者：李方

模块：读者借还图书　　日期：2022年5月1日

编号：L.1.2.1

被调用：L.1.2	调用：
输入：从获得的借还记录得到图书信息。	输出：将合理记录送回上一级，进行信息更新；输出图书信息，以便处理图书预约模块。
处理： ①读者发生借还行为； ②凭借借阅证作为媒介将借还记录录入读者借阅管理系统； ③读者信息与借还图书信息一一对应。 ……	
局部数据元素：	注释：

HIPO图简洁易懂，使用方便，应用在系统设计工作中可以提高工作效率。

第六节　输入输出设计

与数据的正常处理过程相反，界面设计的过程是先完成输出设计，后完成输入设计，因为输出才是用户的真正需求。

一、输出设计

输出设计的目的是使系统能输出满足用户需要的有用信息。对于大多数用户来说，输出是系统开发的目的和评价系统开发成功与否的标准。因此，输出设计的出发点是保证系统输出的信息能够方便地为用户所使用，能够为用户的管理活动提供有效的信息服务。

1.输出设计的内容

（1）确定输出内容

确定输出设计的内容要考虑以下方面：

①输出信息使用方面的内容，包括信息的使用者、使用目的、报告量、使用周期、有效期等。

②输出信息的内容，包括输出项目、位数、精度、数据形式（文字、数字）等。

（2）确定输出格式

确定输出格式，如表格、图形或文件。输出信息的格式设计，是为了给用户提供一种清晰、美观、易于阅读和理解的信息。因此，输出信息的格式必须考虑到用户的要求和习惯，要尽量与现行系统的表格形式相一致。如果必须做出更改，则要由系统设计人员、系统分析人员和使用人员协商后，经过各方面人员的同意才能进行。表格的输出设计工作可由专门的表格生成器软件完成，图形的输出设计也有专门的软件。

（3）选择输出设备和输出介质

输出信息的用途决定了输出设备和输出介质。需要送给其他有关人员或者需要长期存档的材料，必须使用打印机打印输出；若是需要作为以后处理用的数据，可以输出到各种存储设备上；如果只是需要临时查询的信息，则可以通过屏幕显示。输出设备主要是指打印机和显示器。

常见的输出设备有打印机、存储设备、绘图仪等。打印机使用的介质为打印纸，常见的打印机包括针式票据打印机、喷墨打印机、激光打印机等。存储设备使用的存储介质为磁盘或半导体芯片，常见的存储设备有机械式硬盘、固态硬盘（Solid State Drive，SSD）、磁盘阵列（Redundant Arrays of Independent Disks，RAID）、网络附属存储（Network Attached Storag，NAS）等。

2.输出报告

输出报告是系统设计的主要内容之一，它定义了系统的输出。设计输出报告时应考虑以下几点：

①方便使用者。能为使用者提供及时、准确、全面的信息，输出的图形或表格，便于用户阅读和理解。

②要考虑系统的硬件性能。

③尽量利用原系统的输出格式，如需修改，应与有关部门协商，征得用户同意。

④输出的格式和大小要根据硬件能力认真设计，并试制输出样品。

⑤输出表格要考虑系统的发展。输出表格中是否为新增项目留有相应的位置。设计输出报告之前应收集好各项的有关内容，填写到输出设计书（参见表6.4）上，这是设计的准备工作。

为了提高系统的规范化程度和编程效率，在输出设计上应尽量保持输出流式内容和格式的同一性，也就是说，同一内容的输出，对于显示器、打印机、文本文件和数据库文件应具有一致的形式。显示器输出用于查询或预览，打印机输出提供报表服务，文本文件格式用于为办公自动化系统提供素材，而数据库文件可满足数据存储与交换的需要。

在打印输出时，打印纸有专用纸和通用白纸两种。专用纸上事先已印有表头和文字说明等，使用时可直接套打，通用白纸则需打印表头、格式及说明信息。

表6.4 输出设计书

<table>
<tr><td colspan="6">输 出 设 计 书</td></tr>
<tr><td>资料代码</td><td>GZ-01</td><td colspan="2">输 出 名 称</td><td colspan="2">工资主文件一览表</td></tr>
<tr><td>处理周期</td><td>每月一次</td><td>形 式</td><td>行式打印表</td><td>种 类</td><td>0-001</td></tr>
<tr><td>份 数</td><td>1</td><td>报 送</td><td colspan="3">财 务 科</td></tr>
<tr><td>项 目 号</td><td>项目名称</td><td colspan="2">位 数 及 编 辑</td><td colspan="2">备 注</td></tr>
<tr><td>1</td><td>部门代码</td><td colspan="2">X(4)</td><td colspan="2"></td></tr>
<tr><td>2</td><td>工号</td><td colspan="2">X(5)</td><td colspan="2"></td></tr>
<tr><td>3</td><td>姓名</td><td colspan="2">X(12)</td><td colspan="2"></td></tr>
<tr><td>4</td><td>级别</td><td colspan="2">X(3)</td><td colspan="2"></td></tr>
<tr><td>5</td><td>基本工资</td><td colspan="2">9999.99</td><td colspan="2"></td></tr>
<tr><td>6</td><td>房费</td><td colspan="2">999.99</td><td colspan="2"></td></tr>
</table>

3. 输出设计实例

现在很多公司不再提供输出设计报告、输出设计说明书等技术文档，而是直接输出设计实例，之后让用户签字盖章，达成一致并产生法律效力。

二、输入设计

输入设计是整个系统设计的关键环节之一，对系统的质量起着决定性的影响。输入数据的正确性直接决定处理结果的正确性，如果输入数据有误，即使计算机处理十分正确，也无法获得可靠的输出信息。

1. 输入设计的原则

输入设计包括数据规范和数据准备的过程，在输入设计中，提高速度和减少错误是两个最根本的原则。以下是指导输入设计的几个原则：

(1) 设计好原始单据的格式

原始单据的格式设计，必须按照便于填写、便于归档保存和便于操作的基本原则进行。输入的单据，可以是专门为输入数据设计的记录单，但这样要经过一次转抄和编码；也可以直接从原始单据上输入数据，这样可以减少填写输入记录单的工作量和抄写错误。不管采用哪一种形式，作为输入的数据其内容要和屏幕上显示的内容一致，格式也要尽量一致，以便提高输入速度和减少输入差错。

（2）控制输入量

在输入设计中，应尽量控制输入数据总量。在输入时，只需输入基本的信息，而其他可通过计算、统计、检索得到的信息则由系统自动产生。

（3）减少输入延迟

输入数据的速度往往成为制约提高信息系统运行效率的瓶颈，为减少延迟，可采用周转文件、批量输入、光学字符识别、物联网设备输入、语言输入等方式。

（4）输入过程应尽量简化

输入设计在为用户提供纠错和输入检验的同时，要保证输入过程简单易用，不能因为查错、纠错而使输入复杂化，增加用户负担。

（5）减少输入错误

输入设计中应采用多种输入校验方法和有效的验证技术，减少输入错误。

2.输入检验

输入设计的目标是要尽可能减少数据输入中的错误。因此，对于输入数据过程中可能出现的错误，要采取相应的检验措施，以保证输入数据的正确性。

（1）输入错误的种类

在输入数据的过程中，由于各种原因可能会出现这样或那样的错误。因此在输入设计时，必须要充分考虑到可能会出现的各种错误，并采取有效的防范和补救措施。在输入数据时，常见的错误可以分成以下几类：

①数据本身的错误。主要是指原始单据的填写错误或者在输入数据时产生的错误。

②数据不足或多余。原始单据提供的数据不足以支持系统功能的完成，或者存在系统不需要的数据。

③数据的延误。这是指在数据收集过程中，由于提供数据的时间延误所产生的错误。虽然数据内容是正确的，但是由于数据在时间上延误，可能会使输出的信息变得毫无价值。

（2）数据出错的校验方法

数据的校验方法有人工直接检查、计算机用程序校验以及人与计算机两者分别处理后再相互查对校验等多种方法。常用的方法是以下几种，可单独地使用，也可组合使用。

①重复输入检验。将同一数据由两个人先后输入一次，由计算机比较两次输入的结果，以判断输入的数据是否正确。如两次输入的不一致，计算机显示或用打印机打印出错信息。

②视觉检验。输入的同时，由打印机打印或屏幕显示出输入的数据，并由人工逐一核对，以检查输入的数据是否正确。

③控制总数检验。先由人工计算出输入数据的某数据项总值，然后在输入过程中再由计算机统计出该数据项的总值，比较两次计算结果以验证输入是否正确。

④记录个数检验。通过计算输入数据的记录个数来检验输入的数据是否有遗漏和

重复。

⑤格式校验。校验数据记录中各数据项的位数和位置是否符合预先规定的格式。

⑥逻辑校验。根据业务上各种数据的逻辑性，检查有无矛盾。例如，月份最大不会超过12，否则出错。

⑦界限校验。检查某项输入数据的内容是否位于规定范围之内。例如，商品的单价，若规定在100元至500元范围内，则检查是否有比100元小及比500元大的数目即可。凡在此范围之外的数据均属出错。

⑧顺序校验。检查记录的顺序。例如，要求输入数据无缺号时，通过顺序校验，可以发现被遗漏的记录。

⑨平衡校验。平衡校验的目的在于检查相反项目间是否平衡。例如，会计工作中检查借方会计科目合计与贷方会计科目合计是否一致。

⑩对照校验。对照校验就是将输入的数据与基本文件的数据相核对，检查两者是否一致。例如，为了检查销售数据中的用户代码是否正确，可以将输入的用户代码与用户代码总表相核对。当两者的代码不一致时，就说明出错。

（3）出错的改正方法

出错的改正方法应根据出错的类型和原因而定。

①原始数据错。发现原始数据有错时，应由产生错误的单位进行改正，不应由操作员想当然地予以修改。

②机器自动检错。当由机器自动检错时，出错的恢复方法有：将错误改正后再进行处理；将错误数据剔出，只处理正确的数据。

（4）出错表的设计

为了保证输入数据正确，数据输入过程中通过程序对输入数据进行校验，如果发现数据有错时，程序应当自动地打印出错信息内容（即出错表）。

3.输入媒介和装置

数据必须通过一定的媒介或装置才能被输入到系统中去。常用的输入媒介和装置主要有以下几种：

（1）键盘

键盘是计算机系统中最主要的输入设备，通过键盘可以将数据直接输入到计算机中或者记录在磁性介质上，使用起来非常方便，是应用最为广泛的输入设备。

（2）读卡机

读卡机是一种将光电卡、磁卡和IC卡所载信息转变为计算机可识别的电信号的机器。

（3）磁带机和磁盘机

通过磁带机或者磁盘机可以非常方便地将记录在磁性介质上的数据输入到计算机中进行各种各样的处理，并且可以将计算机处理过的数据直接记录在磁性介质上，因此它们是重要的输入输出设备。目前正向着大容量、小体积的方向发展，并且新的技术和材料也不断出现。

（4）其他输入设备

在计算机系统中还有其他许多种输入设备，如磁性字体阅读机、光学读字机、语音输入设备、光笔、图形数字化仪、黑白和彩色扫描仪等。可以根据系统的需要选择相应输入装置。

三、输入输出的界面设计

从屏幕上通过人机对话输入是目前广泛使用的输入方式。因为人机对话，既有用户输入，又有计算机的输出。通常有以下几种：

1.菜单式

通过屏幕显示出可供选择的功能和功能代码，由操作者根据需要进行选择。将菜单设计成层次结构，则可以通过层层调用引导用户使用系统的每一个具体功能。随着软件技术的发展，菜单设计也向着既美观又方便的方向发展。

2.表单式

表单式（form）屏幕设计通常用于需要通过终端向系统中输入数据的情况。系统将要输入的项目显示在屏幕上，然后由用户逐项填入有关的数据。另外，表单式屏幕设计也可以用于系统的输出。如果要查询系统中的某些数据，可以将数据的名称按一定的方式排列在屏幕上，然后由计算机将数据的内容自动填写在相应的位置上。由于这种方式设计的界面简单易懂，并且不容易出错，所以它是通过屏幕进行输入输出的主要形式。

3.选择性问答式

选择性问答式屏幕设计是指当系统运行到某阶段时，通过屏幕向用户提问，系统根据用户回答的结果决定下一步执行什么操作。这种方法通常用在提示操作人员确认输入数据的正确性，或者询问用户是否继续某项处理等方面。例如，当用户输入完一条记录后，可以通过屏幕向用户询问“输入是否正确（Y/N)?”，计算机根据用户的回答来决定是继续输入数据还是对刚输入的数据进行修改。

第七节 数据库设计

数据库设计是在选定的数据库管理系统基础上建立数据库的过程。进行数据库设计是在用户需求分析的基础上，进行概念结构设计、逻辑结构设计和物理结构设计，与系统分析和设计的阶段相对应，见图6.8。

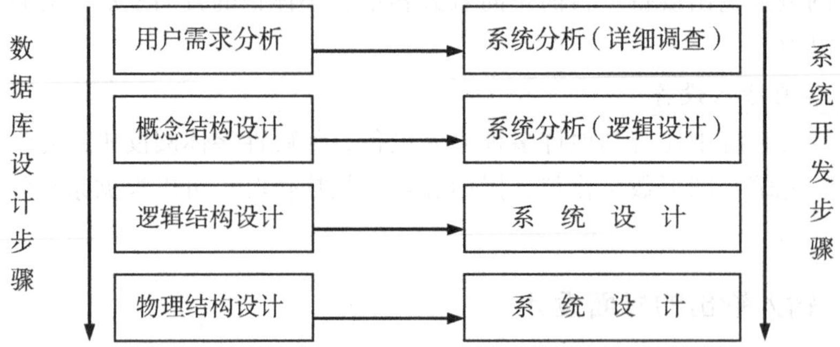

图6.8 数据库设计与系统开发阶段对照

1.数据库的概念结构设计

数据库的概念结构设计，其任务是根据用户需求，设计数据库的概念数据模型（简称概念模型）。概念模型是从用户角度看到的数据库，它用实体联系图（Entity-Relationship Diagram，E-R图）表示。数据库的概念结构设计应在系统分析阶段完成。

2.数据库的逻辑结构设计

数据库的逻辑结构设计是将概念结构设计阶段完成的概念模型转换成能被选定的数据库管理系统（DBMS）支持的数据模型。数据库的逻辑结构设计应在系统设计阶段展开。

将E-R模型转换为关系型数据模型时，要涉及转换规则、联系主键规则、联系合并规则。

（1）转换规则

一个实体型转换为一个关系模式。实体的属性就是关系的属性，实体的码就是关系的码。

一个联系转换为一个关系模式。关系的码取联系两边（或多边）实体的码作备选码（待定），联系的属性转换为关系的属性。

（2）联系主键规则

1：1联系可以选择任何一边实体的码作为联系的码。

1：M联系只能选择M边实体的码作为联系的码。

M：N联系选择两边实体的码，将该组合码作为联系的码。

多个实体联系，选择所连接多个实体的码作为组合码，担任多边联系的码。

（3）联系合并规则

一个1：1联系可以转换为一个独立的关系模式，也可以与任意一端对应的关系模式合并。

一个1：N联系可以转换为一个独立的关系模式，也可以与N端对应的关系模式合并。

一个M：N联系转换为一个关系模式，不允许合并。

三个或三个以上实体间的一个多元联系可以转换为一个关系模式，不允许合并。

例如：库存管理E-R模型，见图6.9。

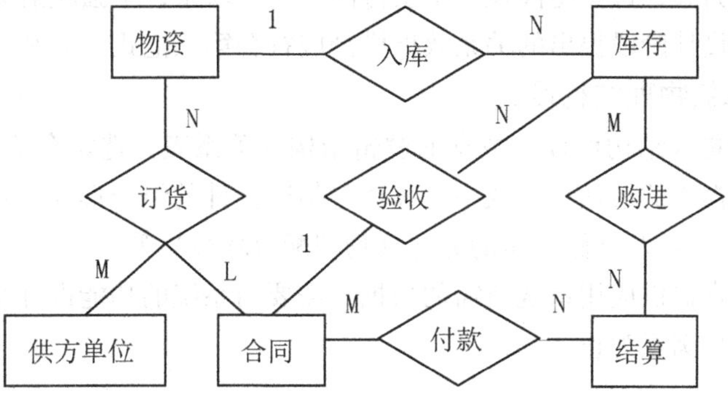

图6.9　物资入库管理E-R图

库存管理过程中涉及的实体有：

供应单位：属性有单位号、单位名、地址、联系人、邮政编码。

物资：属性有物资代码、名称、规格、备注。

库存：属性有入库号、日期、货位、数量。

合同：属性有合同号、数量、金额、备注。

结算：属性有结算编号、用途、金额、经手人。

这些实体之间的联系包括：

入库：一种物资可以多次入库，是1∶N联系。

验收：一份合同订购的物资可以分多次验收，是1∶N联系。

购进：一次购进的物资可以经多次结算，而一次结算可以承办多次购进的物资，是M∶N联系，其属性为：数量、金额。

付款：是M∶N联系，其属性为：数量、金额。

订货：这是一个数量超过两个的不同类型实体之间的联系。在订货业务中，一种物资可由多家供应，产生多个合同。反之，一个供应单位也可供应多种物资，产生多个合同，所以，在图中用N∶N∶L的结构来表示。订货联系的属性有：数量、单价。

根据属性与关系，联系与关系的转换原则，可转换成下述对应的关系型数据模型：

①供方单位（单位号，单位名，地址，联系人，邮政编码）；

②物资（代码，名称，规格，备注）；

③库存（入库号，日期，货位，数量，代码，合同号）；

④合同（合同号，数量，金额，备注）；

⑤结算（编号，用途，金额，经手人）；

⑥购进（入库号，编号，数量，金额）；

⑦付款（合同号，编号，单位号，数量，金额）；

⑧订货（代码，单位号，合同号，数量，单价）。

其中，入库、验收两个一对多联系表并入库存表，付款联系、购进联系两个多对多联系单独映射为表，订货是涉及三个实体的多对多联系，单独映射为表。

逻辑结构设计阶段提出的关系数据模型应符合第三范式（3NF）的要求。

3.数据库的物理结构设计

数据库的物理结构设计为数据的逻辑结构（关系表）选定合适的存储结构与存储方法，以获得数据库的最佳存取效率。具体包括库文件的组织形式（顺序、索引）、存取方法（索引设计），以及存储介质的分配（物理配置环境）等。

数据库负责提供应用系统所需的数据，需要与系统的功能设计综合考虑，不断改进、优化，直至用户满意为止。

第八节　技术支撑环境设计

与企业架构（TOGAF）相一致，分析阶段主要完成业务架构相关工作，并启动应用架构与数据架构方面的工作，而设计阶段则进一步完成应用架构、数据架构的展开，并增加技术架构的工作内容。其中技术架构工作的内容，主要是未来应用系统所运行的技术支撑环境，主要包括硬件、系统软件、网络与通信等。随着虚拟机技术和云计算技术的发展，现在的管理信息系统也有可能运行于虚拟化环境或云计算平台中。

一、硬件

对于管理信息系统部署环境来讲，可以自建硬件环境，也可以使用虚拟化技术和云计算技术。

1.自建硬件环境

自建硬件环境需要考虑管理信息系统的架构，如果是单机版环境，只需要购买指定数量的微机即可。如果是C/S或B/S架构，则需要分别考虑服务器和客户机的选型。

（1）服务器的选型

服务器要根据应用的场景选型，企业中服务器会涉及文件服务器、Web服务器、应用服务器、数据库服务器、邮件服务器等。

服务器选型考虑的主要因素包括：CPU、内存、芯片组与主板、硬盘等。CPU的性能决定了服务器的运算能力和处理能力。内存是数据的中转站，内存越大，系统运行速度也就越快。芯片组与主板也是重要的考量方面，即使采用相同的芯片组，不同的主板设计也会对服务器性能产生重要影响。硬盘是服务器存储数据的空间，硬盘的大小在选择时还应该考虑到具有一定的剩余空间。

服务器选型要考虑服务器的吞吐量、高并发性和稳定性。有些业务场景只有高吞吐量、高主频的机器才能解决，而不能依靠简单地增加CPU数量。高并发度计算则要同时处理多个用户的需求，一般是内核数量越多，线程数量越多，所能同时处理的用户数量规模也就越大。对于某些类型的企业来说，稳定性比性能更为重要，如果业务不能正常运行，再高的性能也没有用。

服务器从外观样式上可以分为刀片式服务器、塔式服务器和机架式服务器，它们之间的区别在于用途不同、放置不同和扩展性不同。从用途方面来看，刀片式服务器应用于大型数据中心或者需要大规模计算的领域；塔式服务器适合常见的入门级和工作组级服务器应用，性能可以满足大部分中小企业用户的要求；机架式服务器多用于服务器数量较多的大型企业。从放置方面来看，刀片式服务器可以一片一片地叠放在机柜上；塔式服务器的主机机箱比较大，单独放置；机架式服务器可以一台一台地放到固定机架上。从扩展性方面来看，刀片式服务器比机架式服务器更节省空间，扩展性较差；塔式服务器的主板扩展性较强，机箱内部往往会预留很多空间，以便进行硬盘、电源等的冗余扩展；机架式服务器由于内部空间限制，扩展性较受限制。

（2）客户机选型

客户机选型主要考虑CPU、主板、内存、硬盘、显示器等因素，要平衡功能、性能与成本等因素。

（3）其他外设选型

根据企业系统运行的需要，还需要考虑购置UPS、稳压电源、打印机、外置存储设备等。外置存储设备可以是RAID、NAS、SAN（Storage Area Network，存储区域网络）等。

2.虚拟机技术和云计算平台

在虚拟机技术（Virtual Machine Monitor）中，不再对底层的硬件资源进行划分，而是部署一个统一的Host系统。虚拟层作为应用级别的软件而存在，不涉及操作系统内核。虚拟层会给每个虚拟机模拟一套独立的硬件设备，包含CPU、内存、主板、显卡、网卡等硬件资源，在其上安装所谓的Guest操作系统。最终用户的应用程序，运行在Guest操作系统中。其代表产品有EMC旗下的VMware系列、微软旗下的Virtual PC/Server系列等。

“云计算”（Cloud Computing）是分布式计算、并行计算和网格计算的发展，或者说是这些计算机科学概念的商业实现。云服务有三种模式，包括SaaS（Software as a Service，软件即服务）、PaaS（Platform-as-a-Service，平台即服务）、IaaS（Infrastructure as a Service，基础设施即服务），企业可以根据自己管理信息系统的开发与部署方式，对云服务做出选择。

二、系统软件

系统软件包括操作系统、数据库管理系统、高级程序设计语言和服务诊断程序，对于管理信息系统的技术支撑环境来说，最重要的是操作系统和数据库管理系统两大类。

1.操作系统

当前用于服务器的操作系统主要有UNIX、LINUX和Windows Server。采用Java语言编程实现的各类管理信息系统，可以跨平台部署，而采用.NET架构开发的各类管理信息系统，只能部署于Windows系列平台。

2.数据库管理系统

数据库管理系统是一种操纵和管理数据库的大型软件，用于建立、使用和维护数据库，简称DBMS。它具有数据定义、数据操作、数据存储与管理、数据维护等功能，且能够允许多用户使用。

由于管理信息系统运行需要数据的支持，而数据必须保存在数据库中，数据库又需要数据库管理系统来管理。因此，必须选择与管理信息系统中数据库相一致的DMBS。

当前应用最广泛的是关系型数据库管理系统，大型的关系数据库管理系统有Oracle、DB2和SQL Server，开源数据库管理系统主要是MySQL。

三、网络与通信

计算机网络是利用通信线路把分布在不同地点的多个独立的计算机系统连接起来的系统。连网的目的有二：一是让广大用户共享网络中的硬件、软件和数据等资源；二是让广大用户可以方便地通信。目前，计算机网络已发展到较高水平，应用也十分普遍。绝大多数MIS都是运行于计算机网络之中。因此，网络设计已成为MIS设计的重要组成部分。

1.网络设计的内容

网络设计考虑的主要方面包括网络设备、网络拓扑、网络协议和网络操作系统。

（1）网络设备

常见的网络设备有路由器、交换机和宽带路由器。

路由器能够将企业网络接入互联网。在网络通信中，路由器具有判断网络地址以及选择IP路径的作用，可以在多个网络环境中建立灵活的连接，通过不同的数据分组以及介质访问方式对各个子网进行连接。一般情况下，路由器就是企业系统的边界。

交换机从功能角度分接入层交换机、汇聚层交换机和核心层交换机。核心层交换机的主要功能是用于路由选择及高速转发，可提供优化、可靠的骨干传输结构，因此核心层交换机应用有更高的可靠性和吞吐量。汇聚层交换机是多台接入层交换机的汇聚点，作用是将接入节点统一出口，同样也做转发及选路。它必须能够处理来自接入层设备的所有通信量，并提供到核心层的上行链路。接入层交换机的功能是将终端用户连接到网络，因此接入层交换机具有低成本和高端口密度特性。核心层交换机是三层交换机，因此它的性能比汇聚层交换机和接入层交换机都要高。汇聚层交换机也具备部分路由功能，可以是二层/三层交换机，而接入层交换机属于二层交换机。汇聚层交换机与接入层交换机比较，性能更高，端口更少，速率更高。

宽带路由器是近几年来新兴的一种网络产品，它伴随着宽带的普及应运而生。宽带路由器在一个紧凑的箱子中集成了路由器、防火墙、带宽控制和管理等功能，具备快速转发能力，以及灵活的网络管理和丰富的网络状态等特点。宽带路由器有高、中、低档次之分，高档次企业级宽带路由器的价格可达数千元，低价宽带路由器已降到百元内，其性能已基本能满足像家庭、学校宿舍、办公室等应用环境的需求。

（2）网络拓扑

局域网的网络拓扑主要有星型、总线型和令牌环三种，利用这三种拓扑可以延伸出树型网、簇星型网和网状网等。

树形结构网络是天然的分级结构，又被称为分级的集中式网络。其特点是网络成本低，结构比较简单。在网络中，任意两个节点之间不产生回路，每个链路都支持双向传输，并且网络中节点扩充方便、灵活，寻查链路路径比较简单，如图6.10所示。

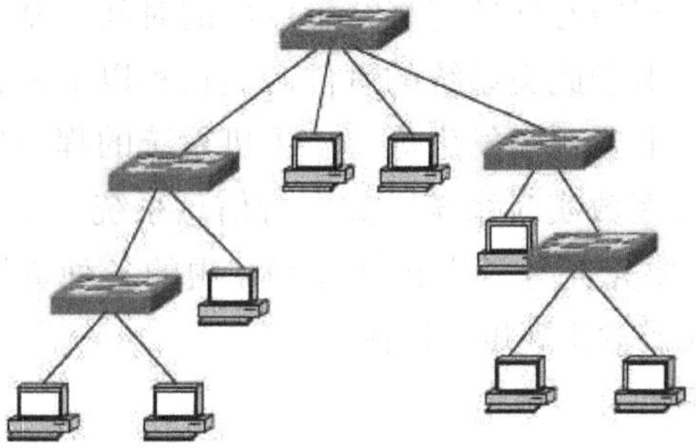

图6.10　树状网络拓扑示意图

（3）网络协议

网络协议包括以太网协议和互联网协议。IEEE 802.3是一种网络协议，通常指以太网中的协议，它通过识别网卡上的MAC地址来识别每台计算机。互联网协议指TCP/IP协议，它通过IP地址来识别网络中的每台计算机。

（4）网络操作系统

网络操作系统以使网络相关特性达到最佳为目的，如共享数据文件、软件应用，以及共享硬盘、打印机、扫描仪和传真机等。常见的网络操作系统有Windows Server系列操作系统、NetWare系统、Unix系统和Linux系统。

计算机网络设计是将各个子系统从内部用局域网连接起来，以及合理地与外部系统相连接。网络设计的主要工作内容包括：确定建设目标、网络主干设计、办公大楼网络设计、实时系统与连网设计、相关子网设计、零散用户连网设计等。

2.网络设计准备

在进行计算机网络设计之前，应该在MIS的系统分析阶段完成以下工作：

①调查并分析系统内部组织机构及信息处理功能的物理分布情况，包括其所处的建筑物名称、各部门（子系统）之间的布线实际距离。

②确定使用计算机网络的相关组织与人员。

③确定网络的处理能力，包括数据传送能力的确定和网络响应时间的确定。

a.数据传送能力是指单位时间内能够传送的数据量。在计算数据量和传送时间时，应考虑到以下几个方面情况：

Ⅰ传送的字符除数据外，还应包括各种传输控制字符。

Ⅱ应包括从发送点到接收点在信道上的延迟时间。

Ⅲ应包括在主机和通信处理机之间进行控制的主机处理时间。

Ⅳ在一个信道上有多个传送终端时，要包括同时送出数据而发生竞争的等待时间。

Ⅴ当线路可靠度降低时，应考虑到因再发送造成的传送能力下降。

Ⅵ使用半双工线路时，要包括载波控制时间。

b.响应时间一般是指某一要求从产生到得到回答的时间。在网络中，响应时间是从终端输入动作完毕开始，到中心处理完将结果输出的时间。基于传感器的实时系统，要求保证严格的响应时间。由于此类系统的事件产生在秒以下，往往要求在几十毫秒内迅速应答，因此在网络设计上要避免发生等待。主机系统的程序应常驻内存，使用高速网络，以保证快速响应。大多数实时系统，如银行信息系统，对80%～90%事务的响应时间在2～3s就可以了，但要先充分考虑包括线路在内的各种资源的利用率，网络的选择要与所连接的终端的输入或输出速度相匹配。

3.网络设计

（1）确定网络建设目标

要充分考虑建网单位的生产、经营与管理特点，地理分布状况以及未来发展需要来确定网络建设目标。如一跨行业多种经营的国有特大型企业，已形成了以水电为主，兼顾十多个工业和服务企业的集团。其MIS网络建设的目标是：在集团内部建成以B/S架构为基础的Intranet，通过卫星与国家部门信息网相连，并通过多种方式连入Internet。

（2）网络主干设计

网络主干作为整个系统的数据交换中心，应具有较强的数据交换能力。设计依据是数据量与响应时间的具体要求。可选FDDI（光纤分布数据接口），其具有传输效率高，不因为互连而形成传输的瓶颈现象、互连结构简单等特点，适用于中小型企业的MIS、校园网或多校园网一类的应用环境。也可选择快速以太网，它被大量地用于主干网。

（3）办公大楼网络设计

一般单位的办公大楼是信息中心所在地，服务器的信息流量较大。在网络设备的选择与连接上要解决通信瓶颈问题。办公大楼网络通常采用结构化布线与分级的星形结构，其优点是可提供互相独立的信道，便于集中式管理，易于重组，支持多种应用。

（4）实时系统与网络的互联设计

大部分企业近年来已建设了计算机监控系统、计算机调度系统以及计算机过程控制等系统。这些系统的实时数据应能连接到企业MIS上，供有关管理部门共享。一般可采用网关，通过专线将实时系统与企业MIS相连。网关可保护实时系统数据的安全，同时收集实时系统数据，并将其写入服务器供企业共享。

（5）相关子网建设

部分企事业单位还包括下属二级单位。为了各自的相对独立性和全网的安全性，可在二级单位内部建立局域网络。考虑到距离较远、室外需严防雷击、电磁干扰等因素，多用单模光纤将相关子网与主干网连接起来。

（6）零散用户连网设计

距离远、规模较小的二级单位或零散用户可采用移动网络、宽带猫或光猫与网络中心相连。为提高访问速度，可采用远程访问服务器。

第九节 系统设计的其他工作

一、系统安全性

1.计算机安全

计算机安全的主要目标是保护计算机资源以免受损坏、替换、盗窃和丢失。计算机资源包括：计算机设备、存储介质、软件、计算机输出材料和数据等。影响计算机安全的因素主要有：人为或自然造成的硬件故障，包括磁盘故障、I/O控制器故障以及主板、芯片、存储器、设备、备份等方面的故障；人为或自然造成的软件故障；数据交换错误；病毒侵入；人为侵害等。

在系统设计上可以采取如下措施：

①访问控制：指进入系统的控制。通常工作站或终端上使用凭用户名和口令进入系统的措施，以防范非法侵入。在设计上尽量用长口令（8位以上）和字母与符号的混合口令，口令输入时加以屏蔽。另外在设计上还要考虑强制要求定期地更换口令，限制登录时间与次数，并进行必要的提示，记录登录过程以备核查。

②选择性访问控制：指对进入系统的不同用户授予不同级别的访问权限，如允许有的用户可以操作输入子系统，有的可以操作输出或系统管理子系统等。还可对用户的读、写、执行的访问权力进行限定。

③加密：指将原有的可读信息（程序与数据）进行翻译，译成密码或密文的代码形式，以保护信息的安全。解密是加密的逆过程，即把经加密后的代码形式的密文恢复成原来的可读信息的过程。

④生物识别技术：指某些对人而言是唯一的特征，其中包括指纹、声音甚至人的视网膜血管图像等识别信息用于满足各种不同要求的安全系统中。这种识别技术只用于控制访问极为重要的MIS，用于极为仔细地识别人员。

⑤物理安全：通过物理措施，如制定安全运行制度，对门、锁、访问卡等采取安全措施，限制对计算机的物理接触。

⑥设备自身的运行安全：选性能优良的服务器和工作站。服务器应具有完善的容错

能力、允许带电热插拔和良好的扩展性。在设计上要考虑服务器的热备份和冷备份工作方式。

⑦计算机病毒的防范与杀灭：要设计信息访问管理制度，防范病毒。要定期检查病毒，加以杀灭。另外，要做好各种信息的备份，以消除隐患。

2.网络安全

网络在使通信和信息的共享变得更为容易的同时，其本身也更多地被暴露在攻击之中。网络安全主要指联网设备上的系统、程序和数据的安全。在系统设计时可采取以下措施以保证网络安全：

①访问控制与鉴别：包括口令与账户的设定与判断，选择性访问控制与信息的鉴别等措施。

②加密：将信息编码成不易被侵入者阅读或理解的形式，以此方法保护数据的安全。

③网络设备安全：防止对网络设备的非授权访问，以及限制只有授权的用户才能对系统进行访问。

④传输介质的安全：传输介质可能受到电磁干扰或截获窃听的威胁，应考虑利用防电磁泄漏的防护措施和加密方法对抗截获窃听。

⑤防火墙：在网络中心或关键之处建成专用的防火墙，以阻止非授权的访问和恶意攻击。

3.数据库安全

数据库的安全是指数据库的任何部分都不允许受到恶意侵害，或未经授权的存取与修改。其中数据库是MIS的核心部分，有价值的数据资源都存放在其中。这些共享的数据资源既要面对必需的可用性要求，又要面对被篡改、损坏和被窃取的威胁。一般来说，数据库的破坏来自下列四个方面：系统故障；并发操作所引起的不一致；转入或更新数据库的数据有错误，更新事务未遵守保持数据库一致的原则；人为的破坏。前三个方面属于数据库的可靠性问题，通常从硬件、软件与运行规程三个方面综合考虑加以解决。第四个方面属于数据库安全性问题，可通过以下措施加以防范：

①制定切实可行的安全计划制度和用户手册。

②限制可移动介质的访问。

③访问限制。设立DBA（数据库管理员）岗位。数据库用户及其访问权限应由DBA根据数据库管理系统所提供的功能进行控制，DBA的特权不能转让。

④数据加密。通过应用加密工具，使用加密算法与密钥，让数据库中的数据明文变换为密文。在使用数据时，可以通过相应的解密算法和密钥，将密文还原成明文。

⑤跟踪审查。这是一种监视措施，它对某些保密的数据实施跟踪，记录有关数据的访问活动。一旦发现潜在的窃密企图，如重复的、相似的查询，可以根据这些数据进行事务分析和调查。

二、系统完整性

系统完整性的目的就是保证计算机系统，或计算机网络上的信息处于一种完整和未受损坏的状态。针对可能的硬件故障、网络故障、灾难性事件与人为因素，在系统设计时可用以下办法提高数据完整性：

①备份：用来恢复出错系统或防止数据丢失的一种最常用的办法。

②镜像技术：执行时可用逻辑镜像，也可用物理镜像。

③归档：将文件从在线存储器上拷贝到各种存储设备上以便长期保存。

④分级存储管理：与归档相似，是一种能将数据从在线存储器上归档到靠近在线存储器上的自动系统，也可以进行相反的过程。

⑤灾难恢复计划：编制在自然灾害或重大人为灾害造成的后果上如何重建系统的指导性文件。

⑥故障前预兆分析：设计出一个分析判断故障前兆的系统，以防患于未然。

第十节　系统设计说明书

一、系统设计说明书的意义

系统设计的目标是建立目标系统的物理模型，如何表述物理模型则成为系统设计最后阶段的重要任务。系统设计阶段的最后一项工作是将系统设计的各项成果编辑成一套完善的文档资料，即系统设计说明书。设计说明书是对整个系统设计的完整描述，是系统设计的阶段性成果的具体体现，也是系统实施的最重要依据。

二、系统设计说明书的内容

系统设计说明书包括以下内容：

①系统模块结构设计说明。系统的模块化结构及其说明，各主要模块处理流程图及其说明等。

②输入输出设计。输入输出设备的选择，输入输出的格式，以及输入数据的编辑校验方法等。

③数据库的设计说明。说明数据库的逻辑结构、物理结构等方面的内容。

④技术支撑环境说明。说明采用的硬件配置方案，以及相应的系统软件，画出网络的拓扑结构图等。

⑤代码设计说明。说明编码对象的名称、代码结构、校验码的设计方法和相应的编码表等。

⑥系统安全性与完整性设计说明。说明系统安全设计措施及细节，说明系统完整性

设计的具体内容。

⑦其他说明。

编写好的系统设计说明书，交有关部门批准后，即可正式转入系统实施阶段。

本章小结

系统设计阶段的任务是在系统分析的基础上，建立系统的物理模型，解决管理信息系统“怎么干”的问题。系统设计包括概要设计和详细设计两部分。

概要设计对系统功能进行规划，给出系统的逻辑结构。这一阶段的主要任务是划分子系统，通常用功能模块图来表示。详细设计是确定每个模块内部的执行过程。

输入、输出设计主要是为用户提供方便的人机交互手段，为管理人员提供实用、快捷的信息，因此特别强调输入、输出界面的设计。

数据库设计主要是构造最优的数据库模式，一般应达到3NF。

代码设计是为了使数据的表达方式标准化，将管理信息系统涉及的实体或对象用特定的符号来表示。这一阶段还应制定严格的设计规范，具体地规定文件名和程序名的统一格式、编码结构、统一的度量名等。

系统设计阶段的成果是给出系统设计说明书，为系统实施阶段的工作提供依据。

习题

1.系统设计的任务是什么？

2.如何参考数据流程图画出信息系统流程图？

3.设计功能模块结构图的主要依据是什么？

4.处理流程图是根据什么绘制出来的？

5.身份证号码属于什么代码？有何优点？

6.一所大学里有12个学院，每个学院有2～5个系，每个系负责1～2个专业的教学工作，每个学院每年招4～10个新生班，每班有35人。请设计学籍管理信息系统中的学生代码。

7.有一组代码：5613，给定权数16，8，4，2，模为11，按除权取余方法计算出代码的校验码。

8.说出系统输入与输出的主要设备。

9.如何保证系统的安全性和完整性？

第七章 系统实施与运维

本章主要介绍了管理信息系统实施与运行维护相关知识。第一，讲述了管理信息系统实施过程中的一般知识；第二，介绍了程序设计的标准、各类软件开发的工具、程序设计方法等知识；第三，介绍了系统测试的目的、原则和过程，并介绍了模块测试、子系统测试、系统测试的相关知识；第四，讲述了系统转换相关内容；第五，讲述了系统运行维护和评价的相关知识。

学习目标

1. 熟悉管理信息系统实施中的主要概念和知识，包括实施阶段的任务、程序设计、系统测试等内容。

2. 掌握系统运行与维护阶段的系统运行维护、系统评价等知识。

第一节 系统实施概述

系统设计说明书审核通过之后，系统开发工作进入实施阶段。该阶段的主要任务是将物理模型转换为可实际运行的物理系统。一个好的设计方案，只有经过精心实施，转换为物理系统，才能带来实际效益。因此实施阶段的工作对系统的质量有着十分直接的影响。

一、系统实施阶段的任务

从管理信息系统的生命周期来看，系统实施阶段已经到了系统研制开发的后期，它是前面各阶段工作的延伸和继续。信息系统的实施，是将系统设计的结果付诸实践，主要工作内容包括建立计算机硬件环境和系统软件环境，编写和调试计算机程序，组织系统测试和各类人员的培训，完成系统的切换并最终交付使用。

系统设计说明书详细规定了系统的结构，规定了各个模块的功能、输入、处理和输出，规定了数据库的逻辑结构与物理结构，这是系统实施的出发点。如果将开发信息系统比作盖一幢大楼，那么系统分析和设计就是根据盖楼的要求画出各种蓝图，而系统实施则是调集各方面的人员、设备、材料，根据图纸按实施方案的要求把大楼盖起来。

因此，信息系统实施阶段的任务，是根据用户确认的设计方案，实现具体的应用系统，包括通过程序设计与测试实现设计报告中的各模块功能并装配成系统、建立数据库文件、安装系统软件、建立网络环境、培训用户使用系统等。

信息系统五要素指明了信息系统开发涉及的主要方面，包括硬件、软件、数据、网络与通信、人员。其中软件可以划分系统软件和应用软件，应用软件加上数据库可以构成管理信息系统（应用系统），硬件、系统软件、网络与通信共同构成技术支撑环境。因此，系统实施工作可以划分为三个大的方面，包括应用系统的开发、技术支撑环境的配置和人员的培训。系统实施阶段的主要任务有：

1.应用系统的开发

（1）编写程序并测试

根据系统设计说明书中的详细设计方案，如处理流程图、程序设计说明书或IPO表，编写每一个模块的程序，进行单元测试。按照程序设计说明书中的概要设计方案，如功能模块图、信息系统流程图或H图，进行集成测试。与技术支撑环境、相关子系统等一起完成系统测试。最后与用户一起，在真实业务场景中完成验收测试。

（2）数据准备与数据库创建

数据准备主要准备系统运行所需的各种数据。数据的收集、整理、录入是一项繁琐且劳动量大的工作。若没有一定基础数据的准备，系统调试就不可能很好地进行。通常确定数据库物理模型之后，就应该进行数据的整理、录入。

数据要准备测试用例数据和真实业务场景数据。测试用例数据是为了配合应用软件完成单元测试、集成测试和系统测试，真实业务场景数据是为了完成验收测试。

创建数据库首先要选定合适的数据库产品，可以根据价格、安全等级等指标做出论证并选择。安装好数据管理系统（DBMS）后，就可以创建新系统所需的数据库、表、视图、索引等数据库对象，并部署到相应的物理介质上。

2.技术支撑环境的配置

（1）硬件准备与安装调试

硬件准备主要是准备系统运行所需的各种硬件设备，包括计算机、输入输出设备、存储设备、辅助设备（稳压电源、空调设备等）。该阶段不仅要购置这些设备，而且还要安装和调试这些设备。这方面的工作要花费大量的人力、物力和财力，并且会持续相当长的时间。

（2）系统软件准备与安装调试

软件准备是准备系统运行所需的各种软件，包括操作系统、数据库管理系统以及一些应用程序开发平台等。各种系统软件需要能够协调一致地工作，与系统运行要求的环境相匹配。系统软件安装好之后，要进行必要的测试，满足性能、安全性等方面的要求。

(3) 网络与通信设备准备与安装调试

网络与通信方面的工作包括网络设备的购置、网络接入方式的选择、网络设备的安装测试等。网络设备可能会需要路由器/宽带路由器、各级交换机等，要选择合适的型号，满足系统运行的要求。网络接入方式要选择合适的服务商、带宽和接入方式，根据接入方式确定互联网的接入设备。各种设备到位后，需要安装并测试网络环境的性能和稳定性。

如果采用虚拟机或云部署方式，就要确定虚拟机或云平台的各种技术参数，看是否满足系统的部署要求，并检测从虚拟机或云主机到终端的连接线路是否符合要求。

3. 人员培训

人员培训主要指用户的培训，用户包括主管人员和业务人员。系统投入运行后，这些用户将使用系统完成各项管理工作，这些人多数来自建设管理信息系统的组织，精通业务，但往往缺乏计算机知识。为保证系统调试和运行顺利进行，应根据他们的基础，提前进行培训，使他们能够适应，并能逐步熟悉新的操作方法。有时改变旧的工作习惯改变系统操作方法更加困难。

根据系统设计阶段的培训计划，精心组织各类人员的培训工作。如果系统设计阶段没有给出详细的培训计划，系统开发团队可以与用户一起协商，根据用户的需求安排培训任务。

二、系统实施阶段的要求

与系统分析、系统设计阶段相比，系统实施阶段的特点是工作量大，投入的人力、物力多。因此这一阶段的组织管理工作也很繁重。

(1) 涉及因素繁杂，需要精心管理

系统实施涉及编程人员、测试人员、各级管理人员，大量物资、设备、资金和场地，涉及各部门及应用环境，十分复杂，如没有强有力的管理措施，将无法顺利进行。因此，需要注意项目管理规范应用和各部门人员之间的协同工作。管理信息系统开发项目可以参考项目管理知识体系指南（PMBOK），根据项目管理的要求，安排项目中的各项工作。

(2) 管理信息系统开发工作与技术支撑环境建设工作应并行进行

管理信息系统的部分开发工作，包括程序编写、单元测试、集成测试，是在开发方的测试环境中进行的。部分集成测试（如与其他系统集成）和验收测试，则是在用户方真实的业务场景中进行的。由于两部分工作的测试环境不同，所以两项工作可以并行开展。

(3) 继续贯彻管理信息系统开发的一把手原则

管理信息系统开发的一把手原则，是指决策层的高级管理人员必须参与系统开发的领导工作。只有贯彻一把手原则，才可以在人、财、物等方面得到充足的保障，使管理信息系统的实施工作得以顺利进行。

第二节 程序设计

程序设计就是为各模块编写程序，这是系统实现阶段的核心工作。在系统开发的各个阶段中，程序设计是人们已掌握得较好的一项工作。在该阶段中，程序员的水平决定了程序的质量。

一、好程序的标准

目前，程序设计的方法主要有结构化程序设计方法、面向对象程序设计方法和计算机辅助软件工程（CASE）方法等。不论采用哪一种程序设计方法，成功的程序设计应具有如下几个特点：

1. 可维护性

由于信息系统要求的不确定性，系统需求可能会随着环境的变化而不断地变化，因此就必须对系统功能进行完善和调整，因此也就需要对程序进行补充或修改。此外，由于计算机硬件的更新换代也需要对程序进行相应的升级。

管理信息系统的寿命一般是3到5年的时间，因此程序的维护工作量相当大。一个不易维护的程序，用不了多久就会因为不能满足应用需要而被淘汰，因此，可维护性是对程序设计的一项重要要求。

2. 可靠性

程序应该具有较好的容错能力，不仅在正常情况下能正确工作，而且在故障情况下应便于处理，不致产生意外的操作，从而造成严重损失。对于管理信息系统的应用而言，可靠性是非常重要的，包括程序运行的安全可靠性、数据存取的正确性、操作权限的控制等。对于这些问题，在系统的分析与设计阶段就应该有充分的考虑。

3. 可理解性

程序不仅要求逻辑正确，计算机能够执行，而且应当层次清楚，便于阅读。这是因为维护的工作量大，程序维护人员经常要维护他人编写的程序，一个不易理解的程序将会给程序维护工作带来困难。

4. 效率

程序的效率指程序能否有效地利用计算机资源。近年来，由于硬件价格大幅度下降，而其性能却不断完善和提高，程序效率已不像以前那样举足轻重了。相反，程序设计人员的工作效率则显得日益重要。提高工作人员的工作效率，不仅能降低软件开发成本，而且可明显降低程序的出错率，进而减轻维护人员的工作负担。此外，程序效率与可维护性、可理解性通常是矛盾的，在实际编程过程中，人们往往牺牲一定的时间和空间，也要尽量提高系统的可理解性和可维护性，片面地追求程序的运行效率反而不利于程序设计质量的全面提高。为了提高程序设计效率，应充分利用各种软件开发工具，如MIS

生成器等。

对于软件开发企业和软件开发过程来说，可以参考软件能力成熟度模型集成（Capability Maturity Model Integration，CMMI）。CMMI认证一共有5个级别，包括：CMMI1级，完成级；CMMI2级，管理级；CMMI3级，定义级；CMMI4级，量化管理级；CMMI5级，优化级。一般来说，软件开发能力成熟度级别越高，系统的开发质量就越好。

二、开发工具

编程环境与开发工具选择，决定了系统的开发效率和可维护性的高低，因此管理信息系统的开发需要选择主流的开发环境，并关注最新开发工具进展。

1. 开发环境与平台

在企业应用软件开发领域，主要有J2EE、.NET和Python三种企业级软件开发平台或架构。

（1）.NET

.NET来自于微软，是一套全能的框架平台，支持C++、C#、J++、VB、ASP等语言，能够满足C/S、B/S和单机等结构的软件开发需求。.NET平台将这些语言编译成CLR（Common Language Runtime）语言，使它们可以无差别地运行在.NET Framework上，是2000年以后微软最为重要的软件开发套件产品。.NET框架入门门槛较低、使用方便，并且微软对其提供了良好的文档支持和在线服务。目前已经拥有了一大批使用者和拥护者，也为很多程序员创造了良好的就业机会。

.NET技术来自于一家公司，支持多种语言，但需要付费。仅支持Windows操作系统，无开源社区支持，是以框架开发者为主导的设计，但它门槛很低，使用方便，学习成本较低。

（2）J2EE

准确来说J2EE并不是框架，而是许多技术规范的集合。SUN公司1995年推出Java语言，Java语言逐渐成为了世界上最受欢迎的程序开发语言。SUN公司组成了JCP（Java Community Process）组织，通过联合世界上一些先进的软件公司和技术领导者，来定义JSR（Java Specification Request）规范，逐渐形成了以Java语言为核心的J2EE技术群，已经推出近300项规范，涵盖软件开发的各个方向。由于参与制定规范的公司，譬如IBM、富士通、BEA、ORACLE等公司技术实力雄厚，并且对规范都提供了软硬件支持，使J2EE阵营一直处于领先地位。在觉察到J2EE这一支奇兵出现之后，微软推出了.NET Framework与之抗衡。

J2EE技术来自于多家公司，支持一种语言，开源产品众多，免费框架居多，但中间件需要付费。成果众多，相应的最佳实践设计模式层出不穷，平台移植性好，支持所有操作系统。开源社区活跃，很多规范都是一线人员自己做出来的或者大量听取一线开发者的意见，门槛较高，由于多且杂，需要开发人员花费很长时间才能熟悉整个体系。这一阵营技术更新很快，新技术新标准层出不穷。

（3）Python企业级开发框架——Django

Django于2003年诞生于美国堪萨斯（Kansas）州，最初用来制作在线新闻Web站点，于2005年加入了BSD（Berkly Software Distribution）许可证家族，成为开源网络框架。

它是当前Python世界里最负盛名且最成熟的网络框架。虽最初用来制作在线新闻Web站点，但目前已发展为应用最广泛的Python网络框架。Python和J2EE的关系，有点像脚本语言和开发语言之间的关系。

2.CASE工具

（1）IBM Rational Rose

Rational Rose被称为可视化的建模工具，是一种CASE工具。它可用于UP或使用UML图表的任何方法，该工具提供资料档案库并具有反向工程和代码生成能力，同时也能和其他的工具结合在一起，从而提供一个完整的系统开发环境。

Rational软件公司还具有其他的与详细的IDEs紧密集成的建模工具，包括Visual Studio.NET。

（2）Trufun Plato

新一代UML建模软件，为软件开发提供高效快捷的建模工具。可支持：Java、C++、C#、VB.net、J#、VC的双向同步，UML建模和编码之间可无缝衔接和同步，为迭代式的增量开发提供强力支持。Trufun是在OMG发布UML2.1规范之后同步发布UML2.x工具的CASE工具厂商。

（3）Power Designer

Power Designer是Sybase公司产品，Power Designer在数据建模领域位居世界第一，它对UML标准的支持比较全面，但有些功能如活动图、状态图等方面的功能不够完善。

3.无/低代码开发平台

无代码开发平台是一种无须编码即可构建软件应用程序的工具。低代码开发平台是一种通过少量代码就可以快速生成应用程序的开发平台。无/低代码平台可以由非技术人员使用，但是在某些时候需要开发人员来完成工作。无/低代码开发平台具有预先构建的功能，使用户可以在调用开发人员进行编码或自定义其余部分之前将其应用程序构建到特定点。

国内典型的低代码厂商和产品如表7.1所示。

表7.1 低代码产品列表

技术分类	厂商（产品）
数字流程自动化（BPM）	炎黄盈动（AWS PaaS）、奥哲（云枢）
公有云	阿里巴巴（宜搭）、百度（爱速搭）、华为（应用魔方）、微软（Power Platform）、腾讯（微搭）
面向专业开发者的低代码开发平台	ClickPaaS、葡萄城（活字格）、Mendix、Outsystems

续表 7.1

技术分类	厂商(产品)
面向业务开发者的低代码开发平台	捷德(Joget DX)、轻流
AI/机器学习	第四范式(HyperCycle)
商业智能	帆软(简道云)
协作管理	泛微(E-Builder)
流程自动化机器人(RPA)	云扩(ViCode)、来也(流程创造者)
数字化运营平台	博科(Yigo)、金蝶(金蝶云·苍穹)、浪潮(iGIX)、用友(YonBIP)

三、程序设计方法

目前程序设计的方法大多是按照结构化方法、面向对象方法进行。我们推荐这种充分利用现有软件工具的方法，因为这样做不但可以减轻开发的工作量，而且还可以使得系统的开发过程规范、功能强，且易于维护和修改。

编程的目的是实现开发者在系统分析和系统设计阶段所提出的管理方法和处理构想，编程不是系统开发的目的。因此，在编程和实现中，尽量借用已有的程序和各种开发工具，尽快、尽好地实现系统，而不要在具体的编程和调试工作中花费过多的精力和时间。

1.结构化程序设计方法

应用软件的编程工作量极大，而且要经常维护、修改。如果编写程序不遵守正确的规律，就会给系统的开发、维护带来不可逾越的障碍。软件工程的思想即利用工程化的方法进行软件开发，通过建立软件工程环境来提高软件开发效率。

（1）模块化编程方法

在系统实施阶段有两种按模块编制程序的方法：从下到上，从上到下。

①从下到上：先实现下层模块后再实现上层模块，会出现每个模块单独调试都能通过，但系统的联调通不过的现象。原因是系统的整体结构和接口出现问题。

②从上到下：先调试顶层模块及各个接口，然后逐层向下，层层展开，最后调试最底层模块。在实现上层模块时，下层未实现的模块作为“桩模块”出现。桩模块只保留模块的名称、输入/输出参数，其具体的实现先空着。

两种方法各有优缺点，可以根据情况选用。由于结构化方法在分析与设计阶段采用自顶向下层层分解的方法，因此在系统实施阶段，通常采用自底向上的编程实现方法。

在模块化程序设计中应该注意：

①模块的独立性。在系统中模块之间应尽可能地独立，减少模块间的耦合，即信息交互，以便于将模块作为一个独立子系统开发。

②模块大小划分要适当。模块中包含的子模块数要合适，既便于模块的单独开发，又便于系统重构。

③模块功能要简单。底层模块一般应完成一项独立的、具体的处理任务，便于维护与修改。

④共享的功能模块应集中。对于可供共享的处理功能，应集中在一个上层模块中，供各模块应用。

（2）结构化程序设计方法

结构化程序设计的基本思想于20世纪70年代开始形成，其基本原则是：以自顶向下和逐步细化的思想，用一组单入口、单出口的基本控制结构和反复嵌套来进行程序设计，在程序中尽可能不采用无条件转移（GOTO）语句。

按照结构化程序设计的原则，所有的程序都可以由顺序结构、选择结构和循环结构及其组合来实现。

①顺序结构。顺序结构是三类结构中最简单的结构，表示含有多个连续的处理步骤，按程序书写的先后顺序执行。如图7.1所示，处理过程从A到B顺序执行。

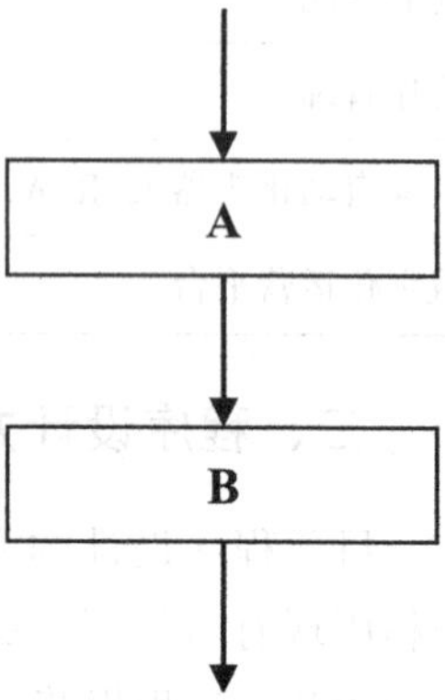

图7.1 顺序结构

②选择结构。选择结构可以分为单分支结构和多分支结构。

a.单分支结构（IF-THEN-ELSE结构）。单分支结构就是根据某个逻辑表达式的取值决定选择两个处理过程中的一个。如图7.2所示，当逻辑表达式P的取值为“真”时执行A，为“假”时执行B。

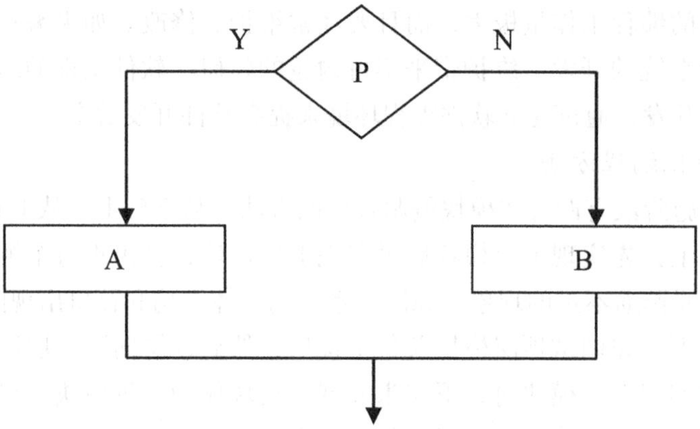

图7.2 单分支选择结构

b.多分支选择结构（CASE结构）。多分支结构是根据某个测试表达式的取值来决定选择多个不同的处理过程。如图7.3所示，在该结构中，首先测试表达式P的值，若P的值为P_1，则执行S_1，执行完毕后从出口离开此结构；当P的值为其他值时，则执行其他相应的处理过程；若P的值没有任何与它匹配的值时，执行处理过程S_{n+1}。在多分支选择结构中只能执行其中一个处理过程，不会执行两个或两个以上的处理过程。

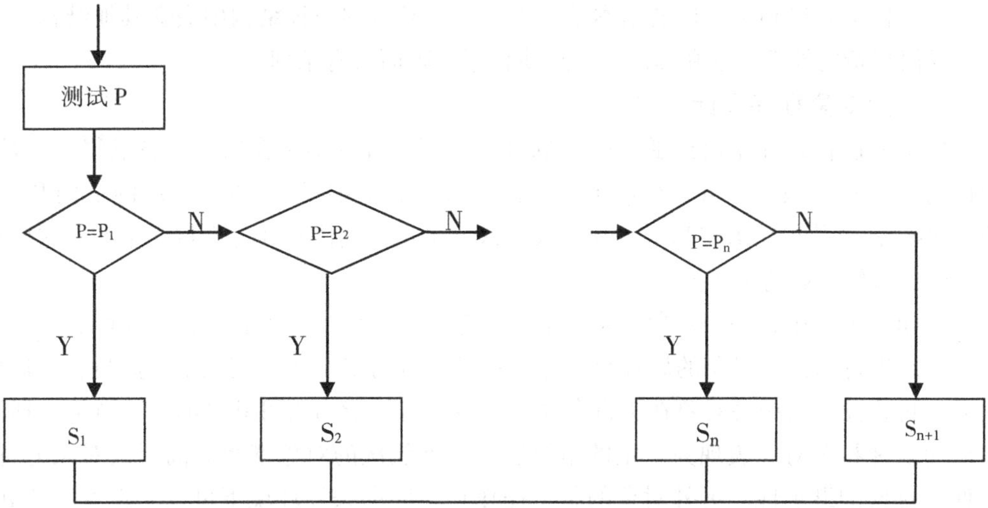

图7.3 多分支选择结构

③循环结构。循环结构可以分为“当”型循环和“直到”型循环结构。

a.“当”型循环（DO-WHILE）结构。“当”型循环结构表示当某个控制条件为“真”时，循环往复地执行某个处理过程。如图7.4所示，“当”型结构从入口处首先测试逻辑表达式P，如果P的取值为“真”，则执行处理过程S，然后再回到测试条件处；若P的取值为“假”，则从出口离开此循环结构。

b.“直到”型循环（DO-UNTIL）结构。“直到”型循环结构与“当”型循环结构无本质区别，只是测试条件在处理过程之后进行，因此，“直到”型循环结构不管条件P为何值，都至少要执行一次处理过程S，如图7.5所示。

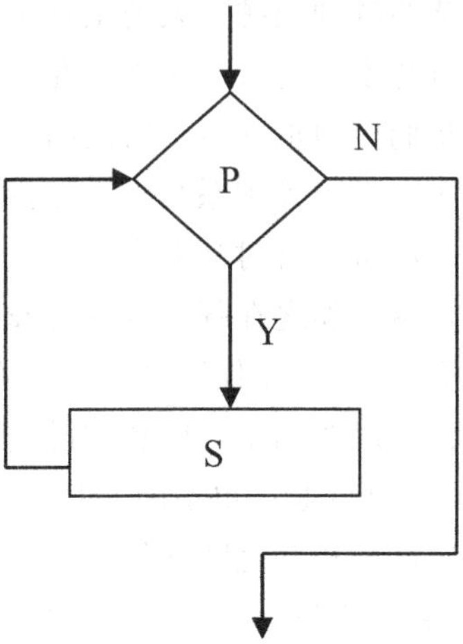

图7.4 “当”型循环结构

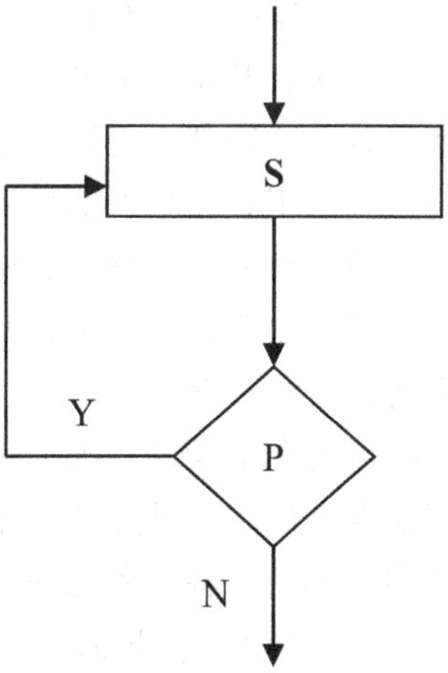

图7.5 “直到”型循环结构

顺序结构、选择结构和循环结构都有一个重要的特征，就是只有一个入口和一个出口。用这种单入口和单出口的基本结构单位，容易做到一种结构中嵌套其他结构，从而实现任何复杂的处理过程和算法，并且使程序清晰而又有条理。

2.面向对象程序设计方法

传统的过程式程序设计随着软件危机和应用系统的不断膨胀越来越显得力不从心，面向对象的程序设计OOP（Object Oriented Programming）思想得到广泛的认同和普及。至90年代，各种程序语言和工具都引入了这一思想，其优越性是有目共睹的，它已成为这一时代软件产业的主体技术。

在OOP方法中，一个对象即是一个独立存在的实体，对象有各自的属性和行为，彼此以消息进行通信，对象的属性只能通过自己的行为来改变，实现了数据封装，这便是对象的封装性。而相关对象在进行合并分类后，有可能出现可共享的某些特征，通过抽象后使多种相关对象表现为一定的组织层次，低层次的对象继承其高层次对象的特征，这便是对象的继承性。另外对象的某一操作在不同的条件环境下可以实现不同的处理，产生不同的结果，这就是对象的多态性。现有的OOP中都不同程度地实现了对象的以上三个性质。

面向对象的高级程序设计语言有很多，如Java、C++、C#、Python、PHP等。

第三节 系统测试

一、测试的目的、原则和方法

1.测试的目的

在管理信息系统的开发过程中，面对错综复杂的各种问题，人的主观认识不可能完全符合客观现实，开发人员之间的思想交流也不可能十分完善。所以，在管理信息系统开发周期的各个阶段都不可避免地会出现差错。我们应力求在每个阶段结束之前进行认真、严格的技术审查，尽可能早地发现并纠正错误，否则等到系统投入运行后再回头来改正错误，将会在人力、物力、财力上造成很大的浪费，有时甚至会导致整个系统的瘫痪。然而，经验表明，单凭审查并不能发现全部差错，加之在程序设计阶段也不可避免还会产生新的错误，所以，对系统进行调试是不可缺少的，是保证系统质量的关键步骤。

测试的目的在于发现其中的错误并及时纠正，所以在测试时应想方设法使程序的各个部分都投入运行，力图找出所有错误。即使这样，测试通过也不能证明系统绝对无误，只不过说明各模块、各子系统的功能和运行情况正常，相互之间连接无误，系统交付用户使用以后，在系统的维护阶段仍有可能发现少量错误需进行纠正，这也是正常的。

2.测试的原则

测试的目的是发现程序的错误，因此测试的关键问题是如何设计测试用例。测试用例（Test Case）是为某个特殊目标而编制的一组测试输入、执行条件以及预期结果的数据，以便测试某个程序路径或核实是否满足某个特定需求。设计一批测试数据，通过有限的测试用例，在有限的研制时间、研制经费的约束下，尽可能多地发现程序中的错误。测试阶段应注意以下一些基本原则：

①测试用例应包括输入数据和预期的输出结果。

②不仅要选用合理的输入数据作为测试用例，而且应选用不合理的输入数据作为测试用例。许多人往往只注意前者而忽略了后一种情况，为了提高程序的可靠性，应该认真组织一些异常数据进行调试，并仔细观察和分析系统的反应。

③既要检查程序是否完成了它应该做的工作，又要检查它是否还做了它不应该做的事情。

④测试用例应长期保留，直至该系统被废弃不用为止。

在管理信息系统的调试中，设计测试用例是很费时的，如果将用过的例子丢弃了，以后一旦需要再测试有关的部分时（例如技术鉴定、系统维护等场合）就需再花费很多人工，重新设计测试用例。因此，保留测试用例可以验证发现的错误是否已经改正，也可以发现因修改扩充产生的新错误。

3.测试的方法

测试的方法从总体上看可以分为两种：人工测试和机器测试。

通常源程序通过编译后，要先经过人工测试，然后再进行机器测试。人工测试采用人工方式进行，目的在于检查程序的静态结构，找出编译不能发现的错误。经验表明，组织良好的人工测试可以发现程序中的30%～70%的编码和逻辑设计错误，从而可以减少机器测试的负担，提高整个测试工作的效率。机器测试是运用事先设计好的测试用例，执行被测试的程序，对比运行结果和预期结果的差别以发现错误。对某些类型的错误，机器测试比人工测试有效，但对另外一些类型的错误，人工测试的效率往往比机器测试的效率更高。而且机器测试只能发现错误的症状，不能进行问题定位，而人工测试一旦发现错误，同时就确定了错误位置、类型和性质。因此人工测试不可忽视，它是机器测试的准备，是测试中不可缺少的环节。

（1）人工测试

人工测试又称代码复查，主要有以下三种方法：

1）个人复查

个人复查指源程序编完后，直接由程序员自己进行检查。由于心理上对自己程序的偏爱，因此有些习惯性的错误不易发现，如果对功能理解有误，自己也不易纠正。所以这是针对小规模程序常用的方法，效率不是很高。

2）走查

走查一般有几个人组成测试小组，测试小组成员应该是从未参加过该程序设计工作的、有经验的程序设计人员。测试在预先阅读过该软件资料和源程序的前提下，由测试人员充当计算机的角色，用人工方法将测试数据输入被测程序，并在纸上跟踪监视程序的执行情况，让人代替机器沿着程序的逻辑走一遍，发现程序中的错误。由于人工运行很慢，因此走查只能使用于少量简单的测试用例，实际上走查只是一个阶段，要随着“走”的过程不断从程序中发现错误。

3）会审

会审中测试小组的构成情况与走查相似，要求测试成员在会审前仔细阅读软件的相关资料，根据以往的经验形成一个错误类型清单，针对这个错误类型清单填写检测表，列出根据错误类型要提出的问题。会审时由程序作者逐个讲解程序，测试人员逐个审查、提问讨论可能产生的错误。会审对程序的功能、结构及风格等都要进行审定。

（2）机器测试

机器测试通过在计算机上直接运行被测程序来发现程序中的错误。机器测试有黑盒测试和白盒测试两种方法。

1）黑盒测试

黑盒测试也称功能测试，它将软件看成一个黑盒子，测试者完全不用考虑被测程序中模块内部的结构以及它如何处理数据，只检查它能否根据系统需求说明书完成所指定的功能。因此测试用例的设计是完全根据程序的功能说明进行设计的，但要列举所有可能的输入数据来检查该程序是否能产生正确结果，是十分困难甚至不大可能的，所以只能选择一个适当的子集，即选择一个能够发现最多错误概率的最大子集。

2）白盒测试

白盒测试也称结构测试，它将软件看成一个透明的白盒子，要求测试者了解程序的内部结构，按照程序的内部结构和处理逻辑来选择测试用例，对软件的逻辑路径及过程进行测试，检查与设计是否相符。

白盒测试时将包括：

①语句测试要求程序中的每个语句至少检查一次。

②分支测试要求程序中的每个分支路径至少检查一次。

③路径测试要求程序中的每条路径至少检查一次。

白盒测试考虑的是测试实例对程序内部逻辑的覆盖程度。为了衡量测试的覆盖程度，需要建立一些标准。覆盖程度从低到高分别为：语句覆盖、判定覆盖、条件覆盖、条件组合覆盖等。

二、系统测试内容

一个管理信息系统通常由若干子系统组成，每个子系统又由若干模块（程序）组成。所以我们把测试工作分为单元测试、集成测试和系统测试、验收测试几个阶段，下面分别做介绍：

1.单元测试

单元测试的目的是保证每个模块本身能正常运行，在模块测试中所发现的问题大都是程序设计或详细设计中的错误。模块测试不仅要测试正常情况下系统的运行状况，还应该测试在异常、错误情况下系统的运行状况，可以采用以下测试方法：

（1）正确性测试

①用正常数据测试。程序员采集一些具有代表性的真实数据，或者由程序产生一些数据来检查程序，将运行结果与手工计算结果进行核对。

②用异常数据进行测试。需要设计一些异常数据，特别是边界数据来检验程序对异常数据的处理能力。例如输入职工的年龄为5岁，再进行测试。

③用错误数据进行测试。设计一些错误数据来验证程序对错误数据的处理能力，包括显示出错误信息以及容许修改错误的可能性等。例如，输入出生年月1980年2月40日，看系统是否拒绝接受。

（2）运行时间和存储空间的可行性

有些程序完全正确，但实际上不可行。例如某班组使用最优化方法进行生产计划安排，运行一次程序需要两个小时，虽然计算结果正确，但运行时间太长，难以根据它安排计划。程序调试的一个重要任务，就是实测程序运行时间及存储空间。

（3）使用简便性

有些程序在调试过程中发现使用起来不方便。例如，输入一串数字时，不小心加进一个字母就会引起程序错误，要恢复又得重新输入。这种情况在程序调试中应进一步完善。

2. 集成测试

集成测试可以发现系统设计阶段的错误。系统的应用软件是按处理功能分成模块，一个处理功能由一个或一个以上的程序构成，在单个程序测试成功后，需要进行集成测试。

集成测试就是把一个功能内所有程序联合起来调试，检查各子程序之间接口是否匹配，数据传递是否正确，联合操作的正确性及运行的效率，以便保证内部控制关系的正确和数据正确。

如何将若干个模块连接成一个可运行的子系统，通常有两种方法。一种方法是先分别调试每个模块，再把所有模块按设计要求连接起来进行调试，这种方法称为“非渐增式”调试。另一种方法是把下一个要调试的模块同已经调试好的那些模块结合起来进行调试，调试完成后再把下一个应该调试的模块结合进来调试，这种方式称为“渐增式”调试，这种方式实际上同时完成了单元测试和集成测试。

3. 系统测试

系统测试包括对组成系统的各个子系统、模块的功能、性能进行测试，与技术支撑环境一起完成整体测试，与其他相关子系统集成进行测试。

（1）子系统与模块测试

系统测试可以发现系统分析阶段的错误。在各模块、各子系统均经调试准确无误后，就可进行系统测试。系统测试通过后即可投入程序的试运行阶段。因此系统测试一般要在MIS所用的计算机系统上进行测试，如果条件还不具备，也可在同类型同等级的计算机系统上进行测试，其目的是保证调试出来的软件能完全适应硬件环境。系统测试的内容包括：

①各子系统之间的接口是否正确合理。这和子系统测试类似，但范围大得多。

②系统运行功能是否达到系统目标要求。

③系统遭到破坏后能否按要求进行恢复。

系统测试必须有充分的思想准备。参加系统测试的人员包括系统分析员、设计员、程序员、操作员和一般使用人员。大家一起讨论，明确总的要求，提出自己关心的问题。由系统分析员进行汇总，得出统一的目标，由系统分析人员负责制定调试方案，确定调试方法和步骤。

（2）技术支撑环境整体测试

将单元测试与集成测试通过的系统部署到技术支撑环境中，采用测试数据进一步测试在技术支撑环境中的运行情况，看功能和性能是否达标。此时，除测试数据不是真实业务数据外，系统运行的环境已经从开发环境转移到部署环境。

（3）集成测试

如果开发的管理信息系统需要与其他系统集成，就需要按系统设计方案开发系统界面，在实施阶段完成集成接口。在前两步测试通过后，需要将新开发的管理信息系统与相关的业务系统集成，并测试集成后能否协同一致地工作。

4.验收测试

系统测试完成，且系统试运行了预定的一段时间后，企业应进行验收测试，确认软件能否达到验收标准。此时应在软件投入运行后所处的实际工作环境下进行验收。验收测试需要完成文档资料的审查验收、功能测试、性能测试、强化测试、性能降级执行方式测试等工作。

（1）验收相关文档

不同的系统开发方法会产生不同的文档，在验收时除验收管理信息系统外，还需要对有关的文档进行验收。目前主要采用的软件开发方法有结构化生命周期法、面向对象方法和商业化软件开发等，现对它们涉及的文档进行简要介绍。

1）结构化生命周期法文档

如果采用结构化生命周期法开发系统，验收时主要的文档包括：系统规划阶段的可行性分析报告，系统分析阶段的系统分析报告，系统设计阶段的系统设计说明书、测试报告、培训文档、用户使用说明书，系统运维阶段的系统运行管理类文档、系统变更维护类文档和系统评价报告等。

2）面向对象方法文档

如果采用面向对象开发方法，主要的验收文档包括系统需求说明书、系统设计说明书、系统测试报告、用户操作手册、系统维护手册等。

3）商业化软件开发文档

①如果购买现成的商业软件包，软件文档可以分为开发文档、产品文档、用户文档。

开发文档包括：功能要求、投标方案、需求分析、技术分析、系统分析、数据库文档、功能函数文档、界面文档、编译手册、QA 文档、项目总结等。

②产品文档包括：产品简介、产品演示、疑问解答、功能介绍、技术白皮书、评测报告。

③用户文档包括：安装手册、使用手册、维护手册、用户报告、销售培训等。

（2）商业软件测试与交付过程

近年来，大型软件不断推出，为了使软件在正式使用之前更进一步完善，一些国外著名软件公司所设计的软件在上市前均要经过严格的测试步骤：

①α测试：Alpha测试是由用户在开发环境下进行的测试，也可以是公司内部的用户在模拟实际操作环境下进行的测试。

②β测试：Beta测试是一种验收测试。Beta测试由软件的最终用户们在一个或多个客户场所进行。

③正式上市。

实践证明这种分步骤的调试方法是非常奏效的，在其操作过程中自身形成了一个个反馈环，由小到大，通过这些反馈较容易发现编程过程中的问题，及时地修正之。

第四节　系统的转换

系统实施的最后一步就是新系统的试运行和新旧系统的转换。它是系统调试和检测工作的延续，是一项很容易被人忽视，但对系统运行的安全性、可靠性、准确性来说又是十分重要的工作。下面介绍这一步工作的要点。

一、系统的试运行

系统的试运行是系统测试的延续。在系统测试时使用的是系统测试数据，这样很难测试出系统在实际运行中可能出现的一些事先预料不到的问题，所以一个系统开发完成后让它实际地运行一段时间即试运行，才是对系统最好的检验和测试方式。

系统试运行阶段的工作主要包括：

①对系统进行初始化，输入各项原始数据。

②记录系统的运行数据和运行状况。

③核对新系统和老系统的输出的结果。

④对实际系统的输入方式进行考查。

⑤对系统运行、响应速度进行实际测试。

二、基础数据准备

按照数据库设计所规定的详细内容组织和统计系统所需的数据。具体包括下面的内容：

①基础数据统计工作要严格科学化，具体方法应程序化。

②计量工具、计量方法、数据采集渠道和程序都应该固定，有可靠的数据来源。

③各类统计和数据采集报表应标准化、规范化。

三、系统切换

系统切换是系统开发完成后新旧系统之间的转换。系统切换有三种方式，如图7.6所示。

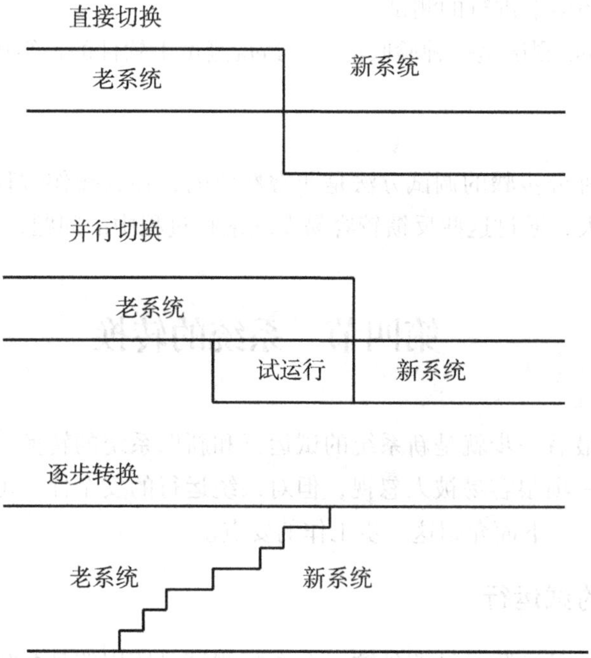

图7.6 系统切换的三种方式

1. 直接切换

直接切换就是在确定新系统运行准确无误后，立刻启用新系统，终止老系统的运行。这种方式简单，节省费用，但风险大，很可能会出现很多意外的问题。使用这种方式应采取适当的措施，一旦新系统出现故障，旧系统立即启动，一般适用于一些处理过程不太复杂、数据不是很重要的场合。

2. 并行切换

并行切换方式是新旧系统并行工作一段时间，经过一段时间的考验以后，新系统正式替代老系统。

该方式一般分两步走，第一步以原系统的作业为正式作业，新系统处理作校验用；第二步以新系统的处理为正式作业，原系统作业作校验用。

对于较复杂的大型系统，该方式提供了一个与旧系统运行结果进行比较的机会，可以对新旧两个系统的时间要求、出错次数和工作效率给予公正的评价。同时由于与旧系统并行工作，消除了尚未认识新系统之前的惊慌与不安。在银行、财务和一些企业的核心系统中，这是一种经常使用的切换方式。它的主要特点是安全、可靠，但费用和工作量都很大，因为在相当长时间内系统要两套班子并行工作。

3.分段切换

分段切换又叫逐步切换。这种切换方式实际上是以上两种切换方式的结合。在新系统正式运行之前，一部分一部分地替代老系统。一般在切换过程中没有正式运行的那部分，可以在一个模拟环境中进行考验。这种方式既保证了可靠性，又不至于费用太大。但是这种分段切换对系统的设计和实现都有一定的要求，各子系统必须相对独立，并且新旧子系统的接口必须一致，或者能够通过转换与其他子系统集成，否则无法实现这种分段切换的设想。

总之第一种方式简单，但风险大，万一新系统运行不起来，就会给工作造成混乱，这只适合在小型系统中或风险不高的情况下采用。第二种方式无论从工作安全上，还是从业务支持稳定性上均是较好的，这种方式的缺点就是费用大。第三种方式是前两种方式的混合，因而在大系统中较合适，但有一定的前提条件。

第五节 系统的运维和评价

一、系统运行

系统运行管理的目的是对信息系统的运行进行控制，记录其运行状态，进行必要的修改与扩充，以便使信息系统真正符合管理和决策的需要。在系统的运行阶段，要建立必要的管理制度，对系统的运行情况进行记录。

（1）建立系统运行的组织机构

一般情况下，企业会设立专门的信息化部门来负责管理信息系统的日常运行工作。信息化部门一般的职责包括信息化规划、信息化项目管理、信息系统运行与维护等。需要明确信息化部门的部门职责，并进一步确定信息化部门内部的人员职责。

（2）制定操作规程和管理制度

对于周期性的例行检查，要制定相应的流程和人员职责。对于各类设备的例行维护，要建立相应的工作计划。对于例行的系统备份、数据备份，也应该建立相应的工作计划。对系统安全建立各类制度，包括密码管理制度、病毒防治制度、安全漏洞扫描制度等。

对系统运行的故障与恢复需要制定专门的规章制度。

(3) 系统用户和权限的管理

根据业务的变化，对涉及用户及权限的情况进行及时调整。

(4) 对信息系统提供服务进行有效管理

对信息系统提供的功能集合必须清晰，服务的内容和质量也必须进行界定。当出现特定事件时，必须能够有效地解决问题。

(5) 对系统管理人员和系统用户进行培训

针对系统使用过程中的问题，不断组织针对特定主题的培训，提升系统管理人员的管理水平，提升用户使用系统的能力。

系统的运行与维护阶段的工作开展可以参考ITIL。ITIL即IT基础架构库（Information Technology Infrastructure Library，ITIL，信息技术基础架构库），现由英国商务部OGC（Office of Government Commerce）负责管理，主要适用于IT服务管理（Information Technology Service Management，ITSM）。ITIL为企业的IT服务管理实践提供了一个客观、严谨、可量化的标准和规范。其中服务支持流程组归纳了与IT管理相关的五个运营级流程，即事故管理、问题管理、配置管理、变更管理和发布管理；服务提供流程组归纳了与IT管理相关的五个战术级流程，即服务级别管理、IT服务财务管理、能力管理、IT服务持续性管理和可用性管理。在条件允许的情况下，管理信息系统的管理部门应参考ITIL，建立规范的系统运行管理方案。

二、系统维护

管理信息系统在实施阶段结束，并投入正常运行后，就进入了系统运行和维护阶段。一般管理信息系统的使用寿命，短则1～3年，长则可达5年以上。在系统的整个服务期内都伴随着系统维护工作的进行。

系统维护是指在系统运行中，为了适应环境的变化，保证系统能持续、正常且可靠运行而从事的各项活动。因此系统维护就是为了保证系统中的各个组件随环境的变化始终处于良好、正确的工作状态。系统维护工作属于“继承性”工作，挑战性不强，成绩不显著，使很多技术人员不安心从事系统维护工作，从而导致有些信息系统在运行环境中长期与旧系统并行运行却不能转换，甚至最后被废弃。所以，系统维护是系统生命周期的一个很重要的阶段，它是系统可靠运行的重要技术保障，是新系统是否具有长久生命力的决定因素，应给予足够重视。

这些年来，系统维护的成本逐年增加。目前在整个生命周期中，2/3以上的经费用在维护上，所以有人称系统维护是“水下坚冰”。从人力资源的分布看，现在世界上90%的软件人员在从事系统的维护工作，开发新系统的人员仅占10%。这些统计数字说明系统维护任务是十分繁重的。重开发、轻维护是造成我国信息系统低水平重复开发的原因之一。

1.维护的内容

系统维护包括以下几方面的内容：

（1）程序的维护

在系统维护阶段，会有一部分程序需要改动，因此，程序的维护指改写一部分或全部程序，程序维护通常都充分利用原有程序。程序维护通常适用于以下几种情况：

①根据运行记录，发现程序的错误，这时需要改正。

②随着用户对系统的熟悉，用户有更高的要求，部分程序需要改进。

③环境发生了变化，部分程序需要修改。

修改后的程序，必须在程序首部的序言性注释语句中进行说明，指出修改的日期、人员。同时，必须填写程序修改登记表，填写内容应包括：所修改程序的所属系统名、程序名、修改理由、修改内容、修改人、批准人和修改日期等。

（2）数据文件的维护

数据文件维护指的是不定期地对数据文件或数据库进行维护和修改。业务发生了变化，从而需要建立新的数据文件，或者对现有的文件结构进行修改，因此，数据维护的内容主要是对文件或数据库中的记录进行增加、修改和删除等操作，通常采用专用的维护程序模块来进行上述工作。

（3）代码的维护

随着用户环境的变化，原有的代码已经不能继续适应新的要求，这时就必须对代码进行变更。代码的变更（即维护）包括订正、添加和删除等内容。当有必要变更代码时，应由现场业务经办人和信息化部门有关人员组成专门的小组进行讨论商定，用书面格式写清并事先组织有关使用者学习，然后输入计算机并开始实施新的代码体系。代码维护过程中的关键是如何使新的代码得到贯彻。

（4）机器、设备的维护

管理信息系统正常运行的基本条件之一就是保持计算机及其外部设备的良好运行状态。因此，信息化部门应建立相应的规章制度，有关人员要定期对设备进行检查和保养，应设立专门设备故障登记表和检修登记表，以便设备维护工作的开展。

2.维护的类型

根据信息系统需要维护的原因不同，系统维护工作可分为四种类型：

（1）更正性维护

更正性维护主要是指由于发现系统中的错误而引起的维护。工作内容包括诊断问题与改正错误。

（2）适应性维护

适应性维护是指为了适应外界环境的变化而增加或者修改系统部分功能的维护工作。例如，新的硬件系统问世，操作系统版本更新，应用范围扩大。为适应这些变化，信息系统需要进行相应的维护。

（3）完善性维护

在系统的使用过程中，由于业务处理方式和人们对管理信息系统功能需求的提高，用户往往会提出增加新功能或者修改已有功能的要求，例如修改输入格式，调整数据结构，加强系统的安全保密措施等。为了满足这类要求就需要进行完善性维护。

（4）预防性维护

预防性维护是指采取主动的预防性措施。对于一些使用寿命较长，目前尚能正常运行，但可能要发生变化的部分进行维护，以适应将来的调整或修改。例如将专用报表功能改成通用报表功能，以适应将来报表格式的变化。

四类维护工作所占的比例如图7.7所示。

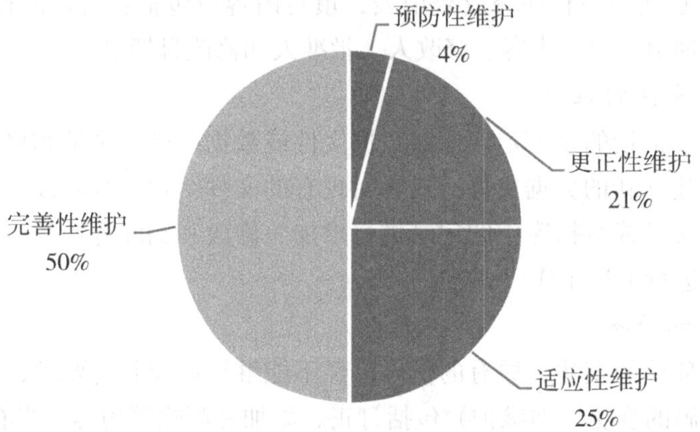

图7.7 各类维护工作的比例

3.系统的可维护性

系统是否能被很好地维护，可用系统的可维护性这一指标来衡量。可维护性定义为维护人员理解、改正、改变和改进这个系统的难易程度。

系统的可维护性可通过以下三点因素来定性衡量：

（1）可理解性

可理解性指别人能理解系统的结构、界面、功能和内部过程的难易程度。模块化、详细设计文档、结构化设计和良好的高级程序设计语言等，都有助于提高系统的可理解性。

（2）可测试性

诊断和测试的容易程度取决于易理解的程度。好的文档资料有利于诊断和测试，同时程序的结构、高性能的调试工具以及周密计划的测试工序也是至关重要的。为此，开发人员在系统设计和编程阶段就应尽力把程序设计成易诊断和测试的。在系统维护时，应该充分利用在系统调试阶段保存下来的测试用例来进行测试。

（3）可修改性

系统修改的难易程度与系统设计所制定的设计原则有直接关系。模块的作用范围与控制范围等，都对可修改性有影响。

上述可维护性的诸因素之间是有密切联系的。事实上，维护人员不可能修改一个他还不理解的程序。如果不进行完善的诊断和测试，一个看来是正确的修改有可能导致其他错误的产生。

4.维护过程

不少人往往认为系统的维护要比系统开发容易得多，因此，维护工作不需要预先拟订方案或加以认真准备。实际情况并不是这样，在许多情况下，维护比开发更为困难，需要更多的创造性工作。首先，维护人员必须用较多时间理解别人编写的程序和文档，并且要确保对系统的修改不影响该程序的正确性和完整性。其次，整个维护的工作又必须在所规定的很短时间内完成。

图7.8简要说明了维护活动的全过程，从图中可以看出，在某个维护目标确定以后，维护人员必须先理解要维护的系统，然后建立一个维护方案。由于程序的修改涉及面较广，多处修改很可能会影响其他模块的程序，所以建立维护方案时需加以考虑的重要问题是修改的影响范围和波及作用。按预定方案完成修改后，还要对程序及系统的有关部分进行重新调试，若调试发现较大问题则要重复上述步骤。若通过，则可修改相应文档并结束本次维护过程。

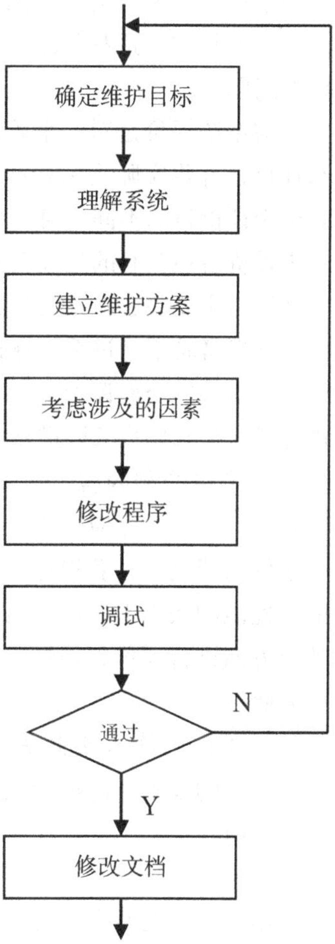

图7.8 维护活动过程

必须强调的是，维护是对整个系统而言的。因此，除了修改程序、数据、代码等部分以外，必须同时修改涉及的所有文档。

程序的维护是系统维护的主要工作，为了正确和有效地修改程序，必须遵守以下原则：

①在进行任何改变（即使改变一行源程序）以前，必须理解程序中的全部控制逻辑。

②进行改变时要非常慎重。

③所做的改变不要比需要的改变多。

④不要企图共享程序中已有的变量，应建立新的局部变量。

⑤在调试时充分利用以前留下的测试用例。

⑥对改变的内容、原因和有关说明进行记录，同时应保存修改前的程序版本。

在改变程序的过程中，维护人员往往把注意力集中到改变部分，而忽视了系统中未改变部分，这就容易引起某些“连锁反应”式的错误，因此必须加以注意。此外，对改变后的程序进行调试和确认，这也是必须要做的工作。有一些研究报告指出，一次修改的成功率是很低的，据统计，若进行不超过10个语句的修改，一次修改的成功率是50%。当修改约50个语句时，一次修改成功率就下降到20%。这也从另外一个角度说明了维护工作的困难程度。

三、系统评价

一个花费了大量资金、人力和物力建立起来的新系统，其性能和效果如何？是否达到了预期的目的？这都是用户和开发人员很关心的问题。因此，必须通过系统评价来回答以上问题。

所谓系统评价是对一个管理信息系统的功能与性能进行全面估计、检查、测试、分析与评审，并将实际指标和计划指标进行比较，以便确保系统目标的实现，提高投资效益。由于评价目的不同，对评价所做的定义及评价的内容也相应不同。

①投资者最关心的是投资效益，因此效益评价就成了系统评价的主要内容。

②用户主要关心新系统是否在功能上满足要求，达到预定的目标。

③开发者希望通过系统评价，确定新系统的价值，明确需要进一步改进的地方。

对新系统的全面评价是在新系统运行了一段时间后进行的，为了避免评价的片面性，常由开发人员和用户共同进行。系统评价的结果应形成系统评价报告。

1.评价目的和内容

对任何一个实际应用中的工程项目都有技术和经济两个方面的考虑。要么是在一定经济条件的限制下，获得尽可能多的系统功能和尽可能高的系统性能；要么在满足一定功能和性能的条件下，以尽可能少的费用来实现。信息系统也不例外，也应从经济和技术两个方面进行评价，即技术性能的评价和经济效益的评价。因此，系统评价包括以下两个方面：

（1）系统的技术性能评价

对系统的技术性能评价从系统所提供的功能和有的技术性能等方面考察系统，包括以下主要内容：

1）目标评价

根据系统开发所设定的目标，逐项检查，考察系统功能是否达到预期的目标，及实现的程度如何。

2）功能评价

根据用户所提供的功能要求，在实际运行环境中，检查系统功能的完成情况，评价用户对功能的满意程度（响应时间、操作方便性、灵活性等）和系统中各项功能的实际效果。

3）性能评价

评价系统的技术能力，主要包括系统的稳定性、可靠性、安全性、容错能力、响应时间、存储效率等。

4）运行方式评价

运行方式评价指系统中各种资源（人力、物力、时间）是否控制在预定范围内，资源的利用率如何。

对系统进行上述评价的目的是评价系统的实际效能，为系统进一步改进或更新提供决策依据。

（2）经济效益的评价

对信息系统经济效益的评价是通过费用分析和效益分析来实现的。它包括以下主要内容：

1）系统费用

系统费用指信息系统在整个生命周期中的全部开支所构成的费用，包括系统开发费用和各种运行维护费用。

2）系统收益

使用新系统后产生的经济效果是评价新系统的一个决定性因素。但是经济效果的评价是一个非常复杂的问题，因为收集各种定量的指标值需要较长时间，同时不能单纯通过数字来反映。

我们将系统经济效果分成直接和间接两类。下面分别进行讨论：

①直接效果。系统的直接经济效果是指可以定量计算的效果，通常可通过以下指标来反映：

a.一次性投资：包括系统硬件、软件和系统开发费用。其中硬件费用包括服务器费用、客户机费用、存储设备费用、通信设备和机房建设（电源、空调及其他）费用等。软件费用包括系统软件、应用软件、试验软件费用等。系统开发费用包括调查研究、系统规划、系统分析和设计、系统实施等阶段的全部费用。

b.运行费用：运行费用是使新系统得到正常运行的基本费用。包括计算机及其外部设备的运行费用、消耗品费用、人工费用、管理费用、设备和配件的折旧费用。

c.年生产费用节约额：使用新系统以后，年生产费用的节约额可用一定的公式求得，这也是直接效果的重要组成部分。

②间接效果。间接效果主要表现在企业管理水平和管理效率的提高程度上。这是综合性的效果，可以通过许多方面体现，但很难用某一指标来反映间接效果，主要体现在以下几个方面：

a.提高管理效率：用计算机代替人工处理信息，减轻管理人员的劳动强度，使他们有更多时间从事调查研究和决策工作；由于各类数据集中处理，使综合平衡容易实现；由于采用计算机网络等手段，加强了各个部门之间的联系，提高了管理效率。

b.提高管理水平：由于信息处理的效率提高，从而使事后管理变为实时管理，同时使管理工作逐步走向定量化。

c.提高企业对市场的适应能力：由于用计算机提供辅助决策方案，因此当市场情况变化时，企业可及时进行相应决策以适应市场。

例如，仓储管理系统的建立，可以明显提高库存记录的准确性和及时性，减少库存量，从而减少物资的积压浪费，同时也能保证生产用料的供应，避免因原料短缺而使生产停顿，最终提高了生产力。生产管理系统的建立可以更合理地安排人力物力，及时掌握生产进度和产品质量，从而提高生产效率和生产管理水平。销售管理系统的建立，可提供较强的查询应答功能，提高服务质量并及时提供各项经营决策。财务管理系统的建立，可大大提高业务处理能力，减少差错，提高资金周转率等。以上这些都是间接效果的表现形式。

总之，管理信息系统的建立，将对企业或部门的管理工作产生很大影响，对这些直接或间接的效果必须要充分认识，给予肯定。

2.系统评价报告

系统评价结束后应形成正式书面文件即系统评价报告。系统评价报告既是对新系统开发工作的评定和总结，也是今后进行系统维护工作的依据。

系统评价报告通常由以下主要内容组成：

（1）引言

①摘要：系统名称、功能。

②背景：系统开发者、用户。

③参考资料：设计任务书等。

（2）评价内容

①功能与性能指标评价：包括整体性评价（设计任务书的要求是否达到，功能设置是否合理）、可维护性评价、适应性评价、工作质量评价（操作的方便性、灵活性，系统的可靠性，设备利用率、响应时间，用户的满意程度）、安全及保密性评价。

②经济指标评价：包括系统开发与试运行费用总和，将它与设计时的预计费用进行比较，若有不符则找出原因；新系统带来的直接、间接效果。

③综合性评价：包括文档的完整性和质量评价；开发周期和程序规模；各类指标的综合考虑与分析；系统的不足之处及改进的建议。

本章小结

本章主要介绍了管理信息系统实施的相关知识和内容。第一，讲述了管理信息系统实施过程中的一般知识，包括系统实施阶段的任务、特点等；第二，阐述了系统实施的重要内容——程序设计的相关概念和知识，包括好程序的标准、开发工具的介绍、程序设计方法等；第三，介绍了系统测试的相关知识，包括测试的目的、原则和过程；第四，讲述了系统转换相关知识；第五，讲解了系统运行与维护的知识。通过本章的学习能让读者了解管理信息系统实施中的主要概念和知识。

习题

1. 系统实施包括哪些主要任务？

2. 系统实施与系统设计之间有何联系？

3. 什么是结构化程序设计？信息系统的结构化设计与结构化程序设计的概念有什么不同？二者有何联系？

4. 测试工作的主要内容及步骤有哪些？

5. 系统切换有哪些方式？这些方式各有什么优缺点？

6. 系统维护工作包括哪些内容？它是如何进行的？

7. 系统评价的目的和内容有哪些？

第八章　管理信息系统项目管理

影响管理信息系统项目的因素很多，既有管理因素，也有技术因素和组织因素。同样，管理信息系统项目建设过程中存在各种各样的风险，如何控制风险，保证管理信息系统的成功实施，是摆在管理人员和开发人员前面的一个重大问题。本章主要介绍在管理信息系统项目建设过程中的风险控制与项目进度管理。

学习目标

1. 了解管理信息系统项目管理的基本问题。
2. 掌握管理信息系统项目的风险控制。
3. 掌握管理信息系统项目进度控制。

管理信息系统建设是一项复杂的工程。据美国Hackett集团公司的一项调查表明，只有37%的公司在计划的时间内完成信息系统项目，有42%的公司在预算内完成项目。原因有多个，其中项目管理是一个重要原因。本章介绍的管理信息系统项目管理的重点不是讨论项目管理的一般问题，而是针对信息系统项目所特有的或者经常困扰管理者的问题进行讨论。其中包括：如何衡量信息系统项目的成功与失败；信息系统项目中有哪些风险因素会导致失败；一个简单发现和避免风险的方法——项目回顾法；经典的项目进度计划的方法——PERT。

第一节　信息系统项目管理概述

一、项目管理的内涵

1. 项目与运营

项目是指为创造独特的产品或服务而进行的一次性过程。它是满足下面几个特征的一系列的活动或任务：

①项目是一次性的。项目团队具有临时性，但项目所提供的产品或服务通常不是一次性的。

②项目具有确定的开始日期和结束日期。当项目的目标达到后，该项目即告完成。

③项目过程会消耗资源（如人力、财力、设备、物料等），并且具有资源和目标限制。

④一个成功的项目就是满足了风险承担人期望的项目。

项目与企业的日常运营存在着明显的区别：

①项目是由项目团队负责管理的，而运营是由企业的部门负责管理的。

②项目的管理过程是一次性的，而运营是企业的日常管理活动。

③项目的内容具有独特性，而运营的内容具有常规性。

2.项目管理与项目管理规范

（1）项目管理

项目管理是一个包含许多方面的过程，其中包括对项目的计划、指挥和对资源的控制（人、资本、设备、物料等），它的目的是在项目的技术、成本、时间和资源约束之内达成项目的目标。

（2）项目管理规范

美国项目管理协会（Project Management Institute，PMI）制定了项目管理知识体系（Project Management Body Of Knowledge，PMBOK），对项目管理所需的知识、技能和工具进行了概括性描述。其编写的项目管理知识体系指南，已经成为项目管理领域最权威的教科书。PMBOK主要内容包括项目管理的五大过程组及十大知识领域。其中五大过程组包括启动过程组、规划过程组、执行过程组、监控过程组、收尾过程组。十大知识领域包括整合管理、范围管理、时间管理、成本管理、质量管理、项目资源管理、沟通管理、风险管理、采购管理、项目相关方管理。

①整合管理：包括对隶属于项目管理过程组的各种过程和项目管理活动进行识别、定义、组合、统一和协调的各个过程。

②范围管理：包括确保项目做且只做所需的全部工作，以成功完成项目的各个过程。

③进度管理：包括为使管理项目按时完成而对进度进行规划、管理和控制的各个过程，从而确保项目在预定时间内完工。

④成本管理：包括为使项目在批准的预算内完成而对成本进行规划、估算、预算、融资、筹资、管理和控制的各个过程，从而确保项目在批准的预算内完工。

⑤质量管理：包括把组织的质量政策应用于规划、管理、控制项目和产品质量要求，以满足相关方目标的各个过程。

⑥资源管理：包括识别、获取和管理所需资源以成功完成项目的各个过程，这些过程有助于确保项目经理和项目团队在正确的时间和地点使用正确的资源。

⑦沟通管理：包括通过开发工件，以及执行用于有效交换信息的各种活动，来确保

项目及其相关方的信息需求得以满足的各个过程。

⑧风险管理：包括规划风险管理、识别风险、开展风险分析、规划风险应对、实施风险应对和监督风险的各个过程。

⑨采购管理：包括从项目团队外部采购或获取所需产品、服务或成果的各个过程。

⑩项目相关方管理：识别和分析相关方的需求，同时在整个项目生命周期内管控他们的参与。

2021年9月，PMI发布《项目管理知识体系指南》第七版。PMBOK第七版由第六版中基于过程的方法论转变为基于原则的方法论。第七版从更高层次讲解项目管理的应用，所以从某些方面来说，第七版的学习需要第六版的知识支撑。下图8.1对比了PMBOK第六版与第七版内容。

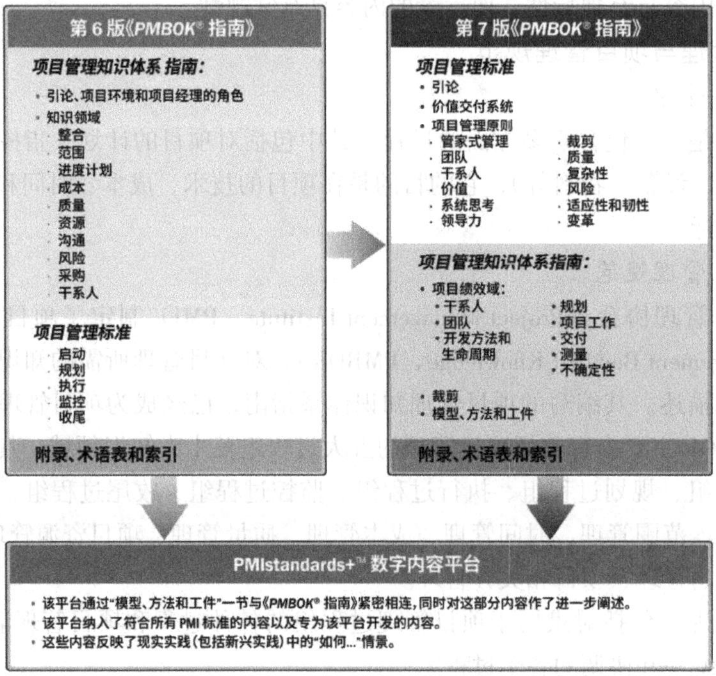

图8.1 PMBOK第六版与第七版内容对比

第七版与第六版是长期共存的关系，第七版是第六版项目管理核心精髓的延伸，是对第六版知识领域与过程组高层次、高维度的承接和升级。管理信息系统项目同样适用PMBOK，通过应用项目管理规范提升项目管理的水平。

3.项目的里程碑

启动阶段结束时，批准可行性研究报告，这是第一个里程碑；

规划阶段结束时，批准项目计划，这是第二个里程碑；

执行（监控）阶段结束时，项目完工，这是第三个里程碑；

收尾阶段结束，项目交接，这是最后一个里程碑。

二、管理信息系统项目管理

1. 管理信息系统项目管理阶段

项目管理从时间上可以分为两个阶段：项目规划、项目执行与监控。

项目规划阶段的主要任务：

①定义项目需求。

②定义项目质量标准。

③定义所需资源。

项目执行与监控阶段的主要任务：

①跟踪项目进度。

②将实际进展与计划作比较。

③分析事件对项目的影响。

④做出调整。

项目规划、项目执行与监控是项目管理不可缺少的两个部分。没有良好的规划，项目就没有明确的目标和清楚的边界，而没有良好的执行与监控，项目就可能达不到预期的目标，或者花费了太多的时间和成本。

2. 管理信息系统项目角色

管理信息系统项目中通常需要用户方与开发方的共同协作。他们在系统开发过程中各自扮演着不同的角色。

①项目管理者：信息系统项目的组织者，负责信息系统项目的计划、系统的阶段验收及系统整体进度的监控、经费的使用、与开发方的项目管理人员进行协调、用户方使用人员的组织与培训等。

②用户方的业务人员：信息系统需求的提出者，也是信息系统的最终用户。他们是应用系统开发成功与否的最终评判者。

③用户方的决策层：信息系统开发的最终决策机构，决策层要对信息系统开发的项目的上马、经费的预算以及系统所要达到的总目标等做出决策。

④开发方的项目管理人员：负责项目的计划、开发人员的组织与调度、开发进度的检查，以及用户方项目管理人员工作的协调。

⑤开发方的软件编程人员：根据用户方的需求，按照项目的计划及进度进行系统开发。

三、衡量信息系统项目的成功与失败

1. 衡量信息系统项目的成功

如何判断一个信息系统是否成功？这是一个较难回答的问题。有着不同的决策风格或解决问题方式的个人会对同一系统产生截然不同的意见。就一个组织而言，不同的管理人员对同一系统的评价可能相悖。

尽管研究者对一个信息系统成功的衡量有不同的标准，但是总的来说五个方面是最重要的，即系统使用率、用户对系统满意度、用户对系统的态度、实现目标的程度以及财务上的收益，如图8.2所示。

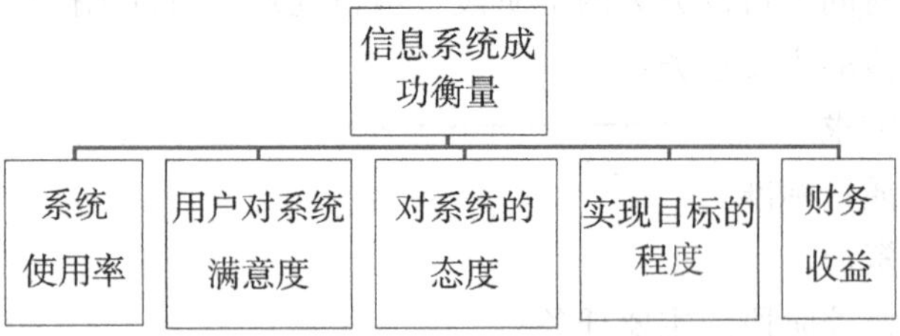

图8.2 衡量信息系统的成功标准

（1）系统的使用率

系统的使用率可以通过用户调查、发放问卷、统计在线完成事务处理的数量等方式加以测量。

（2）用户对系统的满意度

通过问卷或面谈，了解用户对系统性能的意见，包括信息的准确性、及时性和实用性，以及是否提高了工作效率和质量。另外，还要特别注意管理人员的意见，他们认为系统在多大程度上满足了他们的信息需求。

（3）用户对系统的态度

用户是否对系统以及系统的工作人员持肯定和积极的态度。

（4）实现目标的程度

运行新系统后，用户方组织运营的绩效与决策过程的改进，都能够反映出系统达到预期目标的程度。

（5）财务上的收益

财务上的收益包括降低成本、增加产量和利润等。需要注意的是这个方面要恰当地运用，不是系统所有的效益都能量化成财务收益。人们对系统的评价已经越来越多地看重系统对组织运营以及组织中的成员所产生的影响等无形效益。

2.信息系统项目失败及原因

（1）下面情况的发生可能意味着IT项目面临着失败

①时间和成本超出计划。如果项目的建设期过长，就会增加项目的经济风险和技术风险。超出预算过高，就会危及IT项目本身的价值。

②未能捕捉到本质的商业需求。例如，系统没有能显著地改进组织运作或者决策的效率；信息系统无法支持组织特定的处理方式；信息系统的目标不明确或者系统不能满足预期的目标。

③未能以合适的方式提供所需数据。例如，系统中的数据有很高的不一致性和不准确性；一些字段中的数据是错误的或者是模棱两可的；信息提供得不够快；一些数据的

显示和计算是错误的；一些想要的数据访问不到；用于显示信息的系统的用户界面也许过于复杂或者不太好用。

④信息系统与企业文化、组织、行为不兼容。尽管有的系统在功能上是完备的，但是它最终却未被用户接受。信息系统与企业行为、文化、组织的不兼容有多种形式。例如，信息系统改变了人们获取信息和控制信息的行为方式，结果引起了用户的抵制；用户对信息系统产生的信息不信任，坚持用原来的方式维护他们的数据；信息系统打破了组织的权力平衡，遭受损失的用户极力抵制新系统，而获益的用户则倾向于使用它；新系统要求用户之间分享成功的经验和失败教训，但是用户却觉得这些经验是他们的个人隐私或者是个人竞争力的筹码而拒绝这么做。

（2）信息系统项目失败的原因

信息系统建设的动因来源于组织内部的需求与外部环境的压力，信息系统的失败也同样源于内部与外部的一些因素。

一个组织一旦引入了一套信息系统，该系统就会对组织的管理行为产生重大影响。组织内个人与团体之间的人际关系会发生变化，为管理组织的各种资源所需要的信息处理方式也会发生变化，这些变化最终将导致权力的再分配，并引起一些内部工作人员对系统的抵制，严重时会使一个各个方面都不错的信息系统搁浅。

除了由于内部的抵制会引起系统失败以外，还有一些其他的原因。在实践中经常会发现，在一些十分类似的组织中，同样一个系统在有些组织中获得了成功，而在另一个组织中却失败了。这是为什么呢？一种解释是，他们采用了不同的实施方式。

因此，信息系统失败的原因可能来自于信息系统生命周期的任何一个阶段，要控制信息系统免于失败，最重要的就是使用系统的观点建立起信息系统的“成功链”，否则在信息系统生命周期中的任何环节出现问题都可能导致信息系统的开发失败。

第二节　管理信息系统项目的风险

管理信息系统的失败原因来自于很多方面，不能简单地把它归结于技术原因，实际上很多新的技术和方法不能发挥它的效用是因为管理上的或者组织上的原因。总的来说，导致信息系统项目失败的因素主要来自三个方面：项目实施的技术风险、项目管理风险以及组织转变风险。

一、项目实施的技术风险

1.项目规模

项目的所需花费、人数越多，时间跨度、地域跨度和部门跨度越大，风险也越高。项目影响到的部门和个人越多，信息的量越多，流动就越复杂，所涉及的运作和控制也越复杂。因此，一个持续4年的、500万元的、影响5个部门的20个下属单位的、涉及

120个用户的信息系统项目，比一个3万元的、两个用户的、两个月即完成的信息系统项目风险大得多。项目的地域跨度也是影响因素。一个全球范围内的信息系统实施起来比在一座办公大楼里的信息系统风险要高。

2. 项目结构

在信息系统领域内常用结构化程度来分类信息系统。结构化程度高的项目，它的需求就明白直接，系统产出和流程很清晰，这样的系统项目的风险就低；结构化程度低的项目，需求不那么直接和明显，结果也不那么确定，风险也就高。

3. 技术经验

如果现有技术不够成熟和稳定，项目的风险就高一些。如果项目小组缺乏所需的技术和经验，工程风险会变大。若小组对项目中的硬件、系统软件、应用软件不熟悉，就会导致：

①因掌握新技术的时间较长而导致额外的延期。

②如果开发工具掌握得不够好会产生各种技术问题。

③因为对各种软硬件的特性不熟悉会产生额外的时间和资金花费。

表8.1总结了基于不同因素的组织的技术风险。

表8.1　不同因素组织下的技术风险

结构化程度	技术类型	规模大小	风险程度
高	低	大	低
高	低	小	非常低
高	高	大	中等
高	高	小	中等偏下
低	低	大	低
低	低	小	非常低
低	高	大	非常高
低	高	小	高

二、项目管理风险

在项目管理过程中，可能遇到的主要风险来自于项目管理的各个方面，包括项目人员的组织、项目时间和进度的控制、成本控制、质量控制和结果评价。

1. 项目人员的组织

实施队伍和实施人员对于信息系统的成功实施至关重要。如果项目小组缺少信息技术知识或者项目管理经验，或者缺少关键用户的积极参与，就往往会遇到困难。

2. 项目时间和进度的控制

许多信息系统项目在一开始就没有能够制定明确的、可行的进度计划，在进行过程中不能按时实现里程碑性的目标，遇到变化后不能及时地调整进度，往往造成项目半途而废或系统工期严重延误。

3. 成本控制

在实施过程中，如何合理分配实施费用，结合项目进度和时间安排，将项目成本控制在计划之内，是每一个开发信息系统的企业需要认真对待的问题。有的企业尽管最终开发完成，但是花费却远远超出了预算，客观造成项目的不成功。

4. 质量控制和结果评价

不少企业项目之初没有控制信息系统的绩效标准，在开发过程中未能随时控制质量，在项目完成时不知道如何进行评估信息系统的绩效，造成“为上系统而上系统”，为企业的长远发展埋下了危险的种子。

三、组织转变风险

1. 管理观念的转变

信息系统的实施是一个管理项目，而非仅仅是一个信息系统项目，不少企业高层管理人员尚未认识到这一点。在论证与实施系统时仅由技术部门负责，缺少管理人员和业务人员的积极参与。项目经理由技术部门的领导担任，高级管理人员，尤其是企业的“一把手”未能亲自负责系统实施。由此，需要企业管理人员转变认识。

2. 组织架构的调整

为适应信息系统带来的改变，企业必须在组织架构和部门职责上做相应的调整。因此，实施信息系统往往需要同时进行业务流程重组和优化的工作。在流程重组与优化工作中，会涉及部门职能的重新划分、岗位职责的调整、业务流程的改变、权力利益的重新分配等复杂因素，如果企业不能妥当地处理这些问题，将会给企业发展带来不稳定因素。

3. 业绩考评体系的转变

由于企业组织架构和业务流程的调整，企业必须对业绩考评体系进行相应的调整，以适应新的岗位职责和业务要求。能否顺利地将原有的业绩考评体系转换到适应新系统的业绩考评体系，是对企业的一个考验。

4. 用户角色和职能的转变

为适应信息系统带来的改变，用户职能和角色也必须做出调整。否则就可能由于用户因素导致信息系统实施的阻力和其他不利因素产生，导致信息系统项目失败。

四、管理风险的简单方法：项目回顾法

随着IT项目失败的案例越来越多地见诸媒体，企业越来越注重其信息系统投资能否

成功。有很多管理风险的方法，通常不同的方法基于不同的假设，适应于不同的情形。本书不对具体的方法展开讨论，仅介绍一种简单的方法——项目回顾法。同时，也有助于一些重要问题的思考。

这种方法主张在管理者、项目团队和关键用户之间开诚布公地讨论项目中的问题和风险，通过反复不断的交谈和有策略的提问，主要管理者和项目参与者能够重新审视项目管理措施，从而增加项目成功的可能性。

提出问题时应该从下面几个方面开始：

①我们所做的事情是正确的吗？

a.项目的目标是否明确？

b.提出的解决方案是否能够满足企业活动的需求？

c.需要做什么变化吗？

②我们的做法是最好的吗？

a.采用别的方式能达到目的吗？

b.是否存在别的新技术需要考虑？

c.做何调整能够增加成功的可能性？

③我们如何能知道实际情况？

a.我们对项目有评价标准吗？

b.有定期的进度汇报吗？

c.员工的反映表现出怎样的趋势？

d.应该采取什么行动？

④项目产生了哪些影响？

a.已经实现了项目目标的百分之多少？

b.用户们对项目满意吗？

c.用户满意度是在上升、稳定，还是下降？

d.用户对项目的支持度是在上升、稳定，还是下降？

e.项目解决方案针对什么问题？

f.应该采取什么行动？

⑤项目成本如何？

a.项目最显著的成本是什么？

b.成本有什么发展趋势，为什么？怎么办？

c.实际成本与预算相比差在哪里？应采取什么办法？

⑥谁对项目的结果负责？

a.项目的责任是否明确？应该参加的人员是否已经参与到项目中了？

b.企业主管是否对项目给予大力支持？

c.项目的状况是否有人监控和汇报？及时吗？

d.项目的参与者们明确其角色和任务吗？

e.需要做什么变化吗?

上述问题有很多都是从先前信息系统开发实践中积累起来的经验和教训，它们对于企业的信息系统管理者及时发现项目中存在的问题和风险是很有帮助的。而且这样做的成本很低，回报却很多。如果在项目的刚开始和后来进程中不断进行这样的回顾讨论，就能够有效地监控项目进程，保持信息系统投资的有效性。

第三节 项目进度计划法

时间管理是项目管理的一个重要方面，它的重要性在于保证项目能够按照预期的方式进行而不至于“失控”。对于信息系统项目而言，由于信息技术发展迅速，系统的生命周期很短。有的开发项目的建设期需要延续2～3年，系统还不到建成就已经过时了，这无疑是对资源的巨大浪费。

项目的时间管理包括计划和进度监控。没有进度计划固然无法对进度进行控制，但进度计划不切实际也同样没什么好处。因此制订进度计划需要对项目过程中的活动有比较详尽的了解，并做出认真的估计。也有的组织在制订了进度计划并且得到认可之后就将其抛之脑后，殊不知计划固然重要，可再好的计划也要付诸实施。项目进行过程中必须不断地将实际完成情况与计划对照，找出差异、原因和解决办法。计划不可能预料到所有的可能性，在系统建设过程中还需要根据实际情况调整进度计划。

项目进度计划和管理是一个复杂的工作。但是管理者也可以利用一些直观的工具来辅助进行决策。项目评审技术（Program Evaluation and Review Technique ， PERT）就是一种应用比较广泛的项目进度计划方法。下面的内容介绍了PERT方法的基本原理和用途。

一、PERT的基本特点

PERT是美国海军军械特别项目办公室在1958—1959年期间研制“北极星”舰载洲际导弹武器系统时制定的一种项目进度计划方法，当时取得了提前2～3年的显著效果。该项目理论的研究者们运用网络方法，将研制导弹过程中各种合同进行综合权衡，确定出项目最早可能完成的时间。这种方法逐渐发展成为控制系统管理方法。

差不多在同一时间，杜邦公司也推出了一种与PERT十分类似的方法叫作关键路径法（Critical Path Method，CPM），用网络分析研究化工厂检修期间的工程费用与工期间的相互关系，并找出在编制计划时及实施过程中的关键路线，取得了降低成本20%～30%的显著成绩。它较前者更适合于工程建设项目，它将时间和费用都看成是可控制的变量，要求对时间和成本费用估算力求准确。这种方法同样借助于网络表示各项任务及所需时间，并表示出各项任务之间的相互关系，从而找出编制与执行计划的关键路线。这种方法很好地反映了一项任务（或工程）中错综复杂的工作关系，便于统筹安排众多工作人员与成千上万个工作环节，实现资源的合理使用。因此它作为项目计划与进度控制系统理论，成功地运用于许多大型复杂工程上，并得以广泛传播。

随着这两种理论的不断发展，这两个方法之间的根本区别已逐渐消失，后来便融为一体，统称PERT/CPM，即网络分析法或网络分析技术。PERT/CPM的方法不仅在几乎所有工业领域中都有应用，而且成了后来许多方法的基础。例如，最低成本法和估算规划法、产品分析控制法、人员分配法和物资分配法等。

PERT在项目计划和控制中的应用非常广泛，有许多特点：

①它提供了很好的可视性。它不仅能直观地反映活动的时间长度，而且能清晰地表现事件之间的依赖关系，项目的任务和进度可以尽收眼底。

②它有助于管理项目中的不确定性。它能够分析活动延期对整个项目的影响，每项活动允许的时间弹性，以及对如期完成项目至关重要的关键路径。

③它是很多计划和预测的基础。通过PERT网络，管理人员不仅能够预测项目的工期，而且能够根据各个活动所需的人力、物料、资金等方面的投入预测各个阶段上的资源需求，并据此制定项目的资源需求计划。

④利用PERT网络，还能够综合考虑进度、资源利用和费用等目标，对项目计划进行调整和优化。

二、PERT图的使用

1.PERT的基本图形符号

PERT用网络图的方法表示项目中的事件和活动以及它们之间的相互依赖关系。通过对网络图的分析，管理者能够进行项目的集成、进度安排和资源管理。

PERT网络由事件和活动组成，图8.3是PERT图符最简单的说明。

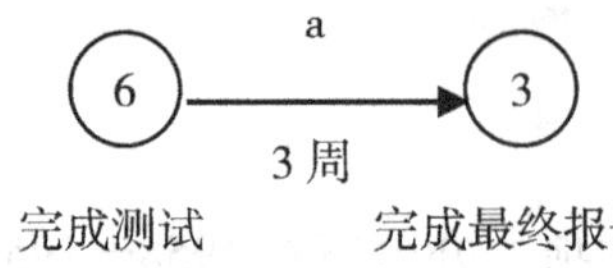

图8.3 PERT图符

①事件，是一个或者一组活动的开始或结束，是相邻活动的分界点。在网络图中用带数字的圆圈表示事件，圆圈中的数字是特定事件的编号。事件的编号不一定遵循特定的顺序。

②活动，是为了从一个事件（或者时点）转移到另外一个事件而进行的特定活动。活动用箭头表示，箭头上的数字代表所需要的时间，单位可能是小时、周或者月。活动需要消耗一定的人力、物力等资源和时间，也可以标注在箭头上。活动的箭头指向自然地表达了一种依赖关系，图8.3中事件6必须在事件3完成（或者开始）之前发生。

图8.4是一个典型的PERT网络图。表8.2是对图8.4中活动的说明。

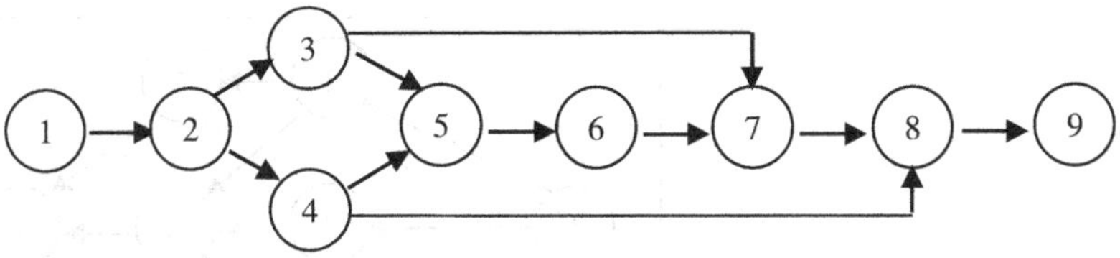

图8.4　PERT网络

表8.2　活动表

活动	名称	前继活动	活动时间(周)
1-2	A	/	1
2-3	B	A	5
2-4	C	A	2
3-5	D	B	2
3-7	E	B	
4-5	F	C	2
4-8	G	C	3
5-6	H	D,F	2
6-7	I	H	3
7-8	J	E,I	3
8-9	K	G,J	2

2.PERT图的绘制过程

①项目主管思考项目要完成的活动，列出一份活动列表。

②根据活动顺序，确定事件之间的相互关系，画出PERT网络。这时的PERT网络既没有标识出关键路径，也没有活动时间。

③与项目专家讨论画出PERT图，识别多余和遗漏的活动，并且确认事件的相互关系。

④根据项目专家对活动时间的预测，标注PERT网络的活动时间。注意，这时的预测假定没有资源限制。

⑤综合考虑时间和资源限制，如果需要的话，重新绘制PERT网络。

⑥在项目的执行过程中，要对PERT网络进行不断地更新和调整，以便项目经理能够发现和评估偏差，并进行计划上的调整。

根据网络图的不同需要，还可以将网络图中的一个活动进一步分解，绘制下一级子网络。网络图分解的例子如图8.5所示。

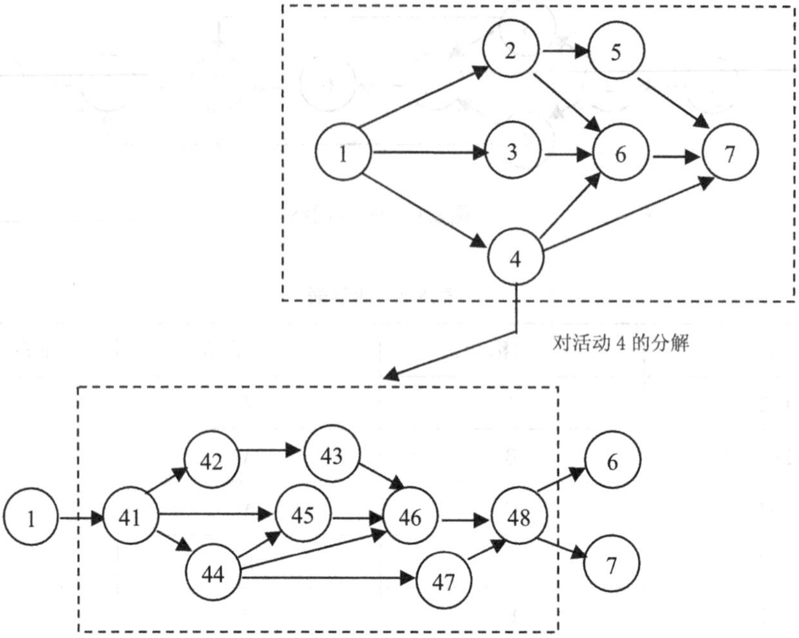

图 8.5 活动的分解

3. 关键路径

在网络图中，从起点到终点之间的一条通路叫作路径。路径可能不止一条，每条路径上各项活动的时间之和也是不相同的。其中时间之和最长的路径称为关键路径。在图8.6中粗线表示的路就是关键路径。

项目总时间就是关键路径上所有活动的时间总和，如果能够通过技术改进或者优先安排资源的方法缩短关键路径的时间，整个项目的时间也会随之减少。因此，关键路径在项目管理中具有重要意义。

既然关键路径是时间总和最长的一条路径，那么其他路径上的时间总和必然比这条路径少或者至多相等，因此在其他路径上必然存在能提前于所需时间完成的活动。最早完成时间与最迟完成时间之差就是松弛时间（slack time）。比如在图8.6中，活动1–3最早可以在第2天完成，而它最迟可以在第5天完成，松弛时间就是3天。

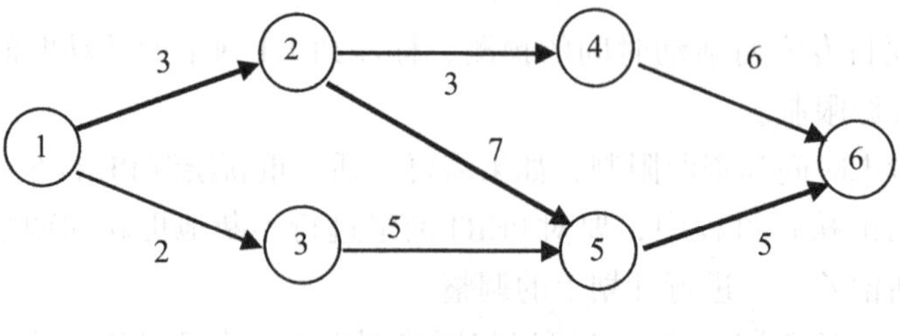

图 8.6 关键路径

4. 求解关键路径：网络时间计算

PERT网络中各个事件和活动的有关时间通称为网络时间。关键路径和松弛时间的计算都要先计算网络时间。

（1）活动时间和方差

网络时间计算的第一步是先估计活动时间。常见的估计活动时间的方法是三点时间估计法。它要求对每个活动估计3种时间，分别是：

①乐观时间：在顺利情况下完成活动所需时间a。

②悲观时间：在不顺利情况下完成活动所需时间b。

③最可能时间：正常情况下完成活动所需时间m。

一般假定活动时间的概率分布近似于正态分布，那么活动时间的估计值可按照下面公式计算：

$$T = \frac{a + 4m + b}{6}$$

方差为

$$\sigma^2 = \frac{(b - a)^2}{6}$$

例如，图8.6中关键路径如图8.7所示。

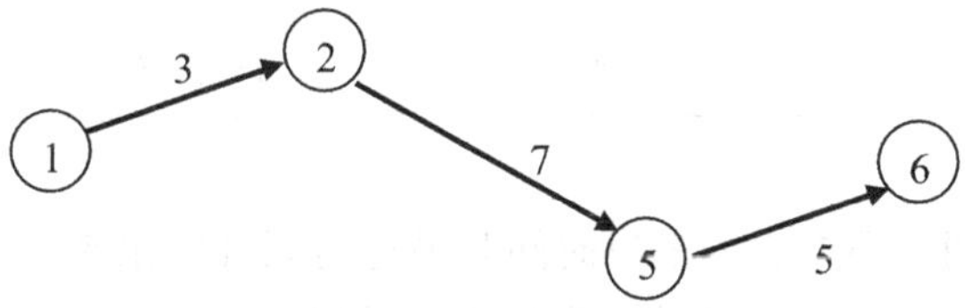

图8.7 关键路径

假定现在已经估计出了活动的乐观时间、悲观时间和最可能时间，如表8.3所示，然后就可以根据上面的活动时间和方差方式计算出后面两列。

表8.3 活动时间计算

活动	乐观时间	最可能时间	悲观时间	活动时间	标准差
1-2	2	3	4	3	0.33
2-5	4	7	10	7	1.0
5-6	3	5	7	5	0.67

（2）项目时间和方差

知道了关键路径上的各个活动时间和标准差，就能够计算出整个项目的时间和标准差。项目时间按下式计算：

$$T=\sum_{i=1}^{s}T_i=\sum_{i=1}^{s}\frac{a_i+4m_i+b_i}{6}$$

标准差为

$$\sigma=\sqrt{\sum_{i=1}^{s}\sigma_i{}^2}=\sqrt{\sum_{i=1}^{s}(\frac{b_i-a_i}{6})^2}$$

因此估计的项目时间为

$$T=T_{1-2}+T_{2-5}+T_{5-6}=3+7+5=15$$

整个路径的标准差为

$$\sigma=\sqrt{\sigma^2{}_{1-2}+\sigma^2{}_{2-5}+\sigma^2{}_{5-6}}=\sqrt{0.33^2+1.0^2+0.67^2}=1.25$$

根据统计学的规律，项目完工时间的误差有68%的可能性在一倍标准差内，有95%的可能在两倍标准差内，有99%的可能性在3倍标准差内完成。那么，在本例中项目的完工时间变化范围和概率如表8.4所示。

表8.4 项目的完工时间变化范围和概率

变化范围(标准差倍数)	概率	表达式	范围
1	68	15±1.25	13.75～16.25
2	95	15±2.50	12.50～17.50
3	99	15±3.75	11.25～18.75

（3）松弛时间

事件的松弛时间是根据它的最早时间和最迟时间计算出来的。

①最早时间T_E：一个事件最早可能开始的时间。

②最迟时间T_L：以不延期整个项目完成时间为前提，一个事件的最晚发生时间。

③松弛时间T_S：T_E-T_L。

a.从前向后计算T_E。

记PERT网络中的起始事件的T_E为0。从前向后依次计算各个事件的T_E，计算方法是：

如果事件只有一个前继事件，那么它的T_E就是前继事件的T_E加上活动时间。否则，分别计算各个前继事件的T_E和活动时间之和，取其中的最大者作为本事件的T_E。

以图8.8为例，最早时间为：

$T_E(1)=0$

$T_E(2)=T_E(1)+T(1,2)=0+3=3$

$T_E(3)=T_E(1)+T(1,3)=0+2=2$

$T_E(4)=T_E(2)+T(2,4)=3+3=3$

$T_E(5)=\max\{T_E(2)+T(2,5),T_E(3)+T(3,5)\}=\max\{3+7,2+5=10\}$

$T_E(6)=\max\{T_E(4)+T(4,6),T_E(5)+T(5,6)\}=\max\{6+6,10+5=15\}$

b.从后向前计算 T_L。

记PERT网络中结束事件的 T_L 为它的 T_E。从后向前依次计算各个事件的 T_L，计算方法是：如果事件只有一个后续事件，那么它的 T_L 就是后续事件的 T_L 减去活动时间，否则分别计算各个后续事件的 T_L 与活动时间之差，取最小者作为 T_L。

以图8.8为例，最迟时间为：

$T_L(6)=T_E(6)=15$

$T_L(5)= T_L(6)-T(5,6)=15-5=10$

$T_L(4)= T_L(6)-T(4,6)=15-6=9$

$T_L(3)= T_L(5)-T(3,5)=10-5=5$

$T_L(2)= \min\{T_L(5)-T(2,5), T_L(4)-T(2,4)\}=\min\{(10-7),(9-3)=3\}$

$T_L(1)= \min\{T_L(2)-T(1,2), T_L(3)-T(1,3)\}=\min\{(3-3),(3-2)=0\}$

计算好各个事件的 T_E 和 T_L 之后标注到PERT网络上，如图8.8所示。然后就能计算出各个事件的松弛时间。松弛时间为零的各项事件组成的路径就是关键路径。

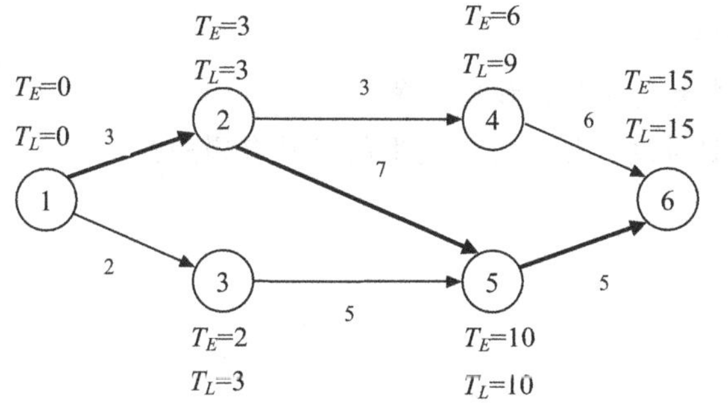

图8.8　松弛时间

三、PERT的应用

1.时间优化

在PERT网络绘制完成之后，还要对初始方案进行调整和完善，优化的目标包括时间进度、资源利用和成本。时间优化是最常用的一种技术，它的主要目的是缩短项目的完工时间。优化是在关键路径的基础上进行的，可以采取的措施如下：

①把非关键路径上的资源转移到关键路径上。

②去除项目中的一些活动。

③增加额外的资源。

④用时间消耗比较少的活动替代时间消耗多的活动。

⑤使活动并行。

2.资源优化

利用带有时间坐标的PERT网络就能够帮助管理人员分析项目在不同时段的资源的

需求，进而为改进资源分配策略提供依据。

需要注意的是，PERT网络一般并不带有时间坐标，这主要是因为松弛时间允许事件在一个范围内发生。但是如果能把具有松弛时间的事件确定下来，例如使用最早时间还是最迟时间，PERT网络就能够像甘特图那样绘制在时间坐标之内了。

本章小结

本章有针对性地讨论了在管理信息系统项目中经常困扰管理者的若干问题，包括如何衡量管理信息系统项目的成败；哪些风险因素会导致失败。并介绍了简单发现和避免风险的方法——项目回顾法；经典的项目进度计划的方法——PERT。

习题

1. 项目有哪些特征?
2. 在MIS项目中有何风险，如何避免?
3. 如何制订项目进度计划，经常使用的工具有哪些?

第九章 信息系统安全与防护

信息系统面临着种种有意和无意的威胁，如计算机犯罪、计算机病毒、安全缺陷、系统漏洞、人为误操作和自然灾害。要想达到安全目的，必须从道德伦理、法律、管理和技术不同层次上采用有效措施来防范。

本章主要介绍信息系统安全的概念、分类，重点介绍了计算机信息系统安全的含义、影响计算机信息系统安全的因素以及保护信息系统安全的技术手段。

学习目标

1. 了解安全的基本概念与层次。
2. 熟悉信息系统安全控制的基本类型和原则。
3. 掌握管理信息系统的安全性设计。
4. 熟悉数据加密的概念及基本方法，密钥管理。
5. 掌握网络安全的概念与技术。

第一节 信息系统安全概述

一、安全问题的提出

信息系统是信息和信息技术的载体，它已经成为国家重要基础设施乃至整个经济社会的神经中枢，一旦遭受攻击，将导致能源、交通、金融、水利、医疗、教育、新闻、国防等基础设施的瘫痪，从而带来灾难性后果，严重危害国家政治经济、社会稳定和国防安全。

信息系统是以计算机和计算机网络为基础的应用系统，因而它是一个开放式的系统。信息系统的开放性和信息共享促进了计算机应用的飞速发展，但也正是这种开放性和计算机系统本身的脆弱性，导致了信息系统安全的诸多问题。如果信息系统不采取安全保密措施，任何与系统连接的网络节点，都可以不受限制地访问网络系统资源。如何防范对信息系统的破坏，保证信息系统的正常运行；如何防止黑客的入侵和计算机犯罪行为的发生，保证信息系统数据安全，已经成为信息系统在建设和运行时必须考虑的重大问题。

我国已颁布了《中华人民共和国计算机信息安全保护条例》《中华人民共和国网络安全法》，并发布《计算机信息系统安全保护等级划分准则》《信息系统安全等级保护定级指南》等国家标准，从法律法规层面对信息系统安全做出了保障。

二、信息系统安全的定义

信息系统的安全是指组成信息系统的硬件、软件和数据资源的安全。信息系统安全保护的基本内容是：保障计算机及其相关的和配套的设备、设施（含网络）的安全，运行环境的安全，保障信息的安全，保障计算机功能的正常发挥，以维护信息系统的安全运行。避免计算机系统信息受到自然和人为因素的破坏、更改或泄漏系统中的信息资源，从而保证信息系统能够连续正常运行。

从信息系统安全保护的内容中，可以看到，信息系统的安全实际包含两部分内容，一是指信息系统自身的安全，二是指对信息系统的安全保护。信息系统自身的安全包括信息的完整性、保密性、可用性和真实性四个方面。完整性是指在存储和传输过程中，不能被非法地篡改、破坏，也不能被偶然、无意地修改，保证信息的完整性是信息系统安全的基本要求；保密性，是指信息必须按照拥有者的要求保持一定的秘密性，防止信息在非授权的情况下被访问，或一旦泄漏也能保证在一定期限内不被解密；可用性是指在任何情况下，经过授权的用户能存取所需的信息，并且能够享受到系统提供的服务，这是计算机能够完成可靠性操作的重要前提；真实性，是防止系统内的信息感染病毒，保证信息的真实和可靠。

保障信息系统安全的实质就是保护信息的完整性、保密性、可用性和真实性，防止来自各方面的因素对信息资源的破坏。

信息系统的安全是一个系统的概念，从传统的面向单机、面向数据的信息系统安全，到20世纪80年代后期微机局域网时代，以及目前基于互联网的信息系统安全，在不同发展阶段，信息系统对安全性的要求也在不断变化。现代信息系统安全涉及个人权益、企业生存、金融风险防范、国家安全和社会稳定。它是物理安全、网络安全、数据安全、信息内容安全、信息基础设施安全与公共、国家信息安全的总和。

三、影响信息系统安全的因素

计算机系统自身的脆弱性和不足是造成计算机安全问题的内部根源。归纳起来，影响信息系统安全的原因主要有：

①信息系统是结构十分复杂的系统，它自身是电子产品，它所处理的是电子信息，由于电子技术基础薄弱，抵抗外部环境的能力比较弱，所以这两者都比较容易受到破坏。例如，容易受到一些自然环境因素，如水、火、地震、雷电、强磁场、强电子脉冲等危

害。水、火、地震、雷电、有害气体等可以损坏计算机系统的硬件，而强磁场、强电子脉冲干扰等，则可以破坏信息系统的软件和数据。

②计算机系统工作的电子脉冲会产生电磁辐射，容易造成信息泄漏，信息在输出和传输过程中，容易被截取、复制。

③通信网络存在弱点。信息共享是时代发展的要求，广泛的联网也增加了众多的不安全因素。互联网是一个不设防的开放大系统，通过未受保护的外部环境和线路，谁都可以访问系统内部，搭线窃听、过程监控、攻击破坏有可能来自与网络相通的任何地点、任何终端。

④与其他先进技术一样，日新月异地发展着的计算机技术、计算机网络技术都不是完美无缺的。实践证明，这些技术都是有缺陷和漏洞的。违法分子发现这些技术上的漏洞后，就可以进行非法侵入和其他违法活动。同时，由于信息系统存在缺陷和漏洞，有时一些操作失误或某些偶然因素会得到错误的结果，甚至导致整个系统被破坏。

⑤针对信息系统的犯罪活动日益增多，技术手段越发先进。例如，当前已经开发出种类繁多的黑客程序、计算机病毒和其他有害数据。它们正在严重地威胁着信息系统的安全，已经造成了严重的损失。

⑥敌对势力、敌对分子和非法组织利用互联网进行煽动、渗透、联络，进行反动宣传、传输有害信息等非法活动。

只有了解了影响计算机系统安全的这些因素，才可以找出对策、采取措施，保障计算机系统的安全。

四、信息系统安全的模型

《中华人民共和国计算机信息安全保护条例》总则的第三条指出："计算机信息系统的安全保护，应当保障计算机及其相关的和配套的设备、设施（含网络）的安全，运行环境的安全，保障信息的安全，保障计算机功能的正常发挥，以维护计算机信息系统的安全运行。"可见，信息系统安全是一个复杂的系统工程，它的实现不仅是纯粹的技术方面的问题，而且还需要管理、法律、道德伦理等社会因素的配合。因此我们可以把信息系统安全归结为一个层次模型，在模型中，各层之间相互依赖，下层向上层提供支持，如表9.1所示。

第1层：法律制度与道德规范。日益严重的计算机犯罪，迫使各国尽快制定出严密的法律、政策，从根本上改变计算机犯罪无法可依的局面。以全新的概念和要求，规范和制约人们的思想与行为，将信息系统的安全纳入规范化、法律化和科学化的轨道。

第2层：管理制度的建立和实施。安全管理制度的建立与实施，是现代信息系统安全的重要保证。包括管理制度的制定，管理人员的安全教育培训、制度的落实、职责的检查等方面的内容。

表9.1 信息系统安全层次模型

数据信息安全	第7层
软件系统安全	第6层
通信网络安全	第5层
硬件系统安全	第4层
物理实体安全	第3层
管理制度	第2层
法律、道德、伦理	第1层

在信息系统安全保护工作中，人是最积极的因素，任何管理制度和安全措施都要通过人去落实。这方面的主要措施有：建立健全的安全管理规章制度，如设备、数据管理制度，人员的安全管理制度等，软件开发人员、系统管理人员与业务操作人员必须严格分开。

第3层：物理实体安全。主要涉及信息系统的运行环境，其安全与否对硬件、软件、数据及网络等安全有着重要影响。比如场地环境安全，包括机房场地需远离易燃易爆易腐蚀地点；空气调节系统温度保持适当温度；配备烟火报警装置等。

第4层：硬件系统安全。指保护计算机系统硬件和相关网络设备、通信线路及其他配套设备、存储媒体的实体安全，确保它们在对信息的采集、处理、传送和存储过程中，不会受到人为或者其他因素造成的危害。

第5层：通信网络安全。计算机网络实现了信息资源共享。然而，资源的共享和分布处理也增加了网络信息系统受攻击、信息泄漏和被窃取的机会。现在，计算机网络连接到世界的每一个角落，广泛的连接给间谍、违法分子和黑客提供了大量可乘之机。

第6层：软件系统安全。保护信息系统中的各种程序及其数据、文档不被任意篡改和非法复制，保证计算机运行的软件正确、可靠和安全。软件安全既依赖于道德、法律（知识产权等）和实体保护（防水、防火、防盗）等非技术手段，也可以通过技术手段达到安全目的。

第7层：数据信息安全。这是信息系统安全的焦点，其他层面的安全也是为达到数据信息安全目的而服务的。数据信息安全主要确保数据信息的完整性、可靠性、保密性和可用性，防止数据信息被泄漏、非法修改、删除、窃取等。

造成计算机不安全的原因是十分复杂的。有人为因素，也有自然因素；有故意的因素，也有偶然的因素；有管理因素，也有技术因素。在当前的条件下，要保证庞大的网络系统的绝对安全是不可能的。不同系统、不同任务和功能，不同规模、不同工作方式对信息系统的安全要求是不同的。

保护信息系统安全的重点应当放在预防上，必须采取有效的预防措施，使不法分子无机可乘。同时，还必须时刻提高警惕，对采取的安全措施不要过于乐观。

第二节　信息系统的安全与控制

管理信息系统的运行与安全密切相关。在信息系统的日常运行过程中，伴随着许多风险因素，如：计算机被盗、各类自然灾害、计算机病毒、人为的计算机犯罪等。因此，必须研究确保信息系统安全运行的各种方法、措施和技术，并把它们列入管理信息系统开发的具体过程和环节。

一般说来，影响管理信息系统安全的因素可以归为以下几个方面：

①网络安全：包括所有与网络相关的方面和因素，如物理设施、软件及各类人员的非授权访问、偶发或蓄意的常规手段的干扰和破坏。其主要对策是综合技术与人事管理措施的均衡或合理配置。

②计算机安全：指非授权人员、计算机或其程序对计算机数据和程序文件的非法访问，获取或修改的各种因素。相关措施为通过限制被授权人员使用计算机系统的物理范围、利用特殊（专用）软件和将安全功能构造于计算机操作规程中等方法。

③信息安全：指各类对信息系统中各种信息的偶发或有意地非授权泄漏、修改、破坏或导致其处理能力丧失的因素。

④密码安全：指各类非法盗取信息系统的密码的因素。这是通信安全的最核心部分，一般通过提供强韧的密码系统的有关技术和正确应用这些技术的措施来实现。

一、信息系统的安全控制

1.安全控制的类型

所谓信息系统的安全控制，一般指为了安全地保护信息资源，确保数据和信息的完整性而采取的管理规划和有关政策。对信息系统加以相应的控制是确保信息系统安全的有效方法，有效的控制能够大大减少信息系统运行过程中的各种风险。通常，对信息系统实施控制作为企业管理人员的责任，应与企业的其他管理职能一样，受到高层管理人员的同等重视。但是，由于计算机处理过程的不可预见性及难以避免的各类错误等，信息系统的控制又有其独有的特征。

信息系统的控制所涉及的范围十分广泛，从简单的物理控制措施如安装防盗门锁等以减少信息系统设备被盗的威胁，到各种高技术的实施以防止各类非法访问信息系统资源及数据的发生等。通常，根据控制的具体特征，可以大致分为物理控制、电子控制、软件控制和管理控制等四种类型，分别叙述如下：

①物理控制：指采用物理保护手段的各种控制措施。如防盗门锁、键盘、防火门、排水泵、各种隔离机构等。

②电子控制：指采用电子手段确定和防止威胁的各种控制措施。如移动传感器、热敏传感器、湿度传感器等电子感应技术，标记与指纹、语音与视网膜录入控制等入侵者

检验与生物进入控制等技术。

③软件控制：指在信息系统应用中为确定、防止和恢复错误、非法访问和其他威胁而使用的程序代码控制。如在特定时间中断计算机终端的程序用以监督登录用户、登录时间、存取了哪些文件、使用了哪些存取方式等。

④管理控制：指保证信息系统安全和正常运行的管理制度。表现为两个方面，一方面是对机房的监控，如各类人员进入机房时的身份登记与审查、系统启动与关闭时的专人负责、系统运行过程与状况的跟踪记录、操作人员规范等；另一方面是对软件、信息、数据等的监控，如重要软件系统管理、数据管理、密码口令管理、通信安全管理、病毒防治等各种管理制度等。

2.权限控制原则

数据是信息系统的中心，数据的安全是信息系统安全管理的核心。对信息系统的控制最关键的就是对信息系统中的数据访问控制。所谓访问控制，就是通过信息系统的物理、电子、软件及管理等多种控制类型来实现对系统的监测，完成对用户的识别、对用户访问数据的权限确认等，确保信息系统中数据的完整性、安全性、正确性，防止合法用户有意或无意地越权访问，防止非法用户的入侵等。

访问控制的核心是进行用户权限控制，通过设置合理全面的用户权限管理体系，规范用户对系统、数据的访问控制行为。用户权限控制可以通过各种软件开发工具所提供的安全机制功能进行设置，进行系统授权时应遵循以下基本原则：

①最小特权原则：只赋予用户拥有完成所分配的任务所必需的最小权限。

②最小泄漏原则：用户获得了对敏感数据信息的存取权限时，就有责任保护它们不被其他无关人员得到，不得将它们泄漏出去。

③最大共享策略：让用户最大限度地利用数据库中的信息，实现在授权许可下的最大数据共享。

④推理控制策略：防止某些用户在已有各种知识基础上，通过一系列的查询、统计，从得到的有关数据中推断出其他不应该知道而且应当保密的信息。

二、信息系统的安全性

管理信息系统的安全性是采取技术和非技术的各种手段，通过对信息系统建设中的安全设计和运行中的安全管理，使运行在计算机网络中的信息系统获得保护，不因自然和人为因素而遭到破坏、更改或泄漏系统中信息资源，确保系统的连续正常运行。

管理信息系统的安全性设计不但表现在管理信息系统的运行过程中，在系统规划、设计与实施阶段就应进行。涉及的内容包括硬件系统与通信网络物理安全、软件与数据安全两方面，以下分别进行讨论。

1.硬件系统与通信网络的物理安全性设计

管理信息系统在物理上首先表现为企业内由若干计算机设备、通信网络及其相关软件所组成的系统。一般来说，客户端设备分散在各企业的各部门、科室和车间，而各种服务器则相对集中地放置在中心机房，配备若干专业技术人员和工作人员，同时管理信息系统的运行管理及系统维护。因此，物理安全性涉及的内容通常包括各种系统设备的安装位置（机房）的合理规划，对机房进行的出入控制，各种防灾、防干扰措施设置、其他辅助设备和材料的选择和配置等。

2.软件和数据安全性设计

软件是保证信息系统正常运行的主要因素和手段，数据是信息系统的中心，数据的安全管理是信息系统安全的核心。软件和数据安全性设计的基本思想是：

（1）选择安全可靠的操作系统和数据库管理系统

操作系统是其他软件的运行基础，数据库管理系统则是大多数信息系统中的数据管理工具，因此，操作系统的安全性与数据库管理系统具有的安全策略和能力是信息系统安全性设计的基础。

（2）设计、开发安全可靠的应用程序

在开发应用程序时，可通过设立安全保护子程序或存取控制子程序的方式加强用户级别与存取权限的控制，采用较成熟的软件安全技术如软件加密技术、软件固化技术等提高系统安全防护能力，抵御外来入侵等。

（3）信息系统中的数据安全设计

数据安全设计的方法包括数据访问的控制、防止数据泄漏、防病毒、数据备份等。

此外，还应考虑系统容错的问题，为了保证系统能处理由于环境干扰、磁盘读写等可能的错误，采用磁盘镜像、服务器双工、云备份等工作方式，以确保系统和数据的安全。

第三节　数据加密技术

一、数据加密的概念

用户在网络上相互通信，技术与安全的威胁主要是非法窃听。非法用户和黑客通过搭线窃听截取有线线路上传输的信息，或采用电磁窃听截取无线传输的信息等。因此，对网络传输的信息进行数据加密，然后在网络信道上传输密文，这样，即使中途被截获，也无从理解信息内容，进而可以避免信息失密。

数据加密是将一个信息（明文）经过密钥及加密函数转换，变成无意义的密文，而接受者将此密文经过解密函数、解密密钥还原成原始数据的过程。它通过对信息的重新组合，使得只有收发双方才能解码还原信息，因此，加密实质上就是对信息进行一组可逆的数学变换。本书给出数据加密的概念：数据加密是将明文信息采取数学方法进行函数转换成为密文，只有特定的接收方才能将其解密还原成明文的过程。数据加密的一般模型如图9.1所示。

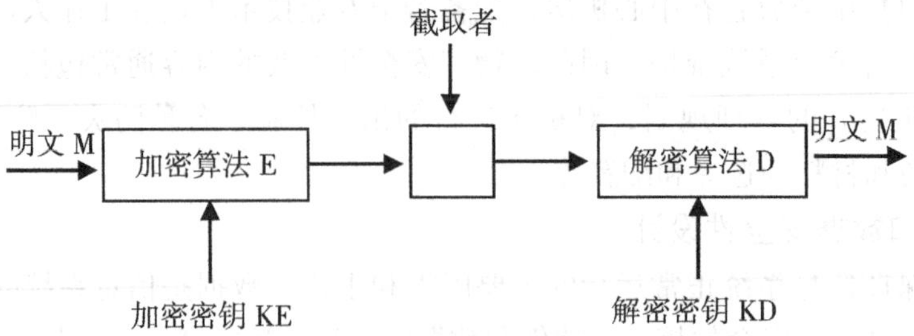

图 9.1 数据加密的一般模型

数据加密技术中，明文指加密前的原始信息；密文指明文被加密后的信息，一般表现为无明确识别意义的字符序列；密钥指控制加密方法和解密算法得以实现的关键信息，加密密钥和解密密钥可以相同也可以不同，一般由通信双方所掌握；算法则指明文和密文之间的转换法则，其形式为所计算数学问题的求解公式和程序。

加密技术是一种主动的信息安全防范措施，采用加密技术对信息加密，是最常用的安全手段。对同样的密文，可以使用相同或不同的加密算法进行数据加密，但使用不同的密钥会得到不同的密文。一个加密算法是否安全，取决于密钥的长度，而不取决于加密算法的保密、密文的不可访问和其他因素。

二、数据加密方式

应用ISO/RM七层网络协议模型，数据加密可以放在任何一层进行。一般采用的数据加密方式有链路加密、节点加密、端到端加密等。

1. 链路加密

链路加密又称在线加密，指用于保护两个相邻节点之间的链路上传送数据的加密方式。这些链路可以是微波、卫星、明线或同轴电缆。链路加密方式比较简单，也容易实现。只要把两个密码设备安装在两个节点之间的线路上，并使用相同的密钥即可。这样，在线路上传输的是经过加密的数据（密文），而通过链路间节点上的是未经加密的数据（明文）。链路加密能为所有信息在被传输之前加密，并经多次加密—解密的转换过程，实现信息的加密传输。

实现链路加密的设备称为数据加密设备，可以安装在节点与相应的通信设备之间。链路加密对应于OSI/RM七层网络协议模型的第二层，即数据链路层。

2. 节点加密

节点加密指每对节点共用一个密钥，对相邻节点间（包括节点本身）传送的数据进行加密保护。节点加密是在通信链路上为传输的信息提供安全，需要在每个中间节点先解密，然后再加密。但它不允许信息在网络节点以明文存在，而是将收到的信息解密后立即用不同的密钥加密。不能对报头进行加密，因为传输过程中必须检查传送目的地。

3.端到端加密

端到端加密又称脱线加密和包加密，指对两个用户之间传输的数据连续提供保护，并进行TCP/IP数据包加封，然后作为不可阅读和不可识别的数据通过网络，数据到达目的地后，将被自动重组，解密成为明文，这种方式在从源点到终点的整个传输过程中数据始终以密文形式存在，但端到端加密也不能对报头（路由选择信息）加密。这种方式可以在OSI/RM七层网络协议模型的传输层以上各层实现。

对应于不同的网络环境和数据加密要求，可以采用上述各种方式进行加密。其各自特点可概括于表9.2。

表9.2 加密方式比较

方式	优 点	缺 点
链路加密	①包含报头和路由信息在内的所有信息均被加密 ②单个密钥损坏时整个网络不会损坏，每对网络节点可使用不同的密钥 ③加密对用户透明	①消息以明文形式通过每一个节点 ②因为所有节点必须有密钥，密钥分发和管理变得困难 ③由于每个安全通信链路需要两台密码设备，因此费用较高
节点加密	①消息的加、解密在安全模块中进行，使得消息内容不会被泄漏 ②加密对用户透明	①某些信息（如报头和路由信息）必须以明文形式传输 ②因为所有节点都必须有密钥，密钥分发和管理变得困难
端到端加密	①使用方便，采用用户自己的协议进行加密，并非所有数据需要加密 ②网络中数据从源到终点均受保护 ③加密对网络节点透明，在网络重构期间可使用加密技术	①每一个系统都需要完成相同类型的加密 ②某些信息（如报头和路由信息）必须以明文形式传输 ③需采用安全、高效的密钥分发和管理技术

三、数据加密基本方法

对数据进行加密必须选择先进的加密算法，才能实现对数据的加密。常用的数据加密算法包括对称密钥加密方法和非对称密钥加密方法。

1.对称密钥加密方法

对称密钥加密是传统的数据加密方法，其特点是无论加密或解密都共用一把密钥。在数据通信中使用最早和最普遍的是DES（Data Encryption Standard）标准。

DES加密算法是一种基于二进制编码而设计的数学算法，具体数据流程是：输入64位明文，在64位的密钥控制下，首先做初始换位，再对其结果进行16层的加密变换，最后通过逆初始变换得到64位的密文。其中密文的每个位是由明文的每个位和密钥的每个位联合确定的，整个加密过程可分为加密处理、加密变换及子密钥生成等部分，可用图9.2表示。

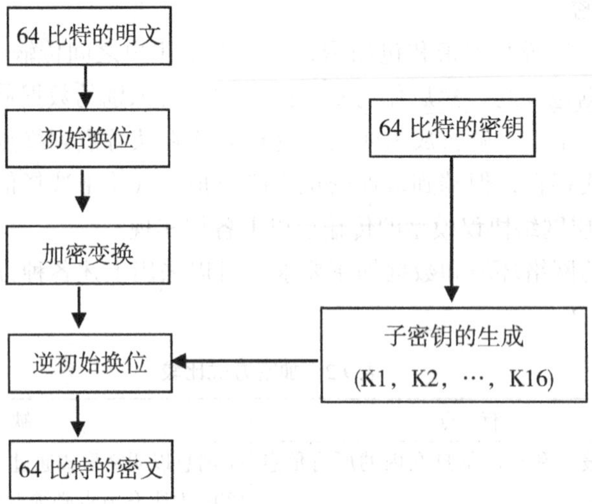

图9.2　DES加密的数据流程

DES加密算法的解密过程其顺序与加密过程正好相反。由于DES加密解密仅做简单的位处理的组合，因此速度快，密钥生成容易，但若用户数n不断增加时，所需的通信密钥数按n(n−1)/2的几何级数增长，从而给密钥分配与管理造成困难。另外，由于算法公开，其安全性仅取决于对密钥的保护，因此密钥的分发、传递或交换过程中存在许多不安全因素，必须依赖专门的方式进行。对于网络环境，特别是Internet，不宜单独使用。

2.非对称密钥加密方法

非对称密钥加密方法又称公钥密码体制，指对信息加密和解密所使用的密钥是不同的。这种方法为每个用户分配两个密钥，一个称为公钥，另一个称为私钥，它们是一组互补的密钥对，公钥无需保密，而私钥只掌握在用户个人手中。用公钥加密的密文可以用对应的私钥解密，反过来也一样。

使用非对称密钥加密方法进行网络通信时，用户双方无须传送交换私钥，一方可利用对方的公钥对明文加密，并传送给对方；对方接收后，利用私钥解密即可。显然这种方式不会引起失密。另外，非对称密钥加密方法还提供了另一种用途，即源鉴别（数字签名），用户利用私钥对明文加密，对方通过使用对应的公钥解密，以确认邮件是否确实发自某人，起到了签名（确认身份）的作用。

在非对称密钥加密方法中，最典型的算法是RSA，其理论基础建立于数论中的大素数因数分解的难度问题，若要破解RSA密码，必须能从整数n中分解出大素数p和q，但当n达到100位（十进制）以上时，目前的算法尚不能在有效时间内破译RSA。不过，随着计算技术和手段的飞速发展，及网络协作计算环境的使用，其安全性也面临危险，必须不断增加整数的长度来提高安全性，而随之也带来执行速度下降的问题。

此外，基于非对称密钥加密思想的算法还有：Rabin体制、背包体制、概率加密体制、EIGamal体制和椭圆曲线密码体制等，其中椭圆曲线密码体制正受到人们的青睐。

四、密钥管理技术

密钥管理是安全管理中最困难、最薄弱的环节，一般从密钥管理途径进行攻击比单纯破译密码算法的代价小得多。因此，引入密钥管理机制进行有效的控制，对于提高网络及系统的安全性和抗攻击性非常重要。密钥管理历来就是一个比较困难的问题，无论采用专用密钥密码还公开密钥密码，都存在密钥管理的问题。

按照近代密码学观点，密码系统的安全应该只取决于密钥的安全，而不取决于对算法的保密。然而，在实际应用中，对于保密性要求高的系统，一般仍需对具体使用的算法实行保密。同时，密钥必须经常更换，否则，即使采用很强的密码算法，随着被截取的报文数量的增加，密码被攻破的危险也增大。此外，在计算机网络环境下，由于用户和节点很多，需要使用大量的密钥。这些密钥数量大，又需要经常更换，因此必须对密钥的产生、存储、分配、销毁等管理环节进行有效的管理。

1. 密钥的生成

确定了加密算法后，系统的安全性就取决于密钥的安全性。因此，生成密钥的算法应该是很强的，生成密钥时不能降低加密算法设计规定的密钥空间。最好用随机方式进行密钥的生成，不能使用一切有现实意义的字符串作为密钥，否则所生成的密钥较弱，难以抵御字典式的穷举攻击。

2. 密钥管理原则

密钥的产生、存储、分配、注入和销毁必须遵循一定的原则，不同的密钥类型采用不同的密钥管理办法。主要的密钥管理原则包括：最小特权原则、特别分散原则、最少设备原则和不影响系统正常工作原则。

3. 密钥管理内容

要遵循密钥管理原则，并注意如下几点：

①处于存储状态的密钥应确保安全，必要时对所存储的密钥进行加密保护，保证以任何形式存储在任何地方的密钥都不被非授权人员获取。系统密钥的保存由专门设计的密钥管理协议实现，用户密钥的保存最可靠的形式是凭记忆而不是将其保存于系统或其他地方。

②密钥分配、传递必须通过机要的或专门的渠道，或进行可靠的加密后通过网络传送。用于密钥传递的信道，其安全性应高于使用该密钥的通信系统的安全性。密钥传送应制定专门的传送机制，大型网络中的密钥分发应设计专门的秘密协议实现。

③密钥的更改周期应根据密钥的种类确立，其使用寿命可根据不同的条件和不同的加密算法选择指定，完成更新后的密钥也应保密存入档案。在发生紧急情况时，应有有效的措施进行密钥的销毁，以免丢失密钥或使系统脱离安全保护环境。另外，应及时进行密钥状态分析，发现并销毁已失密或可能失密的密钥，更新密钥，保证系统的安全运行。

④应注意对密钥进行备份，并确保所备份的密钥存放的物理安全性。以便一旦发生各种意外时，及时进行必要且有效的补救工作。

⑤进行现场加密的密钥，使用时应临时加以加密保护；长期驻留的密钥应另加物理保护措施。

4.密钥管理方法

（1）公钥管理

公钥管理主要采用数字证书技术的形式，通信双方通过使用数字证书进行公钥的交换。数字证书技术标准为国际电信联盟（ITU）制定的X.509，通常包含：唯一标识证书所有者（用户）的名称、唯一标识证书发布者（证书管理机构）的名称、证书所有者的公钥、证书发布者的数字签名、证书的有效期及证书的序列号等。

（2）私钥管理

利用私钥进行的加密，是基于共同保守秘密的形式来实现的。加密的双方首先必须保证无条件地采用相同的密钥，还必须保证密钥的传递安全可靠，并且要设定防止密钥泄密和更改密钥的程序。

一般来说，私钥管理是借助公开密钥加密技术进行的，这样，可以达到安全、简单实现管理的目的，同时，还解决了对称密钥加密方法存在的可靠性和鉴别问题。通信双方为每次通信的信息生成唯一的一把私钥，然后，再用公开密钥对私钥加密，最后将加密的私钥和用私钥加密的信息一起传送给对方。采用这种方式进行通信时，因为每次通信均需要生成一把私钥，每次通信结束则此私钥也可销毁。因此，一般无须进行私钥的维护和管理，即使一把私钥失密，也只影响一次通信的内容，不会引起所有通信内容的泄漏。

第四节　网络安全技术

一、网络安全体系结构

1.网络安全的基本概念

计算机网络安全是指利用网络管理控制和技术措施，保证在一个网络环境中，数据信息的保密性、完整性和可利用性受到保护。网络安全的主要目标是要确保经过网络传送的信息，在到达目的地时没有任何增加、改变、丢失或被非法读取。因此，必须保证网络系统软件、应用软件系统、数据库系统具有一定的安全保护功能，且在所有网络设备功能不变的前提下，只有被授权的合法用户才能访问。

网络的安全性问题包括两方面：一是网络的系统安全；二是网络的信息安全。网络的信息安全是最终目的。

2. 网络安全体系结构

尽管网络的安全对于网络的正常运行和使用具有极其重要的影响，但对网络安全的研究仍不成熟，也缺乏对网络安全体系结构的一致认识。至今只有ISO对网络的安全提出了一个抽象的体系结构，为进行网络安全系统研究提供了一定指导和帮助，但离网络安全管理的实用需求的差距较大。因此，由于缺乏关于网络安全管理的实现模型，造成对网络安全管理系统的开发和交互操作的实现有很大困难。

在ISO中所定义的安全体系结构和每层中可用的安全服务，反映了网络功能与安全功能的关系及各种安全功能在网络中的位置。在网络安全体系结构中，包括以下方面：

①安全服务：各种可用的安全功能。

②安全机制：安全功能的实现方法。

③安全管理：处理安全服务和安全机制的关系。

④安全管理信息库：开放系统中与安全有关的信息的概念存储。

ISO的安全体系结构认为，网络安全是网络服务的一种选项功能，并且，网络的安全服务可在每层提供而不局限于某一层，安全功能的增加不能重复ISO的原有功能，也不能违反各层独立原则，其安全服务的提供也应逐层增值，附加的安全服务应作为该层的一个自含模块形式实现。

二、计算机网络的安全管理

网络安全管理的根本目标是保证网络和系统的可用性。网络安全管理的具体目标大致可分为以下三项：

1. 了解网络和用户的行为

了解网络和用户的行为是网络安全管理的最基本功能，用于对网络和用户的行为进行动态监测、审计和跟踪，为网络安全管理提供基础资料。

2. 对网络和系统的安全进行评估

在了解网络和用户的行为的基础上，对网络当前的安全状态做出正确和准确的评估，发现并找出所存在的安全问题和安全隐患，为系统管理员提供改进系统安全性的依据。

3. 确保访问控制策略的实施

根据观测结果或要求，对网络和用户的行为实施控制，保证系统的安全性。

网络的安全管理涉及网络安全规划、网络安全管理机制、网络安全管理系统和网络安全教育等方面，具体内容有：标识有关被保护对象，确定保护手段，找出存在问题和隐患，实施具体安全措施，监测网络运行安全状态并评估和改进安全措施。

网络的安全管理，可以通过有关的途径来实现。首先，制订全面的网络安全计划，在提供的具体服务内容、服务范围、服务方式、受服务者及使用方式、服务的管理者、可能发生的意外事件类型及处理机制等方面进行综合规划；其次，通过对网络安全管理计划的正常实施，监测网络的安全运行状态及用户的各种行为，为网络安全审计检查和事件处理提供各种依据；再次，一旦发生网络的异常，则根据安全管理计划及时进行处理。

网络安全管理通常由专门的安全管理机构负责实施。

三、访问控制与网络安全监测

1.访问控制

访问控制的实质是对资源使用的限制，在计算机系统中设立安全机制的最初目的就是为了控制用户对系统资源的访问。一般访问控制分为两类：自主访问控制（DAC）和强制访问控制（MAC）。在自主访问控制方式下，用户可以按照自己的意愿对系统参数适当进行修改以确定哪些用户可以访问他的文件；而在强制访问控制方式下，用户和资源都有一个固定的安全属性，只有匹配时才能进行访问。

访问控制用于限定用户在网络中对资源所允许执行的动作（授权），这样，用户在通过身份鉴别后，并不一定就可以执行有关操作，还必须通过访问控制的识别，才能在网络内执行所授权的合法操作。

（1）访问控制政策

不同的访问控制措施可以通过制定相应的访问控制政策来实现。通常可归为三类：

①自主访问控制政策：由资源自主地规定各用户对它的直接访问权限，这种方法能够控制用户对资源的直接访问，但不能控制用户对资源的间接访问（利用访问的传递性）。具体的政策分为封闭式和开放式两种，前者规定所允许的访问动作，默认为不允许，后者刚好相反。

②强制访问控制政策：由一个授权机构为用户和资源分别制定固定的访问属性，且这些访问权限不能通过用户来修改。也就是说，拥有相应访问权限的用户可以访问对应的数据，从而避免自主访问控制方法中的访问传递问题。这种政策的缺点在于访问级别的划分合理性难于鉴别，且同级之间缺乏控制。

③基于角色的访问控制政策：这种方法是对上述两种方法的改进，它依据用户在系统中的作用来规范其访问权限，而这个作用（即角色）则被定义为与一个特定的活动相关的一组动作和责任。这种方法的特点在于：它提供三种授权管理的控制途径，可以通过改变资源的访问权限、改变角色的访问权限、改变用户的角色来实现访问控制；它具有提供最小权限的能力，按照角色的具体要求进行授权，不产生多余权限的分配；用户访问权限的管理具有层次性，方便授权控制；用户、权限、责任分离，不同角色的访问权限可以相互制约，提高安全性。

（2）防火墙

通常，可以采用防火墙技术实现网络的访问控制。作为网络之间的一种特殊的访问控制设施，防火墙用于隔离互联网的某一部分，限制它与互联网的其他部分之间的数据的自由流动，一般放置在网络的边界上，以期在不可靠的互联网中建立一个相对可靠的子网络。如果该子网存在多个与外部的连接链路，则需要设置多个相互协调的防火墙，从而实现对每个链路的控制。

防火墙可以分为三种类型：

①IP级防火墙，又称报文过滤防火墙，通常包含在路由软件中，在为IP报文进行转发前根据报文的源地址、目的地址及服务类型过滤报文。使用这种类型的防火墙时，子网内外的主机之间存在直接的IP报文交互，其连通性不受防火墙工作状态所影响。

②应用级防火墙，又称代理防火墙，其原理是用一台双穴主机来封堵网络内外的直接连接，为两端提供代理服务请求。一般用于某一特定的应用，由用户端的代理客户和防火墙端的代理服务器组成。使用户和服务器之间不发生直接的报文交换，但一旦防火墙不能工作时，则对应的网络服务也无法使用。

③链路级防火墙，其结构和组成类似于应用级防火墙，但它不针对专门的应用协议，而是一种通用的连接中继服务，通信双方不直接建立连接，而是借助该防火墙进行间接交互实现连接。

防火墙的使用是以额外的软、硬件设备和系统性能的下降为代价的，因此防火墙的设置取决于对网络的安全防卫要求和所能承受的经济能力，以及系统被攻破之后可能产生的后果的严重性。对于大型企业网络，一些主机有较好的安全管理，其安全水平则可能高于防火墙；而另一些主机的安全水平则可能低于防火墙。因此，是否设立防火墙取决于它所要保护的对象的性质。一般来说，防火墙适合于保护内部主机安全管理不严格的大型组织网络。

不同类型的防火墙的结构、原理和相关技术各不相同，可参阅有关计算机网络、安全等方面的资料。

2. 网络安全监测

随着互联网的普及，进入网络的计算机迅速增加，网络的入侵问题日益严重。所谓网络的入侵，指对接入网络的计算机系统的非法进入，即攻击者未经合法的手段和程序而取得使用该系统资源（包括处理能力）的权力。

网络的入侵具体表现为：攻击者取得进入系统或多次进入系统的能力；攻击者取得访问系统中资源的能力；攻击者取得在系统中运行自己的程序的能力等。网络入侵可能有多种目的，如取得使用系统的存储能力、处理能力及访问其存储的内容的权力，或作为进入其他系统的跳板，或破坏系统（导致系统崩溃或丧失服务能力）等。

除了网络入侵外，网络攻击的形式还有服务失效攻击和信息窃取攻击。所谓服务失效攻击，包括临时降低系统性能，使系统崩溃而需要人工重新启动和因数据永久性丢失导致较大范围的系统崩溃等三方面。所谓信息窃取，指攻击者获取不应该获得的信息。

进行网络安全监测是防范网络攻击的有效途径。通过使用网络安全监测工具，可以帮助系统管理员发现系统的漏洞，监测系统的异常行为，追查安全事件。安全监测功能包括能够独立运行的监测功能和需要其他功能触发的安全监测功能，而被触发的安全监测功能已经是安全的处理功能。

能够独立运行的安全监测功能主要有：

①基于网络的安全漏洞扫描功能：从外部仿照入侵者的行为，使用各种端口扫描工

具和其他针对具体安全漏洞的测试功能，对系统的安全状况进行分析。

②基于网络的安全事件监察功能：在网络上不断监听信息，分析可能发生的各种安全事件。这是目前许多安全监测系统的基本形式。

③基于主机的安全漏洞检查功能：用于查看系统内部的主要配置文件是否正确，主要文件、程序的权限是否正确。

④基于主机的安全状态检查功能：对安全状态进行定期检查。

⑤基于主机的安全监察功能：通过修改服务器等方式及时查看系统中的事件和状态。

⑥基于主机的安全事件记录功能：对系统的各种行为进行记录，并把它保存在日志中。

⑦陷阱功能：通过提供虚假的环境引诱攻击者上当。

需要触发的安全监测功能：

①安全追踪功能：用于实时监测到攻击时采用，可进行反向跟踪。

②安全事件分析功能：通过对日志进行分析，发现或获取有关信息。

③安全事件报警功能：及时报告所发生的安全事件。

④安全状态配置功能：对系统进行自动配置，以维持安全状态。

⑤安全状态修复功能：对系统的安全配置进行自动修改，以达到设定的要求。

本章小结

管理信息系统的正常运行与安全密切相关，在系统运行的过程中，存在着各种各样的风险和不安全因素。本章介绍了管理信息系统的控制和安全的概念以及有关方法、措施和技术，并着重讨论了网络安全技术和数据加密技术的原理和方法，有助于拓展信息系统开发过程中的安全知识与技术思路，提高管理信息系统的应用能力和水平。

习题

1. 用户权限控制应遵循的基本原则是什么？
2. 简述软件和数据安全性设计的基本思想。
3. 数据的加密方式有哪些？常用的加密方法有哪些？
4. 简述密钥的管理方法。
5. 什么是计算机网络安全？包括哪些内容？
6. 计算机系统中，如何控制用户对系统资源的访问？
7. 简述防火墙的三种类型。

第十章 管理信息系统应用

本章介绍了几种典型的管理信息系统，包括决策支持系统（DSS）、企业资源计划（ERP）、供应链管理系统（SCM）、客户关系管理系统（CRM）以及一些其他管理信息系统，如EIS、CIMS等，本章的重点内容是DSS和ERP。通过这些系统的介绍，帮助大家理解管理信息系统在实际应用中的功能与作用、适用的范围和层次。

学习目标

1.掌握决策支持系统的概念、结构等相关知识。
2.熟悉群体决策支持系统的概念与相关知识。
3.熟悉MRPⅡ的概念及相关流程。
4.掌握ERP的概念及应用。
5.了解SCM、CRM、EIS、CIMS的基本知识。

第一节 决策支持系统

一、决策支持系统的产生与发展

1.决策支持系统的产生背景

系统分析人员和信息系统本身都不是企图取代决策者去做出决策，支持决策者才是他们正确的地位。于是人们自然期望一种新的用于管理的信息系统，它可以为决策者提供一些切实可行的帮助。

20世纪70年代末以来，与完成这一任务相关的学科都有了长足的进步。运筹学模型已发展到完善的地步；数理统计方法及其软件的发展成熟；多目标决策分析突破了单一的效用理论的框架；人工智能方面的知识表达，技术、专家系统语言及智能用户界面的发展；小型、高效率、廉价的微机及工作站的出现；数据库及其管理系统的发展；各类软件开发工具的应用等均为广泛地研制和应用DSS提供了良好的技术准备和物质准备。

2.决策支持系统的发展

1971年Scott Morton在《管理决策系统》一书中第一次指出计算机对于决策的支持作用，当时对于行为科学的研究开始成为一个很活跃的技术研究领域。1978年到1988年，DSS得到了迅速的发展，它已成为一个非常流行的名词术语，只要是为管理服务的软件，都被冠以DSS。但是什么是DSS？至今仍没有一个学术界公认的严格定义。

近年来，专家系统的研究发展很快，它给DSS注入了新的活力，增强了DSS系统的主动功能，例如知识库的组织和推理。目前，如何让机器和人一起完成一系列信息处理活动，仍然是DSS研究的重要目标。在未来的若干年中，DSS除了涉及与计算机有关的技术之外，将进一步涉及人工智能技术，例如在人机界面上的自然语言理解和处理。

二、决策支持系统的概念

1.决策支持系统的定义与特征

（1）决策支持系统的定义

决策支持系统的概念虽然于20世纪70年代初期已经出现，但由于它是一种新型的不断扩充与发展的系统，其确切概念或定义始终处于争论和探讨之中。其中，DSS与MIS两者间的关系就一直引起很多专家的争论。在信息技术界存在着各种学派之争，他们各自持有明显不同的看法，常见的看法有以下几种：

①DSS是由MIS渐进发展而达到的高级阶段，MIS是DSS的一部分（Alter， Finlay）。

②MIS包含运用模型分析数据辅助决策功能，DSS是MIS的一部分（Hall）。

③DSS与MIS是统一的信息系统的两个不同的、互相联系和互相区别的组成部分。

④DSS与MIS是计算机应用于管理工作中的两个不同发展阶段（Keen&Scott Morton，Sprague）。

⑤DSS和MIS没有区别，只不过是从不同的角度，以不同的观点来研究决策活动的，因此只是一个名词的不同（Naylor）。

⑥DSS是多年来计算机在管理的实际应用中发展起来的一项独立的新技术，主要用于支持决策活动。

直到现在，仍然没有一个学术界公认的关于DSS的定义。我们认为，对于尚未有公论的领域，拘泥于严格的定义没有必要，只能结合目前公认的说法给予一般性的描述。基于此，本书给出一个具有参考性的定义。

决策支持系统是为决策者提供有价值的信息及创造性思维与学习的环境，能够帮助决策者解决半结构化和非结构化决策问题的交互式计算机系统。

从根本上说，决策支持系统主要是在支持决策能力上的突破。它的结构能使计算机加工信息的能力与决策者的思维和判断能力结合起来，从而解决更为复杂的决策问题。因此，DSS是管理人员大脑的延伸，提高了决策的有效性。同时DSS只能起到“支持”作用，不能代替决策者，只是由管理人员或决策者控制下的一个辅助决策的工具。它不需要预先指定目标，自动完成全部决策过程，通过人机对话方式帮助决策者解决所面对的复杂的半结构化和非结构化决策问题。

但由于实际工作的复杂性，DSS与MIS两种类型的信息系统往往难以截然分开。例如，某个库存管理系统既包括日常报表的生成，又包括库存资金的分析预测，实际上是DSS与MIS两者功能的结合。本章我们谈的DSS，大都指的是以决策辅助功能为主的信息系统。

（2）决策支持系统的特征

决策支持系统的特征实际上表现在与其他不同类型系统（如TPS和MIS）的区别上。我们把DSS的特征归纳如下：

①对决策者提供支持，而不是代替他们的判断。

②支持解决半结构化和非结构化决策问题。

③支持决策过程的各阶段。

④支持决策者的决策风格和方法，改善个人与组织的效能。

⑤支持所有管理层次的决策，可进行不同层次间的沟通和协调。

⑥易于被非计算机专业人员以交互对话方式使用。

⑦要由用户通过对问题的洞察和判断来加以控制。

⑧强调对环境及用户决策方法改变的灵活性及适应性。

（3）决策支持系统与管理信息系统的关系

由于DSS是在MIS的基础上发展起来的，因此DSS与MIS既有密切的联系，又有明显的区别。

DSS与MIS的联系主要表现在：

①MIS收集、存储及提供的大量基础信息是DSS工作的基础，而DSS使MIS提供的信息真正发挥作用。

②MIS需要担负起反馈信息的收集工作，以支持DSS进行决策后果的检验和评价。

③DSS的工作可以对MIS工作进行检查与审计，为MIS的改善及提高指明了方向。

④经过反复使用，DSS所涉及的问题模式和数据模式将逐步明确化或逐步结构化，从而可纳入MIS的工作范围。

DSS与MIS的区别主要表现在：

①MIS追求的目标是高效率（efficiency），即设法将事情办得快一些，以提高管理效率；而DSS所追求的目标是高效能（effectiveness），即想办法把事情办得尽可能好一些，以提高决策的能力和效果。

②MIS着眼于信息，即着重考虑如何完成例行业务活动中的信息处理任务；而DSS着眼于决策，即着重考虑如何根据决策问题的需要，为决策者提供有价值的信息。

③MIS的设计思想是实现一个相对稳定协调的工作系统；而DSS的设计思想是实现一个具有巨大发展潜力的、适应性强的开放系统。

④MIS的设计原则是强调系统的客观性，努力使系统设计符合组织的实际情况；而

DSS的设计原则是强调充分发挥人的经验、智慧、判断力和创造力，努力使系统设计有利于个人或组织决策行为的改善。

⑤MIS的设计方法是以数据驱动的，通常以数据库设计为中心，并且强调采用线性的、结构化设计方法；而DSS的设计方法是以问题驱动的，重视解决问题的决策模式研究与模型使用，并且侧重采用以用户参加为主的、非线性的、自适应设计方法。

⑥MIS分析着重体现系统全局的、总体的信息需求；而DSS的分析着重体现决策者个人（或群体与组织）的信息需要。

⑦MIS着重考虑符合组织现状；而DSS则强调面向未来，即强调对未来发展的研究。

⑧MIS只能解决结构化的决策问题，并且人工干预日趋减少；而DSS能够帮助解决的是半结构化和非结构化的决策问题，并且是以人机对话为系统工作的主要方式。这一点是MIS与DSS的主要区别。

从根本上来说，决策支持系统主要是在支持决策能力上的突破。它的结构能使计算机加工信息的能力与决策者的思维、判断能力结合起来，从而解决更为复杂的决策问题。在整个决策过程（包括决策制定与决策执行的各个阶段）中，无论在范围上还是在能力上，DSS都是管理人员大脑的延伸，它帮助管理人员提高了决策的有效性。

因此，DSS与MIS目标一致，起点不同，DSS的目标是MIS本来就要追求的目标之一，只是这个目标的具体实现是在DSS的名义之下而已。从发展的观点看，可以将DSS看作是MIS的高级阶段或高层分系统。但为了有利于做深入的专门研究，为了满足组织管理决策现代化与科学化的迫切需要，针对性地做DSS的专门开发与应用也是可行的。

2.决策支持系统的功能

一般说来，决策支持系统的功能主要体现在它支持决策的全过程，特别是对决策过程各阶段的支持能力。Meador，Keen和Guyote的研究表明，多数DSS具有以下八项功能：

（1）决策目标、参数和概率的规定

相当于决策过程的形成问题和建模，需要有容易使用的用户界面、非程序化建模语言、概率函数、目标搜索和模拟能力。

（2）数据检索和管理

相当于决策过程的收集和分析数据，能够建立多维数据结构、数据字典和数据库。具有数据文件合并、交互式数据录入和编辑、与其他用户或系统间进行数据传输，以及数据安全与完整性维护管理功能（较好的数据库管理系统具有这些管理功能）。

（3）决策方案的生成

相当于决策过程的方案形成，具有“如果……则……”（What if）和敏感性分析功能。

（4）决策方案后果的推理

相当于决策过程的方案模拟，能够自动求解联立方程，具有“IF…THEN…ELSE”的建模语言和逻辑推理机制，具有各种数学库函数、预测与时序分析函数及影响分析函数。

（5）语言、数值和图形信息的显示和接受

相当于决策过程的建立人机交互对话，显示和接受用户命令。具有统计函数和程序，灵活有力的报表格式化和图形处理、合并能力及自然语言用户界面等。

（6）方案后果的评价

相当于决策过程的方案比较、评价和选择，具有经济评价功能、优化功能和风险分析功能。

（7）决策的解释和执行

相当于决策过程的方案实施，具有根据模型（用命令和建模语言表示）方便求解的标准化程序和逻辑算法，灵活有力的报表格式化和图形处理功能。

（8）战略的构成

相当于决策过程的决策情景分析、问题解决和战略研究，具有包含业务知识和推理规则的机内辅助存储（即知识库），能够辅助问题解决和战略研究。

这些功能中的大部分是一般的DSS功能，而（5），（8）两项需要一定的人工智能技术才能实现（当然，人工智能中的大部分技术也能用于其他各项）。也就是说，人工智能技术能够扩充DSS的功能，特别是那些复杂的功能。

为了实现这些功能，DSS本身需要具有各种数据处理、模型生成、方法调用、模拟分析、报表和图形生成，以及知识推理等技术能力和软、硬件环境（包括计算机、图形显示器、输出/输入设备、通信网络、数据库以及其管理系统，各种语言及工具等）的支持。

3.决策支持系统的分类方法

决策支持系统通常按系统的特性及其应用状况进行分类。例如该系统支持哪些管理层次，支持哪种决策类型，侧重支持哪些方面，支持的深度与广度如何等，都可作为系统分类的出发点。下面我们介绍三种常见分类方法。

（1）按支持层次分类

决策支持系统可以支持组织中的各个管理层次。根据各管理层次决策任务的不同，系统可以划分为：

①战略规划决策支持系统：这是用于高层管理决策的。

②作业控制（或调度指挥）决策支持系统：这是用于操作层管理决策的。

（2）按支持的决策类型分类

一些信息专家，如Keen和Hackathorn列举了三种决策类型：

①独立的：一个决策者应具有充分的职权以做出完全的、可以实现的决策。

②顺序的相互依赖：一个决策者做出部分决策之后，将其结果传送给其他决策者，本人只完成决策的一部分。

③合作的相互依赖：决策由几个决策人共同研究，协商做出。

针对这些决策类型，可以将决策支持系统相应地划分为：

①个人决策支持系统。

②组织机构决策支持系统，又叫分布式决策支持系统。

③群体决策支持系统。

（3）按照决策支持系统本身的功能分类

我们可以把决策支持系统分为专用决策支持系统、决策支持系统工具和决策支持系统成生器。

专用决策支持系统（Special Decision Support Systems，SDSS）是指专门针对某种问题的决策支持系统，如专用于电站投资的支持系统，专用于某地区货运汽车调度的决策支持系统等。

决策支持系统工具（Decision Support System Tools，DSST）是指一些工具，如某种语言、编辑程序、管理程序等。

决策支持系统生成器（Decision Support System Generator，DSSG）是通用决策支持系统。实际上由于决策的复杂性，决策涉及面太大，我们不可能建造一个通用的决策支持系统，而只可能建造一个生成器。这个通用生成器可以生成各种决策支持系统，所以它是通用的。因此它不是那么直接，必须还要生成。DSSG可以帮助决策者快速而容易地建立专用决策支持系统。

SDSS，DSST和DSSG的关系可用图10.1表示。

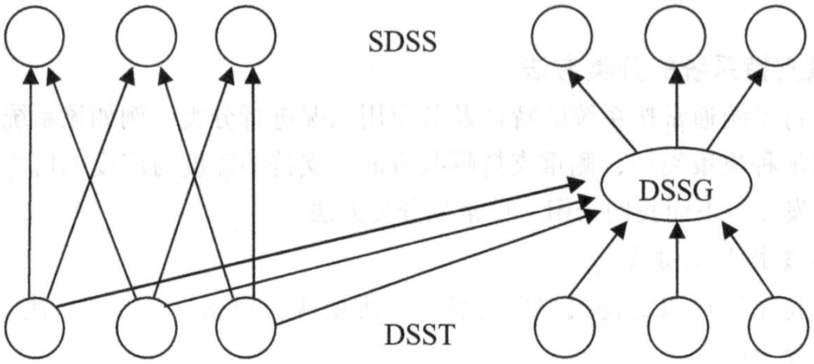

图10.1 DSS的三个技术层次

三、决策支持系统的结构和组成

系统的功能主要由系统结构决定，具有不同功能特色的DSS，其系统结构也不相同。历史上，专家学者们提出了多种DSS的框架结构，目前DSS的系统结构大致有两大类：一类是以数据库、模型库、方法库、知识库及对话管理等子系统为基本部件构成的多库系统结构；另一类是以语言系统、问题处理系统和知识系统为基本部件构成的系统结构。

1.决策支持系统的系统模式和基本结构

决策支持系统的系统模式和基本结构如图10.2所示。

完整的DSS系统模式可以表示为DSS本身以及它与“真实系统”、人和外部环境的关系。管理者（决策者）处于核心位置，他运用自己的知识，把他和DSS的响应输出结合起来对他管理的“真实系统”进行决策。管理者往往需要辅助人员的帮助。对一个真实系统而言，提出的问题和操作的数据是输入信息流，而人们的决策则是输出信息流。图的右边即为DSS，由模型库系统、数据库系统和人机交互系统等组成。决策者运用自己的知识和经验，结合DSS响应的输出，对他所管理的“真实系统”进行决策。

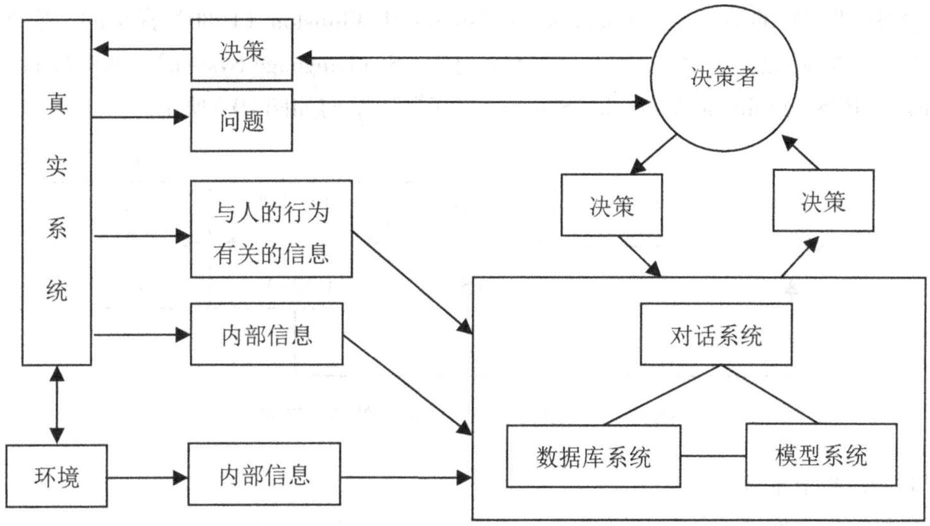

图10.2 决策支持系统的系统模式和基本结构

决策支持系统是三个子系统的有机结合，即对话部件（人机交互系统）、数据部件（数据库管理系统和数据库）、模型部件（模型库管理系统和模型库）的有机结合。

（1）人机对话部件

人机对话部件是决策支持系统与用户之间的交互界面。用户通过“人机交互系统”控制决策支持系统的运行，决策支持系统既需要用户输入必要的信息（用于控制）和数据（用于计算），同时要向用户显示运行的情况以及最后的结果。人机对话部件包括提供形式多样的显示和对话形式、输入输出转换、控制决策支持的有效运行等功能。

（2）数据部件

数据部件包括数据库和数据库管理系统。数据库用来存储大量数据，数据库由数据库系统来管理和维护。

（3）模型部件

模型部件由模型库和模型库管理系统组成。模型库用来存放模型，模型不同于数据，它总是以某种计算机程序形式表示，如数据、语句、子程序甚至对象等。这种物理形式在模型库中具体为：模型名称及相关的计算机程序，模型功能的分类，模型的输入输出数据，控制参数等属性。它可用类似于数据的形式表示出来。模型还有其动态形式，可以某种方法运行，进行输入、输出、计算等处理。

模型库管理系统管理模型库，主要功能有：模型库的建立、删除，模型字典的维护；模型的添加（登录模型的有关属性）、删除、检索、统计等；有关模型的各种计算机程序（如源程序、执行程序等）的管理和维护；控制模型的运行；负责模型与数据库部件之间的联系，在模型运行时，规定输入输出数据的来源及去向，并同数据库管理系统进行数据交换。

2. “用户界面—知识—问题处理”框架结构

这种框架结构的前身是由Bonezek、Holsapple和Whinston（1980）提出的。它包含语言、知识和问题处理三个子系统，分别记为LS（Language System）、KS（Knowledge System）和PPS（Problem Processing System），其框架结构如图10.3所示。

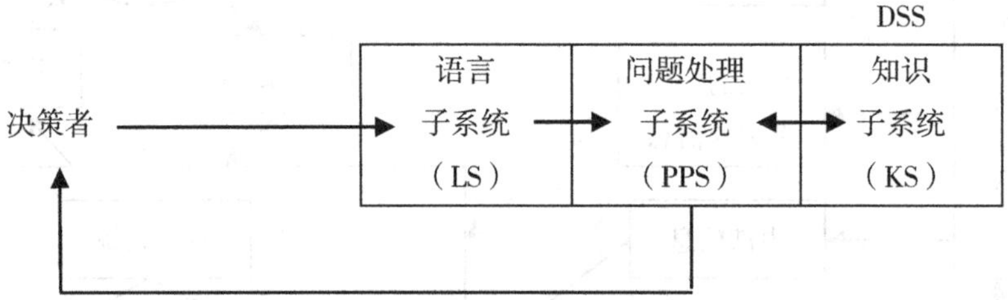

图10.3 “语言—知识—问题处理”框架

（1）语言子系统

提供给决策者与DSS通讯的桥梁。它用来将决策者的意图传送给DSS。该子系统的特征体现在提供给决策者的句法以及决策者所允许使用的语句、命令或表达式。也就是说，它提供一种陈述问题的语言，帮助决策者表述问题和使用DSS这个工具。

（2）知识子系统

知识子系统包括DSS中有关问题领域的大量事实和相关知识。最基本的知识系统由数据文件或数据库组成。数据库的一条记录表示一个事实，它按一定的组织方式进行存储。

更广泛的知识是对问题领域的规律性描述。这种描述用定量方式将其表示为数学模型。数学模型一般用方程、方法等形式描述客观规律。这种形式的知识可以称为过程性知识。随着人工智能技术的发展，对问题领域的规律性知识用定性方式描述，一般表现为产生式规则。除了数理逻辑中的公式、微积分公式等这种精确知识外，一般表现为经验性知识。由于经验性知识是非精确知识，这就大大扩展了解决问题的能力。

（3）问题处理子系统

该子系统是语言子系统的问题表示和知识子系统的知识表示之间的一个中间处理器，它能接收语言子系统中关于问题的表示并操纵或处理知识子系统中的知识，从而产生一些恰当的响应信息来支持决策过程。这些支持信息要从问题处理子系统传送给决策者。

四、群体决策支持系统

1.群体决策支持系统的概念与需求

早在1981年关于DSS的第一次国际会议上，Keen就指出：现今设计DSS所依据的管理决策模型都是假定只有单一的决策者独立进行决策，而实际上只有很少的情况才是如此，绝大多数情况都是在很多人参加并反复讨论之后才能做出决策。决策者通常要花费很多时间研究不同方面专家的意见，甚至是互相冲突的意见来做出自己的判断。由DSS给出的输出结果（某一决策方案），还是要经过若干管理人员再次讨论研究。因此，有的专家如Stohr和Huber认为，不如将包括有关管理人员在内的群体研究过程纳入到DSS范围内，在DSS内部直接支持群体决策。这就是群体决策支持系统（Group Decision Support Systems，GDSS）的来源。

（1）群体决策支持系统的定义

群体决策支持系统是指这样的决策支持系统，在其设计、结构和用途中都反映出群体的各个成员相互影响并且做出特定决策的决策方式。群体决策支持系统支持的群体决策过程包括沟通，文件共享，构造群体活动的模型，集成多人观点为群体观点，以及涉及群体交互活动的其他一些功能。

（2）群体决策支持系统的作用

普通决策支持系统只能用于支持个人的决策过程。这种个人决策支持系统是不能支持需要沟通和协作，以及共同求解问题的多人系统使用的。群体决策支持系统在工作中的应用正变得日益重要。

群体决策支持系统的基本功能有以下几点：

①通过加强通信，消除了差异；通过限制不必要的感情式相互作用，控制、协调参与者的关系。

②提高讨论者的地位和结论的公正性。

③系统的实施可以是永久性的（稳定和正式的程序集合）或暂时性的（必要时才使用的系统）。

群体决策支持系统的技术功能主要有以下几点：

①对决策过程中的数据信息交流的控制。

②自动选择合适的群体决策技术。

③对可行的决策方案进行分析计算和解释。

④如果群体决策无法得出一致的意见，则讨论个体决策差异或提出重新定义问题的建议。

2.群体决策支持系统的层次

按照为群体成员提供支持的不同，可以将GDSS分为三个层次。

（1）过程支持

过程支持的目的是减少或消除通信障碍。这类系统支持的项目有群体成员之间的电子信息；连接各群体成员PC的网络，协助者，公共屏幕，数据库等；在各群体成员的PC上有公共的屏，或在中央位置有所有成员可观看的屏幕；匿名输入意见和投票，有助于愿意采用匿名方式的群体成员参与；主要支持诱导各群体成员发表意见或投票，鼓励参与和诱导创造性；概要地显示意见和观点，包括统计概要信息和投票结果的显示；可以帮助群体形成各成员通过的会议议程，帮助组织会议；议程和其他信息的连续显示，使会议按议程进行等。

（2）决选支持

在决策支持层次，软件可以增加决策分析的能力，且可通过提供系统的方法，减少群体决策过程中的不确定性。这些方法和模型包括计划和财务模型、决策树、概率评估模型、资源分配模型和社会评价模型等。

（3）次序的规则

这一层涉及控制群体决策过程的时间、内容或信息形式。在该层次中，加入包含次序规则的专门软件，如某些规划能够确定讲话的次序，确定选举的规则等。

五、智能决策支持系统

1.智能决策支持系统的产生

随着人工智能技术的发展，决策支持系统也开始变得越来越智能。因此，智能决策支持系统（Intelligence Decision Support System，IDSS）是人工智能（AI，Artificial Intelligence）和DSS相结合，使DSS能够更充分地应用人类的知识，通过逻辑推理来帮助解决复杂决策问题的辅助决策系统。

2.智能决策支持系统的系统结构

较完整与典型的IDSS结构是在传统三库DSS的基础上增设知识库与推理机，在人机对话子系统中加入自然语言处理系统，在四库之间插入问题处理系统而构成的系统结构。

（1）问题处理系统

问题处理系统处于IDSS的中心位置，是联系人与机器及所存储的求解资源的桥梁，主要由问题分析器与问题求解器两部分组成。

①问题分析器：转换产生的问题描述，由问题分析器判断问题的结构化程度，对结构化问题选择或构造模型，采用传统的模型计算求解；对半结构化或非结构化问题则由规则模型与推理机制来求解。

②问题求解器：IDSS中最活跃的部件，它既要识别与分析问题，设计求解方案，还要为问题求解调用四库中的数据、模型、方法及知识等资源，对半结构化或非结构化问题还要触发推理机做推理或新知识的推求。

（2）知识库子系统

知识库子系统的组成可分为三部分：知识库管理系统、知识库及推理机。

①知识库管理系统。其功能主要有两个：一是回答对知识库知识增加、删除、修改

等知识维护的请求；二是回答决策过程中问题分析与判断所需知识的请求。

②知识库。知识库是知识库子系统的核心。知识库中存储的是决策专家的决策知识和经验知识，同时也包括一些特定问题领域的专门知识。

③推理机。针对用户问题，应用规则和事实从已知事实推出新事实的组件。

3.智能决策支持系统的分类

按照智能决策方法，可以把IDSS分为三类，即基于人工智能的IDSS、基于数据仓库的IDSS和基于范例推理的IDSS，IDSS的一般结构如下图10.4所示。

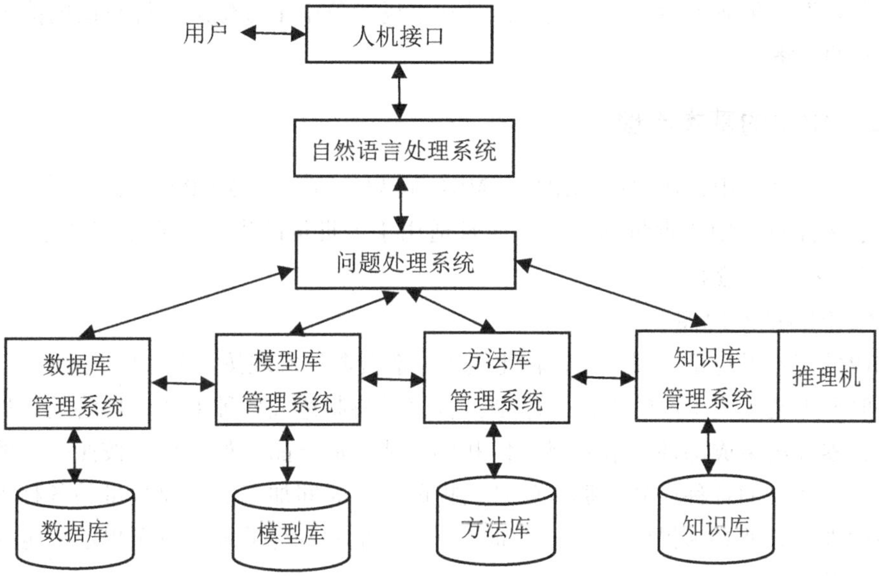

图10.4 IDSS结构图

第二节 企业资源计划

一、ERP发展历程

20世纪60年代的制造业为了打破传统发出订单和催办的计划管理模式，设置了安全库存量，为需求与订货提前提供了缓冲。进入到70年代，企业的管理者们已经清楚地认识到，真正需要的是有效的订单交货日期，因而产生了对物料清单的管理和利用，形成了物料需求计划（Material Requirements Planning，MRP）。到了80年代，企业的管理者们又认识到制造企业必须有一个集成的计划，以便解决阻碍企业生产的各种问题。要求以生产与库存控制的集成方法来解决问题，而不是以库存来弥补或者以缓冲时间的办法来补偿，这时制造资源计划（Manufacturing Resource Planning，MRPⅡ）产生了。之所以使用MRPⅡ的名称，是为了与MRP的名称相区别。90年代以来，随着科学技术的进步及其不断向生产与控制方面的渗透，解决合理库存与生产控制问题所需要处理的大量信息和企业资源管理的复杂化，要求信息处理的效率更高。传统的人工管理方式已经难以适应以上的系统，这时只能依靠计算机来实现，且信息的集成度要求扩大到企业的整个资源的利用和管理，因此产生了新一代的管理理论和计算机信息系统，这就是ERP。

ERP是当今国际上先进的企业管理模式，其主要思想是对企业所有的人、财、物、信息等资源进行综合平衡和优化管理，面向全球市场协调企业中的各个管理部门，围绕市场导向开发各种业务活动，使企业在激烈市场竞争中全方位地发挥自己的能力，从而取得最好的经济效益。

二、MRP的基本原理

不论在MRPⅡ中，还中在ERP中，MRP都是核心内容。MRP有广泛的适应性，它不仅适用于多品种、中小批量的生产，而且适用于大批量的生产。它不仅适用于制造业，还适用于某些非制造业。

1.MRP的基本思想

MRP的基本思想是：围绕物料转化组织制造资源，实现按需要准时生产。

一般加工装配式生产的工艺顺序是：将原材料制造成各种毛坯，再将毛坯加工成各种零件，零件组装成部件，最后将零件和部件装配成产品。如果要求按照一定的交货时间提供不同数量的各种产品，那么就必须提前一定时间加工所需要数量的各种零件；要加工各种零件，就必须提前一定时间准备所需数量的各种毛坯，直至提前一定时间准备各种原材料。

实际上，物质资料的生产是将原材料转化为产品的过程。对于加工装配式生产来说，如果确定了产品出产数量和部件的生产周期，就可以按照产品的结构确定产品的所有零件和部件的数量，并且可以按照各种零件和部件的生产周期，反推出他们的出产时间和投入时间。

2.库存订货点理论

早在20世纪30年代初期，企业控制物料的需求通常采用控制库存物品数量的方法，为需求的每种物料设置一个最大库存量和安全库存量。最大库存量是为库存容量、库存占用资金的限制而设置的，安全库存量也叫最小库存量，意思是说物料的消耗不能小于安全库存量。由于物料的供应需要一定的时间（即供货周期，如物料的采购周期、加工周期等），因此不能等到物料的库存量消耗到安全库存量时才补充库存，而必须有一定的时间提前量，即必须在安全库存量的基础上增加一定数量的库存。这个库存量作为物料订货期间的供应量，应该满足这样的条件：当物料的供应到货时，物料的消耗刚好到了安全库存量。这种控制模型必须确定两个参数：订货点与订货批量，见图10.5。

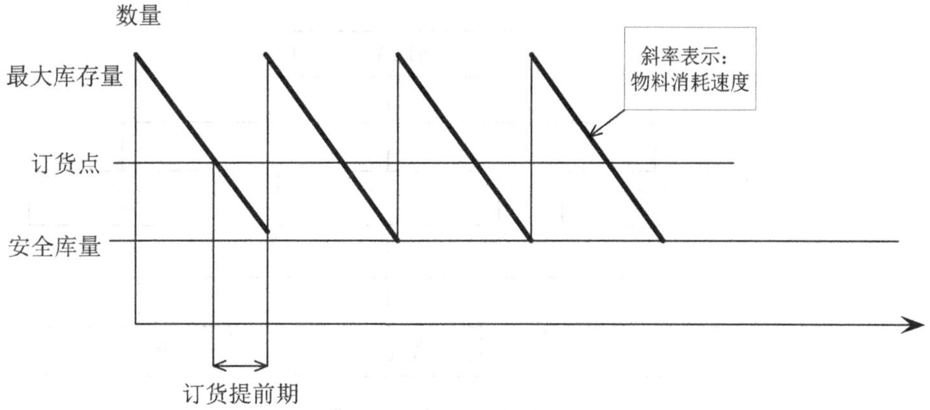

图10.5 订货点与订货批量

这种模型在当时的环境下起到了一定的作用，但是随着市场的变化和产品复杂性的增加，它的应用受到一定的限制。下面是订货点应用的条件：

①物料的消耗相对稳定。

②物料的供应比较稳定。

③物料的需求是独立的。

④物料的价格不是太高。

3.物料需求计划理论

订货点控制法受到众多条件的限制，而且不能反映物料的实际需求，往往为了满足生产需求而不断提高订货点的数量，从而造成库存积压，库存占用的资金大量增加，产品成本也就随之变高，导致企业缺乏竞争力。20世纪60年代，IBM公司的约瑟夫·奥利佛博士提出了把物料的需求分为独立需求与相关需求的概念。在此基础上，人们形成了“在需要的时候提供需要的数量”的重要认识。理论的研究与实践的推动，发展并形成了物料需求计划理论，也即基本的MRP。这种思想提出物料的订货量是根据需求来确定的，这种需求应考虑产品的结构，即与产品结构中物料的需求量是相关的。

企业生产产品可以说是从原材料的购买开始的，也就是说，任何产品最终都由原材料构成。原材料经过一定的加工，发生物理和化学变化，然后经过组装和配制形成产品的组件，也即中间件，再通过一定的加工（组装等）形成最终产品。产品的结构与产品的复杂程度有关，有的产品由成千上万个零部件组成，如飞机、火箭、轮船、汽车等；有的比较简单，如镜子、文具盒、圆珠笔等。圆珠笔的组成如图10.6所示。

顶层是最终产品（是指生产的最终产品，但不一定是市场销售的最终产品），最下层是采购件（原材料），笔芯是中间件。这样就形成了一定的结构层次。在直接构成的上下层关系中，把上层的物料（组件）称为母件（有时称为父件），下层的构件都称为该母件的子件。因此，处于中间层的所有物料（组件、部件），既是其上层的子件，又是其下层的母件。由于产品构成的层次性，产品的生产和组装就存在一定的顺序。假设该产品生产的各层零部件的制造时间周期如下表10.1所示。

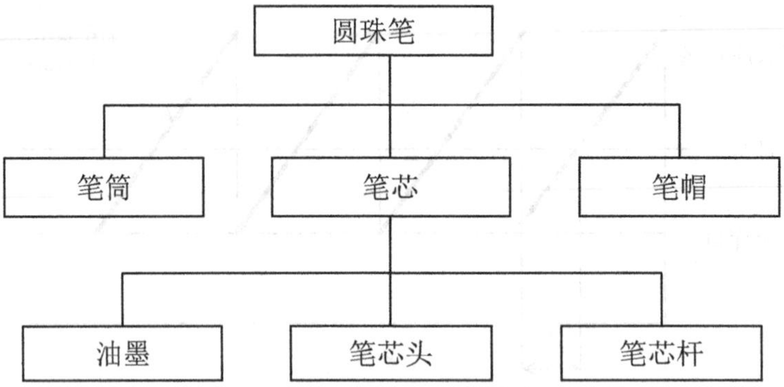

图10.6　圆珠笔组成

表10.1　产品加工周期

物料名称	产品结构层次	构成数量	采购提前期(h)	单件加工周期(h)	总加工周期(h)	总提前期(h)
油墨	2	5g	6	—	—	—
笔芯头	2	1个	6	—	—	—
笔芯杆	2	1支	8	—	—	—
笔芯	1	1支	—	3	3	11
笔筒	1	1个	8	—	—	—
笔帽	1	1个	8	—	—	—
圆珠笔	0	1支	—	5	8	16

换算成时间坐标表示就非常直观了，如图10.7所示。

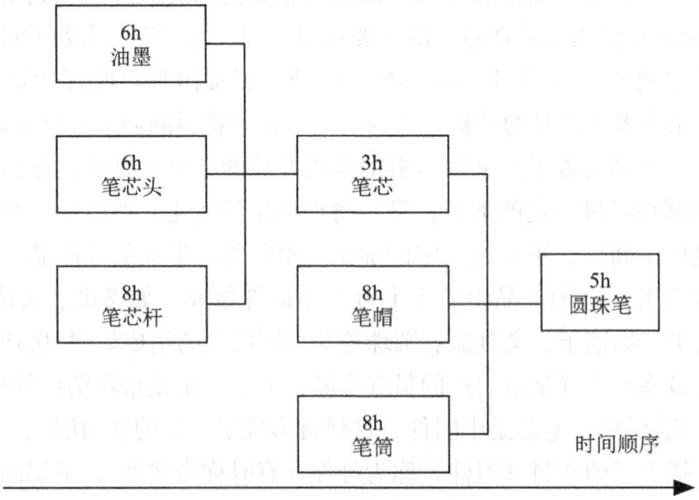

图10.7　产品加工周期时间坐标

从表10.1和图10.7中可以看出，要完成该产品，必须提前16个小时进行采购计划，也就是产品的累计提前期为16个小时（但不是产品的工时）。可以看出，由于产品各层次需求时间不同，这就需求“在需要的时候”，“提供需要的数量”。产品结构是多层次和树状结构的，其最长的一条加工路线就决定了产品的加工周期。这个原理也就是网络计划中的关键路径法原理。在对产品及各层次安排生产时，应按照产品需求的日期和时间往低层次安排，也就是倒排计划，即从确定各层次物料的最迟完工与最迟开工时间开始。因此，在制订物料需求计划时，需要考虑产品的结构，得出需求后，才考虑物料的库存（含在制品）数量，再得出各层次物料实际需求量。其中最终原材料就是采购的需求量，中间件就形成了生产的加工计划，可以用简化的逻辑流程图来表示，如图10.8所示。

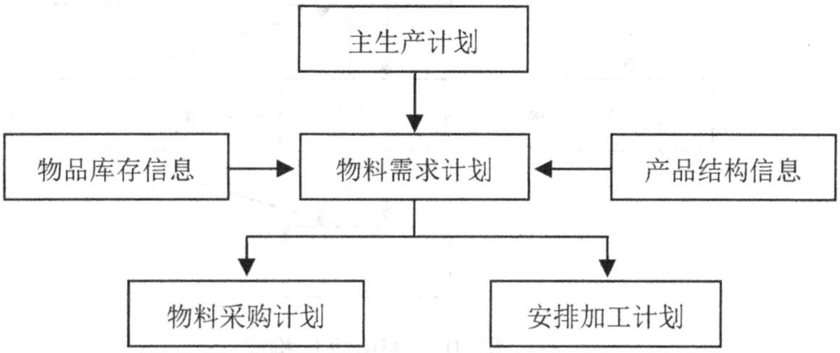

图10.8 产品计划逻辑流程图

三、制造资源计划（MRPⅡ）

MRPⅡ是制造资源计划的简称，它是以物料需求计划（MRP）为核心，覆盖企业生产活动所有领域，有效利用资源的生产管理思想与方法的人机应用系统。

1.MRPⅡ的形成与发展

MRP系统建立在两个假设的基础上，一是生产计划是可行的，即假定有足够的设备、人力和资金来保证生产计划的实现；二是假设物料采购计划是可行的，即有足够的供货能力和运输能力来保证完成物料供应。但在实际生产中，能力资源和物料资源总是有限的，往往会出现生产计划无法完成的情况。因而，为了保证生产计划符合实际，必须把计划与资源统一起来，以保证计划的可行性。后来的研究者在MRP的基础上增加了能力需求计划，使系统具有生产计划与能力的平衡过程，形成了闭环MRP，进而又在闭环MRP的基础上增加了经营计划、销售、成本核算、技术管理等内容，构成了完整的企业管理系统——制造资源计划。

从MRPⅡ的发展过程可见，它是随着计算机技术和管理理论的发展不断完善和提高的。近20年来，国外已有数万个企业建立并运行了MRPⅡ系统，我国开发应用MRPⅡ的单位也在迅速增加，形成了有中国特色的MRPⅡ产品。

MRPⅡ利用计算机网络把生产计划、库存控制、物料需求、车间控制、能力需求、工艺路线、成本核算、采购、销售、财务等功能综合起来，如图10.9所示，实现企业生产的计算机集成管理，全方位地提高了企业管理效率。

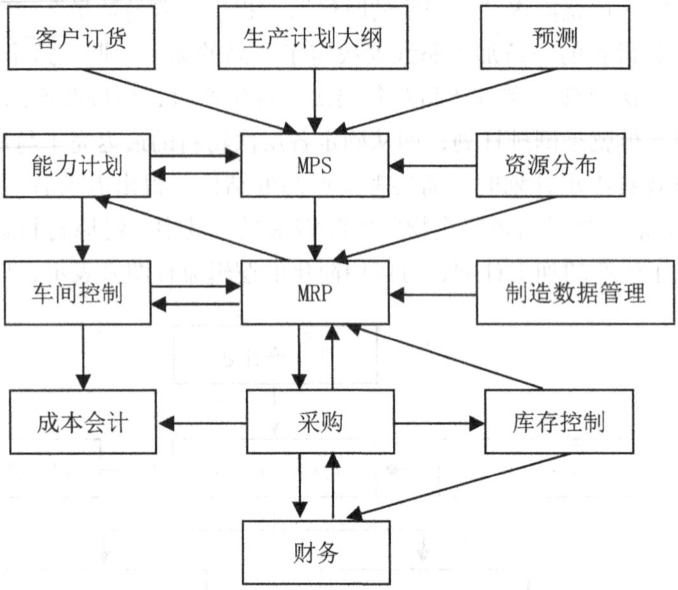

图10.9　MRP Ⅱ的构成

综上所述，MRP Ⅱ系统是将现代化的管理方法与手段相结合，对企业生产中的人、财、物等制造资源进行全面控制，以达到最大的客户服务、最小的库存投资和高效的工厂作业为目标的集成信息系统。

2.MRP Ⅱ系统的工作原理

MRP Ⅱ系统是站在整个企业的高度进行生产、计划及一系列管理活动的，它通过对企业的生产经营活动做出有效的计划安排，把分散的工作中心联系起来进行统一管理。因而，MRP Ⅱ是将企业的生产、财务、销售、技术管理等子系统综合起来的一体化系统，各部分相互联系，相互提供数据。成本核算要利用库存记录和生产活动记录；供应计划是建立在生产计划上的按需供应；生产计划的制订要依赖于销售计划与生产计划大纲；能力平衡过程是各工作中心的可用能力与生产计划中的能力需求的平衡过程；设计部门不再是孤立的，而是与各项生产活动相联系；产品结构成为控制计划的重要方面，财务成本核算可及时进行，而不是事后算账。MRP Ⅱ系统通过这样一个过程，实现了对企业经营活动的全面控制和管理。

MRP Ⅱ的核心在于各级计划系统。计划是为实现一定的目标而制定的行动方案；控制是为保证计划的完成而采取的措施。在MRP Ⅱ中，计划从粗到细，从长期到短期，从一般到具体分为五个层次，如图10.10所示。计划人员也从最高决策层到普通工人分为不同的层次。

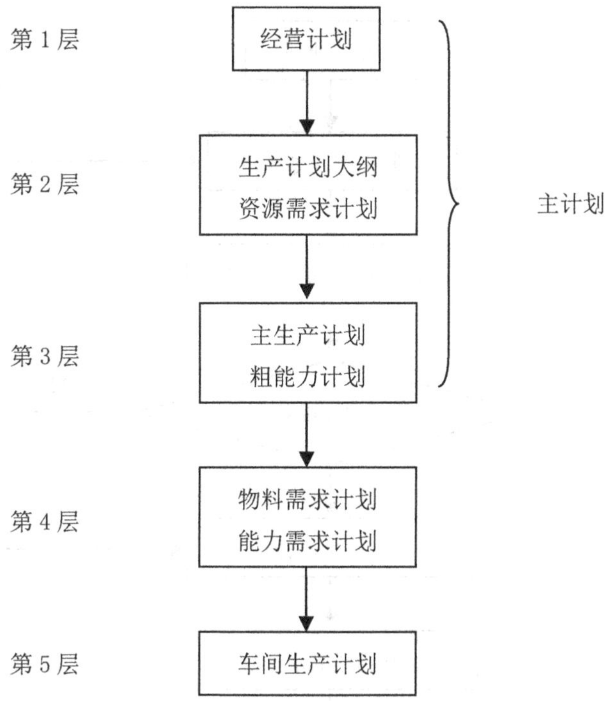

图10.10 MRP中计划与控制的层次

①企业的经营计划是计划的最高层次，是企业目标的具体体现，企业的最高决策层根据市场调查和需求分析、国家政策、企业资源能力和历史状况、竞争对手情报等有关信息，制定企业的中长期发展规划。它包括未来2～7年内，企业产品的品种、市场份额、产品年销售额、年利润、生产率等。经营计划的制订要考虑现有资源及未来可获得的资源，具有较大的预测成分。经营计划是以下各层计划的基础。

②生产计划大纲的任务是根据经营计划，确定未来1～3年内，每年、每月生产多少，需要哪些资源。

③主生产计划以生产计划大纲为依据，把最终产品的数量和交货期分布在每一时间段上，并在生产计划与可用能力之间做出平衡。

以上三层统称为主计划。

④物料需求计划是根据最终产品的数量和交货期，计算零部件及材料的需求数量及时间，直至自制件的制造订单下达之日期和采购订单发放日期，并做出可用资源与资源需求间的进一步平衡。

⑤车间作业计划根据MRP生成的零部件生产计划编制工序排序计划。

五个层次中，都是从不同的角度解决生产管理中三个共同的问题：确定制造的目标；确定制造的资源；协调能力需求与可用能力的差距。

MRPⅡ中计划的编制过程可由图10.11概括表示：

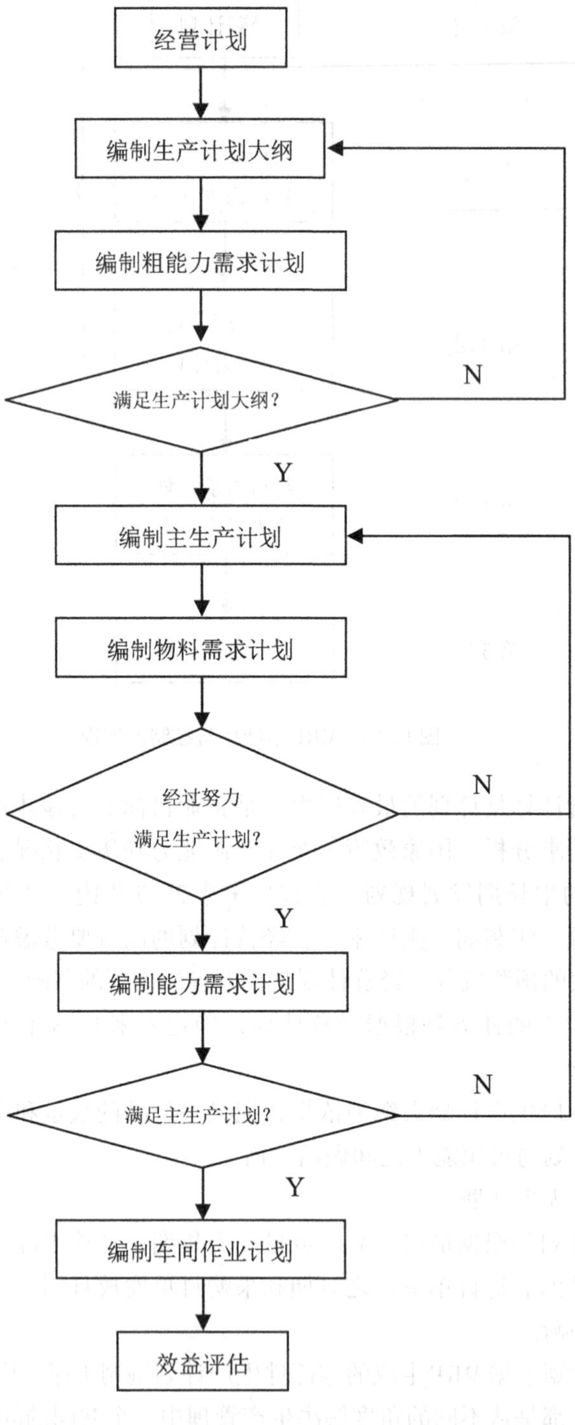

图 10.11 MRP Ⅱ 中计划的编制过程

四、企业资源计划（ERP）

生产管理系统的目标是要通过生产过程中的信息管理，使物流和信息流同步运行，从而使管理工作有效地指挥生产活动，为实现企业的经营目标服务。

1.ERP系统概念的提出

从MRP到MRPⅡ的发展过程中可以看出，MRPⅡ系统中企业的应用呈现以下趋势：资源概念的内涵不断扩大，企业计划的闭环逐渐形成，应用由离散制造业逐步转向流程工业。MRPⅡ系统已经比较完善，应用也已相应普及，但其资源的概念始终局限于企业内部，在决策支持上主要集中在结构化决策问题。随着计算机网络技术的迅猛发展，20世纪90年代以来，统一的国际市场逐渐形成，而对国际化的市场环境，包括供应商在内的供需链管理已经成为企业生产经营管理的重要部分，MRPⅡ系统已无法满足企业对资源全面管理的要求。MRPⅡ逐渐成为新一代的企业资源计划（Enterprise Resource Planning，简称ERP）。

2.ERP系统的结构

ERP基本框架和基本逻辑与MRPⅡ并无本质上的不同。ERP系统从功能上看仍是以制造过程为中心，其核心是MRP，它体现了制造业的通用模式。

ERP在MRPⅡ原有功能的基础上，向内、外两个方向延伸，向内主要以精益生产方式改造企业生产管理系统，向外则增加战略决策功能和供需链管理功能。这样，ERP管理系统主要由以下功能子系统组成：

（1）支持企业整体发展战略的战略经营系统

该系统的目标是在多变的市场环境中建立与企业整体发展战略相适应的战略经营系统，实现基于Internet/Intranet环境的战略信息系统，完善决策支持服务体系，为决策者提供全方位的信息支持；完善人力资源开发与管理系统，既面向市场又注重企业内部人员的培训。

（2）全面成本管理系统

在一个不完全竞争的市场环境中，价格在竞争中仍旧占据着重要的地位。ERP的全面成本管理系统的作用和目标就是建立和保持企业的成本优势，并由企业成本领先战略体系和全面成本管理系统予以保障。

（3）敏捷后勤管理系统

很多企业存在着供应链影响企业生产柔性的情况。ERP的一个重要目标就是在MRP的基础上建立敏捷后勤管理系统（Agile Logistics），以解决如供应柔性差、生产准备周期长等制约柔性生产的瓶颈，增加与外部协作单位技术和生产信息的及时交互，改进现场管理方法，缩短关键物料供应周期。

ERP系统不仅仅是MRPⅡ系统的扩展，而且是新的市场环境下的全新的经营理念，ERP系统实际上包含着一系列管理思想和方法的变革。

3.ERP的新内容

作为一种先进管理手段，ERP系统所涉及的管理内容不断增加，目标不断提高，在知识经济初见端倪的今天，知识是企业最宝贵的资产和资源，是经济增长的动力，知识管理正成为EPR系统的新内容。

知识管理就是企业对其所拥有的知识资源进行管理的过程。知识管理是信息管理的延伸和发展，信息管理只是将各种各样的信息以一定方式汇总、组织起来，方便人们使用计算机进行查询和检索，然而，如何由信息产生知识，即如何利用数据信息取得知识，再利用知识获得最大的利润或效益，则是知识管理的内容。知识来源于信息，是对信息的提取、识别、分别和归纳，因此，信息管理是知识管理的基础，知识管理则是信息管理的延伸。

知识管理包括以下六项内容：

①知识管理的基础设施。它是知识管理的支持部分，如关系数据库、知识库、多库协调系统、网络等基本技术手段以及人与人之间的各种联系渠道等。

②企业业务流程的重组。其目的是使企业的知识资源更加合理地在知识链上形成畅通无阻的知识流，让每一个员工在获取与业务有关知识的同时，都能为企业贡献自己的知识、经验和专长。

③知识管理的方法。包括内容管理、文件管理、记录管理、通信管理等。

④知识的获取和检索。包括各种各样的软件应用工具，例如智能检索、多策略获取、多模式获取和检索、多方法多层次获取和检索、网络搜索工具等。

⑤知识的传递。如建立知识分布图、电子文档、光盘、DVD及网上传输、打印等。

⑥知识的共享和评测。如建立一种良好的企业文化、激励员工参与知识共享、设定知识总管（Chief Knowledge Officer，CKO）、促进知识的转换、建立知识产生效益的评测条例等。

知识管理将成为ERP的一个新管理内容和发展方向，而如何管理和利用好企业的知识资源，为企业创造更多的财富也将是21世纪企业管理的新课题和重大任务。与MRPⅡ一样，ERP虽然是由离散制造业发展而来，其原理和方法同样适用于流程工业。

第三节　供应链管理系统与客户关系管理系统

如果以生产制造企业为中心，ERP则主要负责完成生产制造企业的内部管理，供应链管理系统（Supply Chain Management，SCM）主要负责产业链中各个主体之间的物质流动，而客户关系管理系统（Customer Relationship Management，CRM）负责生产制造企业与下游的分销商、零售商、最终客户之间的服务流。因此，从流程角度来看，管理信息系统可以分为SCM、ERP和CRM。

一、供应链管理系统

所谓供应链，是围绕核心企业，通过对信息流、物流、资金流的控制，从采购原材料开始，制成中间产品以及最终产品，最后由销售网络把产品送到消费者手中的、将供应商、制造商、分销商、零售商、直到最终用户连成一个整体的功能网链结构模式。它是一个范围更广的企业结构模式，它包含所有加盟的节点企业。它不仅是一条连接供应商到用户的物料链、信息链、资金链，而且是一条增值链，物料在供应链上因加工、包装、运输等过程而增加其价值，给相关企业都带来收益。

供应链管理是一种集成的管理思想和方法，对供应链中的物流、资金流和信息流进行计划、组织、协调及控制。

1.供应链管理过程

供应链管理系统是一个可以跟踪企业内外物质流动的一个信息系统，它可对供应链提供完整的IT支持。供应链协会（Supply Chain Council，SCC）开发了一个供应链运行参考模型（Supply Chain Operations Reference model，SCOR）作为供应链管理的跨行业过程参考模型。

SCOR定义了一个通用的供应链过程集合，以帮助公司更好地理解供应链管理问题和为供应链改进设置目标。SCOR确定了五个主要的供应链过程：计划、寻源、制造、递送和回收等，如图10.12所示。

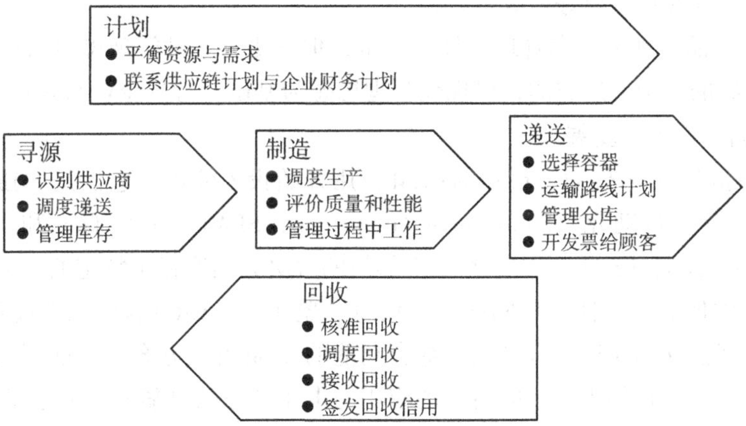

图10.12　关键的供应链管理过程

2.供应链管理系统

从本质上讲，供应链管理系统可以分为供应链计划系统和供应链执行系统。

供应链计划系统使公司能获得对一个产品的需求预测，并对该产品制订原材料源和制造计划。这个系统帮助公司做出更好的运行决策，如在给定的时间生产多少这种产品，建立原材料、半成品、成品的库存水平，确定何处存放成品，识别用于该产品的运输模式等。

供应链执行系统通过分销中心和仓库的产品流，保证以最高效率的方式将产品送到正确的地点。它们跟踪全链各种货物的物理状态，管理材料、仓库、运输运行和财务信息。

二、客户关系管理系统

1.客户关系管理的内涵

客户关系管理（Customer Relationship Management，CRM）是一种以客户为中心的经营策略，以信息技术为手段，对工作流程进行重组，以赋予企业更完善的客户交流能力和最大化的客户收益率。

客户关系管理的目标就是提高效率、拓展市场和保留客户。所谓提高效率，就是通过采用信息技术，提高业务处理流程的自动化程度，实现企业范围内的信息共享，使原本“各自为战”的销售人员、市场推广人员、电话服务人员、售后维修人员等开始真正地协调工作，并成为围绕着“满足客户需求”这一中心的强大团队，以此提高企业员工的工作能力，使企业内部更高效地运转，同时降低企业经营成本。所谓拓展市场，就是通过新的业务模式，如电话、Web、E-mail、传真等，扩大企业经营活动范围，及时把握新的市场机会，占领更多的市场份额。所谓保留客户，就是客户可以选择自己喜欢的方式与企业进行交流，方便地获取信息并且得到更好的服务，提高客户满意度以帮助企业保留更多的老客户，更好地吸引新客户。

CRM的产品表现为一套管理软件和技术，但它更是一种管理思想的反映。CRM是在信息技术发展的基础上形成的，以现代管理思想为基础，管理企业与客户之间的关系。

2.CRM的形成与发展

约在20世纪90年代初，最初的CRM应用开始投入使用。它们是“独立”的解决方案，如销售能力自动化（Sales Force Automation，SFA）、客户服务和支持（Customer Service and Support，CSS）等。这些基于部门的解决方案增强了特定的商务过程，但却不能为公司提供他们与个体客户间的完整信息。鉴于此，CRM软件制造商在20世纪90年代中期开始把独立的应用组合到具有综合功能的CRM解决方案中，逐渐成为查看和管理整个公司与客户关系的工具。因特网的应用与电子商务的迅猛发展促进了CRM的进一步发展。

3.CRM的主要功能

客户关系管理主要基于客户数据，通过分析客户数据做出决策，以便更好地服务本企业的客户。CRM主要包括销售能力自动化、营销活动管理、客户服务与支持三项主要功能。

图10.13为肯尼斯C.劳顿对客户关系管理内容的梳理。

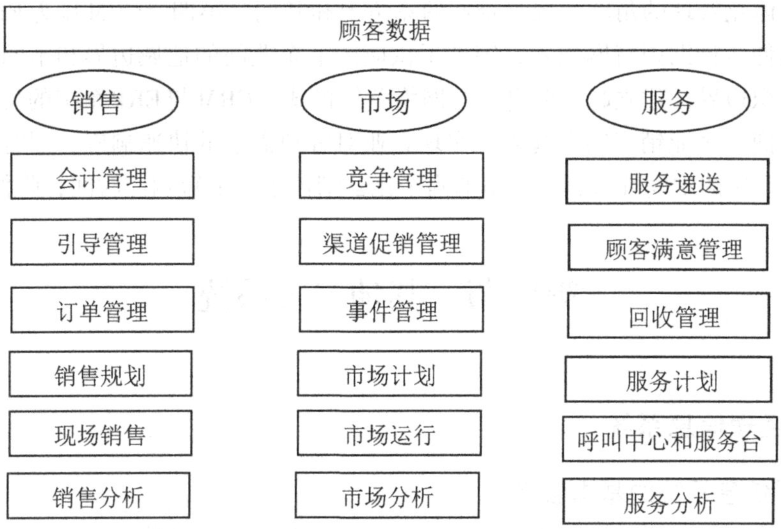

图10.13 客户关系管理

（1）销售能力自动化

销售能力自动化主要是提高专业销售人员大部分活动的自动化程度。它包含一系列的功能，促使销售过程自动化，以提高工作效率。

它的功能一般包括日历和日程安排、联系和账户管理、佣金管理、配送渠道管理、销售预测、定价、费用报告等。

（2）营销活动管理

CRM还提供营销活动管理模块，作为对销售能力自动化的补充，它为营销提供了独特的能力。如营销活动计划的编制和执行、计划结果的分析，预测和预算，营销资料管理，对有需求客户的跟踪、分销和管理。

营销活动管理与销售能力自动化模块的不同在于，它们提供的功能不同，这些功能的目标也不相同。例如，成功的营销活动可能得知有需求的客户，为了使得营销活动真正有效，应该及时提供给专业销售人员。

（3）客户服务与支持

客户服务与支持对很多公司来说是极为重要的。CRM在满足客户的个性化要求方面，速度、准确性和效率都令人满意。

客户服务与支持的典型应用包括：客户关怀、订单跟踪、现场服务、问题及其解决方法的数据库、维修行为安排和调度、服务协议和合同、服务请求管理（呼叫中心）等。

4.CRM与ERP的关系

CRM与ERP之间存在着相互支持和相互依赖的关系。第一，ERP为CRM中的数据仓库提供了丰富的数据。第二，CRM的分析结果和对市场发展的预测给ERP系统提供了决策数据。第三，CRM从改善客户关系的角度，而ERP从帮助企业实现内部资金流、物流与信息流一体化管理的角度，提高企业的竞争力和利润。第四，CRM作为ERP系统中销售管理的延伸，借助因特网技术，突破了供应链上企业间的地域边界和不同企业之间信息交流的组织边界，建立起企业自己的网络营销模式。CRM与ERP系统的集成运行，将客户、经营商、企业销售结合起来，实现企业对客户需求的快速响应。同时也帮助企业清除营销体系中的中间环节，通过新的扁平化营销体系，缩短响应时间，降低销售成本。

第四节　其他MIS系统

一、经理信息系统

1.经理信息系统的基本含义

经理信息系统（Executive Information System ，EIS）是20世纪80年代中期出现的，针对高层管理者需求的信息系统解决方案。其最基本也是最重要的功能，是为高层管理者提供企业内、外部关键的信息。EIS有时也称为主管信息系统，高层管理信息系统或总裁信息系统等。高层管理支持系统（ESS，Executive Support System）是与EIS类似的系统。

EIS在欧美等发达国家的制定与开发已有较大的发展，有不少学者都给EIS下过定义。从本质上看，EIS实际上是一个满足组织高层管理者的使用要求和管理决策信息需求的计算机信息系统。

2.EIS产生的背景

随着市场竞争的日趋激烈和企业管理的复杂化，市场对管理者的要求也越来越高，管理者必须借助于信息系统才能有效地做出决策。高层管理者面临的问题更多的是具有非结构化的特征。MIS和DSS虽然有详尽的数据和数据-模型调用功能，却忽视了企业高层管理者的特殊信息需求和使用要求。正是在此背景下，提出了开发适合企业高层管理者需求的信息系统。高层管理者通过该系统能够方便、及时地获得对管理和决策有价值的重要信息。这些信息能按要求进行筛选、提炼，成为适合用户个性需要的“关键”信息，并且能以适合用户使用要求的形式提供出来。只有在用户认为需要的时候，它们才会“追根问底”，要求系统提供基础数据和细节，或调用问题分析功能以帮助解决更复杂的问题。EIS的概念结构如图10.14所示。

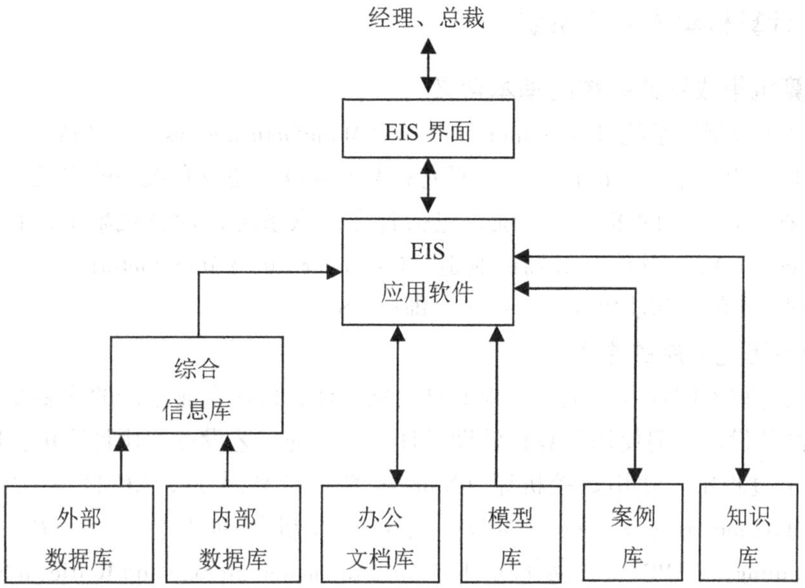

图 10.14 EIS概念结构图

3.EIS的特点

①使用方便。EIS是针对企业高层管理人员个性需求而专门设计和开发的信息系统，界面友好，操作简单，高层管理者只需极少、甚至不需培训就能自己直接使用。

②提供可逐级细化的内外信息。这种信息提供方式既能够使用户迅速了解管理概貌，也允许用户以"追根问底"方式让用户了解局部细节。

③多种方式的信息显示。EIS提供文字、表格、图形、声音及图像等多种方式的信息显示。

④支持高层经理人员与内部和外部人员的电子通信。包括电子邮件、计算机会议等方式。

由上述可知，EIS具有许多与MIS和DSS不同的特点。由于EIS具有容易使用的特点，使高层管理者可以毫无困难地直接使用它，及时获取组织内外与经营、管理、决策最为相关的重要信息。多数的EIS附带电子邮件、决策支持系统、专家系统（ES）、计算机多媒体会议及文字处理等功能，以便更好地支持领导人的决策。因此，在竞争日益激烈的情况下，EIS将在企业中发挥越来越重要的作用。

4.EIS在中国的发展

虽然EIS具有许多特点和开发价值，但它同时也是一个颇具开发风险的系统。在开发EIS的过程中，存在着许多需要解决的问题，包括关键需求信息的确定及一些技术问题等。因此，EIS成功开发的比例很低。目前，EIS在中国尚处于研究阶段。我们应在认真总结开发MIS及DSS成功经验的基础上，循序渐进地进行EIS的开发和应用。

二、计算机集成制造系统

1.计算机集成制造系统的基本含义

计算机集成制造系统（Computer Integrated Manufacturing System，CIMS）的概念自20世纪70年代提出以来，目前仍然处于研究和发展阶段，还没有统一的定义。它的基本含义是将原来独立运行的多个分系统，包括管理信息系统，计算机辅助设计（Computer Aided Design，CAD）及计算机辅助制造（Computer Aided Manufacturing，CAM）等集成为一个协同工作的、功能更强的新系统，即CIMS。

2.CIMS迅速发展的原因

随着信息技术的发展和生产过程的自动化，计算机在企业生产的许多领域都得到了发展。产品的设计普遍使用计算机辅助设计，产品的工艺设计使用计算机辅助制造。在产品的加工过程中，使用数控机床（Numeric Control Machine，NCM）和柔性制造系统（Flexible Manufacturing System，FMS），还有计算机辅助工艺生产（Computer Aided Process Planning，CAPP）、自动化/立体仓库（Automated Storage and Retrieval System，AS/RS）、成组技术（Group Technique，GT）、机器人（ROBOT）等。企业的良好运作除了要靠先进的设计与制造等技术外，还必须有先进的管理思想与方法，管理信息系统或适用于制造业的MRPⅡ能满足这一要求。因此，自然就会考虑如何将这些独立运行的分系统集成起来，实现在计算机控制下的信息流自动化、物流自动化和加工过程自动化。集成不是简单的连接，而是经过统一规划设计，分析原各分系统的作用和相互关系，进行优化重组而实现的。CIMS集成的重点是信息集成，只有及时、准确和完善的信息支持才能做出及时、准确的决策，正确的决策也要通过信息来指挥和贯彻执行。CIMS以管理信息系统为核心，将企业的工程设计、生产制造、企业管理等组成一个完整统一的系统，能够迅速响应需求变化，缩短制造周期，可以更有效地实现企业的经营目标。

CIMS尤其适合多品种、中小批量生产型企业，并且能在产品质量、生产成本和生产周期等方面达到整体优化，为企业带来更大的经济效益。在连续型生产企业中，发展趋势也是集成从原料输送、配方计算、过程控制、生产管理、成本分析等为一体的CIMS。

CIMS的应用可以显著提高企业综合效益，包括可量化的经济效益和难以量化的社会效益。因此，CIMS的研究和应用开发，受到各发达国家政府和工业界的高度重视。美国的许多著名大学和企业部门，也都开展了CIMS的研究和实施工程。例如，美国通用汽车公司积极采用最先进的现代化制造技术，建立适于大批量生产的CIMS，成为美国实施CIMS的先进企业之一。在欧盟国家中，德国、英国、法国等西欧国家，都将CIMS作为战略目标中的重要部分，共同制订发展计划。

3.CIMS的基本结构

与CIMS概念一样，有关CIMS的结构远未定型。CIMS的概念结构如图10.15所示。

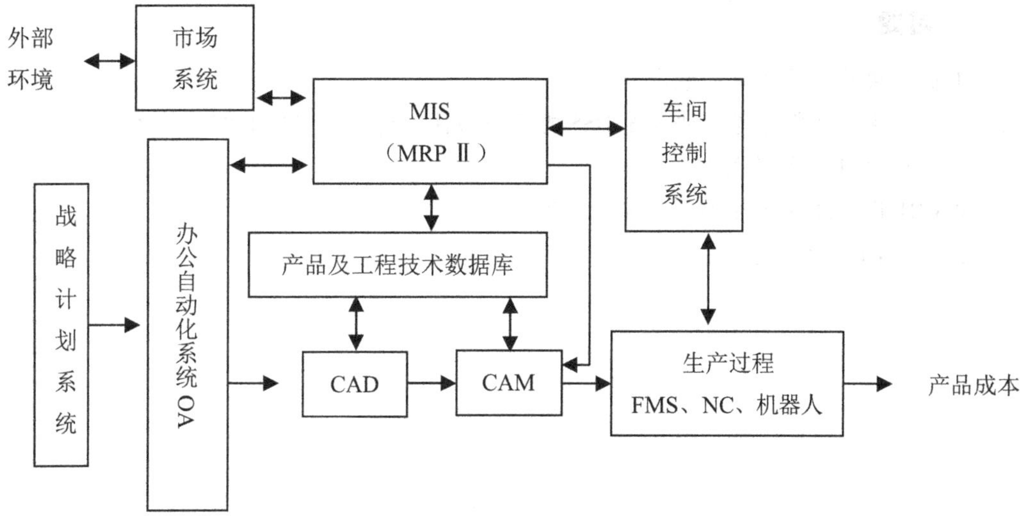

图10.15 CIMS概念结构

MIS是CIMS的核心。它将CIMS的各个子系统有机地结合起来，达到互通信息，共享数据资源的目的。CAD和CAM是CIMS的重要组成内容。

CIMS的关键在于各分系统的集成。统一的操作系统和数据库以及各种统一的标准和接口，才能使整个系统和谐地运行。

4.CIMS在中国的发展

中国对CIMS非常重视，将其列入“863”计划，为实施“863/CIMS”计划，成立了CMIS主题专家组。经过多年努力，CIMS在一些企业的应用取得了良好的经济效益，起到了一定的示范作用。但总体来说，CIMS的应用还只是刚刚起步，有待于进一步发展。

本章小结

本章重点介绍了决策支持系统、企业资源计划、SCM和CRM，并对其他一些系统如EIS、CIMS等做了简要介绍。

DSS一般由人机对话、数据库、模型库等子系统组成。人机对话子系统是用户和计算机之间的接口，它的好坏决定了系统的可用性。数据库子系统负责DSS中基本信息的存储，是支撑模型库子系统和方法库子系统的基础。模型库子系统是存储、管理、利用与维护决策模型的部件，是DSS的核心。

在回顾ERP发展历程的基础上，介绍了MRP的基本思想和逻辑流程。MRP是MRP Ⅱ的核心，也是ERP的核心。围绕MRP Ⅱ，介绍了MRP Ⅱ计划组成以及MRP Ⅱ的一般应用。

本章还对SCM、CRM、EIS、CIMS等系统做了简要介绍。

习题

1. 简述决策支持系统的概念及其组成。
2. 模型库、数据库与方法库是DSS的三个部件，请描述它们的相互关系。
3. 简述MRP系统的处理过程。
4.MRPⅡ与MRP的主要区别是什么？
5. 简述EPR的发展历程。

参考文献

［1］黄梯云，李一军.管理信息系统：第七版[M].北京：高等教育出版社，2019.

［2］薛华成.管理信息系统：第7版[M].北京：清华大学出版社，2022.

［3］庄玉良，贺超.管理信息系统：第2版[M].北京：机械工业出版社，2019.

［4］谭志彬，柳纯录.信息系统项目管理师教程：第3版[M].北京：清华大学出版社，2017.

［5］吴艳，曹平.软件工程导论：微课版[M].北京：清华大学出版社，2021.

［6］［美］斯蒂芬・哈格，梅芙・卡明斯.信息时代的管理信息系统：第9版[M].颜志军，贾琳，尹秋菊，等，译.北京：机械工业出版社，2017.

［7］［美］肯尼斯C.劳顿，简P.劳顿.管理信息系统：第15版[M].黄丽华，俞东慧，译.北京：机械工业出版社，2018.

［8］阿里研究院.互联网+：从IT到DT[M].北京：机械工业出版社，2015.

［9］李冠，何明祥.现代企业信息化与管理[M].北京：清华大学出版社，2014.

［10］傅冬绵，谭观音，蔡林峰，等.管理信息系统习题解答与实验指导[M].北京：清华大学出版社，2015.

［11］周三多.管理学原理[M].南京：南京大学出版社，2019.

［12］［美］拉姆什・沙尔达，杜尔森・德伦，埃弗雷姆・特班.商务智能与分析：决策支持系统:第10版[M].北京：机械工业出版社，2018.

［13］丁少华.建模：数字化转型思维[M].北京：机械工业出版社，2022.

［14］陈根.数字孪生[M].北京：电子工业出版社，2020.

［15］蒋理，马超群.中国制造2025智能制造企业信息系统[M].长沙：湖南大学出版社，2018.

［16］余来文.互联网思维：商业模式的颠覆与重塑[M].北京：经济管理出版社，2020.

［17］ERP系统之比较——SAP、Oracle、BAAN、JDE、SSA[Z/OL].（2022-09-03）［2022-10-15］https://www.ngui.cc/el/1289280.html